MW00737068

Guía práctica de los chakras

Anodea Judith
y Selene Vega

Guía práctica de los chakras

Traducción de José Antonio Bravo

ROBIN BOOK

Si usted desea que le mantengamos informado
de nuestras publicaciones, sólo tiene que remi-
tirnos su nombre y dirección, indicando qué temas le interesan, y gustosamente complacere-
mos su petición.

Ediciones Robinbook
Información Bibliográfica
Aptdo. 94.085 - 08080 Barcelona

Título original: *The Sevenfold Journey*.
© 1993 Anodea Judith and Selene Vega
  Original U. S. Publication 1993 by The Crossing Press,
  Freedom, California, USA.
© 1995, Ediciones Robinbook, SL.
  Aptdo. 94.085 - 08080 Barcelona.
Diseño cubierta: Regina Richling.
Ilustración cubierta: Anodea Judith.
Fotografías: Judith O'Connor.
ISBN: 84-7927-119-1.
Depósito legal: B-38.214-1995.
Impreso por Libergraf, Constitució, 19, 08014 Barcelona.

Impreso en España - *Printed in Spain*

Dedicado a nuestro alumnado y clientes,
y a su camino hacia la curación

Introducción

Entender el concepto

El Sistema de los Chakras es un antiguo sistema metafísico que explica como un diagrama las relaciones mutuas entre diferentes aspectos de nuestro universo multidimensional. En tanto que parte de dicho universo, también nosotros somos multidimensionales. Tenemos un cuerpo, una emotividad, un raciocinio, ideas, acciones. Vivimos en un mundo de instituciones, gobiernos, técnicas e historia, y meditamos sobre los misterios de la tierra y del cielo, del espíritu y la materia, del hoy y la vida futura. Somos tan complejos como el mundo que nos rodea.

El Sistema de los Chakras se plantea esa complejidad de una manera sencilla y sistemática. Paso a paso podemos «trabajar sobre nosotros mismos» de una manera práctica y directa, aunque profunda. A este efecto operamos sobre los chakras de uno en uno, pero teniendo en cuenta que cada uno de ellos se encuentra siempre sometido a la influencia de los demás.

En este epígrafe daremos un resumen sobre el Sistema de los Chakras en su conjunto para que el lector tenga una noción del terreno por donde va a moverse ahora que se dispone a emprender ese camino interior. Dicho resumen será necesariamente breve, ya que este libro se concibe en razón de un método fundamentalmente experimental; para una información teórica más completa remitimos a una publicación anterior de Anodea Judith, el «manual de referencia» sobre los chakras titulado *Los Chakras. Las ruedas de la energía vital* y publicado por esta misma editorial.

Cada chakra está simbolizado por un loto de múltiples pétalos, el número de los cuales varía en cada uno de aquéllos. Aquí las figuras de dichos lotos se han tomado de textos antiguos.

¿Qué es un chakra?

El concepto de chakra, originario del ancestral sistema yóguico de la India, se refiere a los vórtices giratorios de energía que se crean en nosotros por la interpenetración entre la conciencia y el cuerpo físico. Debido a esta combinación, los chakras se convierten en *centros de actividad para la recepción, la asimilación y la transmisión de energías vitales.* Etimológicamente la palabra proviene del idioma sánscrito y significa *rueda* o *disco.* Podemos imaginarlos como unas esferas de energía que irradian de los ganglios nerviosos centrales de la columna vertebral.

Correspondencias

Cada uno de nosotros tiene siete chakras principales dispuestos verticalmente entre la base de la espina dorsal y la cima del cráneo, y más o menos centrados sobre el eje vertical del cuerpo. Además de guardar vinculación con los ganglios nerviosos tienen correspondencia con diversas glándulas de secreción interna del sistema endocrino y con varios procesos fisiológicos como la respiración, la digestión o la procreación. Como arquetipos representan las fuerzas elementales de la tierra, el agua, el fuego, el aire, el sonido, la luz y el pensamiento. Estos elementos son una representación metafórica de las expresiones energéticas de cada chakra: la tierra, por sólida, pesada y densa; el agua, porque es un líquido que fluye; el fuego, por radiante y transformador; el aire, por ligero; el sonido, porque comunica; la luz, porque revela; el pensamiento, porque almacena la información.

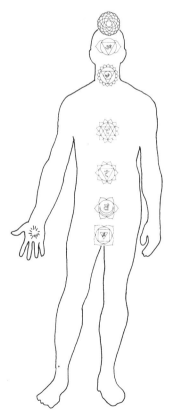

También se han atribuido a los chakras otras muchas correspondencias en todos los terrenos: los colores, las notas musicales, las divinidades, las gemas, las hierbas o las influencias planetarias. Un examen detenido de todas ellas puede acercarnos al entendimiento de la naturaleza esencial de un chakra determinado. Y el empleo de las piedras, los colores o las hierbas de referencia tiende a fortalecer la asociación con el estado que andamos buscando. Una vela roja, por ejemplo, puede significar que deseamos fijar nuestra prioridad en el arraigo terrenal, porque el rojo es el color que se asocia con el primer chakra y la vinculación terrenal es una de las actividades de éste. De tal manera que las correspondencias chákricas pueden utilizarse a modo de dispositivos mnemotécnicos, motivo por el cual incluimos aquí una tabla de correspondencias (véase la doble página siguiente), y otra al inicio de cada capítulo.

Psicológicamente los chakras corresponden también a ciertos dominios principales de nuestra existencia; citando de abajo arriba: la supervivencia, la sexualidad, el poder, el amor, la comunicación, la imaginación y la espiritualidad. Si tomamos el sentido literal de la palabra chakra, disco, y le asignamos una interpretación moderna, podríamos considerar cada chakra como una suerte de *floppy disk,* el cual contiene la programación mediante la cual nos enfrentamos a esos diversos aspectos de la vida. Estos disquetes conectan con el «equipo físico» que es nuestro cuerpo material, y son interpretados por el «sistema operativo», que siguiendo el símil sería nuestra conciencia elemental.

El chakra base, por ejemplo, contiene nuestro programa de «supervivencia». Pongamos por caso, qué régimen alimenticio nos sienta mejor, cuándo necesitamos hacer ejercicio o, por el contrario, tumbarnos a dormir, o qué disposiciones tomar en caso de enfermedad. El segundo chakra contiene la programación de nuestra sexualidad y nuestra vida emocional, o cómo nos enfrentamos a nuestros estados emotivos y cuáles son nuestras orientaciones y preferencias sexuales. El cuarto chakra gobierna nuestras relaciones. Según esto, cada uno de nosotros tiene su modelo propio de equipo físico o *hardware,* parecido al de los demás pero no idéntico, programado en un lenguaje individual y controlado por un sistema operativo que nos es propio. En esta analogía, el trabajo con los chakras servirá para eliminar los *bugs* o errores de programación y procurar que el sistema se mantenga en buen estado y funcione con eficacia.

Chakras

Además de los siete chakras principales cuyo estudio será nuestro objeto fundamental aquí, existen otros muchos en las manos y los pies, las rodillas, las yemas de los dedos, los hombros, etc. Son también como encrucijadas de las trayectorias energéticas en nuestro cuerpo, aunque carentes de asociaciones filosóficas destacadas. Podemos considerarlos como prolongaciones de los chakras mayores. Así las manos están conectadas con los chakras tercero, cuarto y quinto, o los pies con el primero. Sin embargo, la persona que trabaja con sus manos tal vez querrá desarrollar los chakras de éstas. Y una buena toma de contacto con la tierra, sólida, firme, reclamará la apertura de los chakras de los pies.

Tabla de correspondencias		
	Primer chakra	**Segundo chakra**
Nombre sánscrito	Muladhara	Svadhisthana
Significado	Raíz	Dulzura
Localización	Base de la raquis, plexo coxígeo, piernas, pies, intestino grueso	Abdomen, genitales, lomos, caderas
Elemento	Tierra	Agua
Tema principal	Supervivencia	Sexualidad, emotividad
Finalidades	Estabilidad, arraigo, prosperidad, vida confortable, salud física	Fluidez, placer, relajación
Afecciones, deficiencias	Obesidad, hemorroides, estreñimiento, ciática, anorexia, lesiones de la rodilla, alteraciones óseas, complexión enfermiza en general, carácter timorato, incapacidad para concentrarse, «despiste», agitación	Rigidez, problemas sexuales, aislamiento, inestabilidad o embotamiento de las emociones
Color	Rojo	Anaranjado
Cuerpo celeste	Saturno	La Luna
Alimentos	Proteínas, carnes	Líquidos
Derechos	Tener	Sentir
Piedras	Granate, hematites o sanguinaria, piedra imán	Coral, carnelita
Animales	Elefante, buey, toro	Pez, cocodrilo
Principio eficaz	Gravedad	Atracción polar
Camino yóguico	Hatha Yoga	Tantra Yoga
Arquetipos	La Madre Tierra	El Eros

Tabla de correspondencias

Tercer chakra	Cuarto chakra	Quinto chakra
Manipura	Anahata	Vissudha
Gema lustrosa	Indemne	Purificación
Plexo solar	Corazón	Garganta
Fuego	Aire	Sonido
Poder, energía	Amor	Comunicación
Vitalidad, fuerza de voluntad, perseverancia	Equilibrio, compasión, aceptación	Claridad en la comunicación, creatividad, resonancia
Úlceras, timidez, carácter imperioso, fatiga, afecciones digestivas	Soledad, situaciones de codependencia	Afecciones de garganta, tortícolis, escasa capacidad para la comunicación
Amarillo	Verde	Azul claro
Marte, el Sol	Venus	Mercurio
Hidratos de carbono	Vegetales	Frutas
Obrar	Amar	Hablar
Topacio, ámbar	Esmeralda, cuarzo rosado	Turquesa
Carnero, león	Antílope, paloma	Elefante, toro
Combustión	Equilibrio	Vibración simpática
Karma Yoga	Bhakti Yoga	Mantra Yoga
El Mago	Quan Yin	Hermes

Tabla de correspondencias

	Sexto chakra	**Séptimo chakra**
Nombre sánscrito	Ajna	Sahasrara
Significado	Percibir	Multiplicado por mil
Localización	Entrecejo	Cima del cráneo
Elemento	Luz	Pensamiento
Tema principal	Intuición	Entendimiento
Finalidades	Percepción extrasensorial, imaginación	Sabiduría, conocimiento, vinculación espiritual
Afecciones, deficiencias	Jaquecas, pesadillas, alucinaciones	Confusión, apatía, intelectualismo exacerbado
Color	Índigo	Violeta
Cuerpo celeste	Neptuno	Urano
Alimentos	Recreo para la vista	Nada, ayunar
Derechos	Ver	Entender
Piedras	Lapislázuli	Amatista
Animales	Lechuza, mariposa	Elefante, buey, toro
Principio eficaz	Proyección	Conciencia
Camino yóguico	Yantra Yoga	Jnana Yoga
Arquetipos	El ermitaño, el vidente, el soñador	El sabio, la mujer sabia

Apertura de los chakras de las manos

Es la manera más fácil para adquirir la noción de lo que es un chakra.

1 Extiende ambos brazos delante de ti, horizontales, con los codos bien rectos, una mano con la palma vuelta hacia arriba y la otra hacia abajo.

2 Ahora, abre y cierra las manos con rapidez, hasta unas veinte veces. Invierte la postura de las palmas y repite, De esta manera se abren los chakras de las manos.

3 Para sentirlo, abre las manos y aproxima poco a poco las palmas, empezando por una separación de unos sesenta centímetros, y juntándolas hasta que disten apenas unos cinco. Cuando las manos se hallen a unos diez centímetros de distancia la una de la otra, empezarás a notar como una bola sutil de energía, o como un campo magnético que flotase entre tus palmas. Si consigues sintonizar bien la sensibilidad incluso notarás cómo ruedan los chakras. Al cabo de unos momentos la sensación disminuirá, pero puedes volver a evocarla repitiendo las fases anteriores.

Corrientes de energía

Debido a la estación erguida del ser humano, somos más altos que anchos, y los flujos energéticos principales discurren de arriba abajo del cuerpo, o viceversa. Por consiguiente, lo que entra por la parte superior del cilindro fluirá hacia abajo, hasta la base, y lo que penetra por abajo fluirá hacia arriba, hasta la corona.

Así sucede también con el Sistema de los Chakras. Las formas ideacionales que penetran en la conciencia inician el camino descendente a través de los chakras hasta que recalan en el chakra base (el elemento tierra, o la forma manifiesta del plano terrenal). En cada nivel la forma ideacional se hace más concreta, más densa. Una idea se convierte en una imagen mental, luego en palabras habladas, se expresa en forma de acción y todo ello produce un resultado. Este camino descendente es lo que llamamos *la Senda de la Manifestación.* Mediante la condensación de las formas etéricas, tomamos algo abstracto y lo llevamos al plano de lo concreto.

En cambio, el camino que se eleva partiendo del chakra base es la llamada *Senda de la Liberación.* En ese recorrido, lo que estaba atado a una forma gradualmente se desprende de ella para abarcar mayor amplitud y abstracción, de la misma manera que cuando quemamos leña para hacer fuego éste produce calor y luz, y la luz del fuego vive en nuestra mente. Se ha liberado la energía que estaba almacenada en la materia.

Sustentamos la firme opinión de que ambas corrientes deben desarrollarse por igual para que el individuo alcance la plenitud funcional en el mundo de hoy. Un fundamento débil, debido a la presencia de un bloqueo en el recorrido descendente, puede resultar en falta de concentración, problemas de salud, dificultades económicas y la incapacidad para captar la impresión que causamos en los demás. Una Senda de la Liberación pobremente desarrollada tal vez suscita en nosotros la impresión de hallarnos entrampados, aburridos, tiranizados, deprimidos, incapaces de progresar y faltos de vitalidad.

Existen todavía otras dos corrientes, tercera y cuarta, creadas por la combinación de las dos primeras, y son *la recepción* y *la expresión,* que ocurren dentro de los mismos chakras en virtud de su interacción con el mundo exterior. Podemos imaginar que el cilindro tiene una serie de agujeros a diferentes alturas, como una flauta. Según cuáles sean los agujeros tapados y los destapados varía la nota que emite el instrumento. De una manera similar, según cuáles sean los chakras abiertos o cerrados, así será la imagen propia que ofreceremos ante el resto del mundo. Aquello que está bloqueado no puede recibir ni expresar. Pero si deseamos modular nuestras notas, querremos controlar conscientemente la apertura y el cierre de cada uno de los chakras.

Interpretación de los bloqueos

Desde el punto de vista energético los chakras pueden hallarse *en exceso* o *en defecto,* según la terminología usada por la acupuntura china para describir el comportamiento de los meridianos orgánicos. Podemos imaginar un chakra deficiente como un chakra cerrado; es muy pequeña la cantidad de energía que lo recorre. Desde el punto de vista fisiológico, un chakra viene a ser como un haz de fibras nerviosas. Cuando apenas viaja energía por el haz, éste tiende al colapso. Por ejemplo, cuando estamos deprimidos sentimos un peso que nos oprime el corazón, como si fuese a hundírsenos el pecho. El cuerpo entero se modela alrededor de la plenitud o la vacuidad de un chakra, de tal manera que con frecuencia cabe deducir el estado de los chakras simplemente observando el porte físico de la persona.

Cuando un chakra está deficiente podríamos decir que la programación se halla atascada en una pauta *restrictiva,* lo cual excluye por lo general la recepción de estímulos. Éstos no consiguen penetrar. Lo cual significa que el tipo de actividad asociado con ese chakra (por ejemplo la sexualidad, la ambición de poder, la comunicación) se halla también bloqueada, en la peripecia vital del sujeto. Por lo general se observan también signos físicos que indican el estado de bloqueo del chakra, como impotencia, úlceras, rigidez cervical (en lo que afectaría a los chakras 2º, 3º y 5º respectivamente).

El chakra pletórico también se presenta bloqueado, pero por razones diferentes. Podemos compararlo con nuestro escritorio sobrecargado, en donde todo viene a acumularse hasta que deja de ser funcional. Desde el punto de vista energético, el chakra excesivo no encuentra su aliviadero; una vez más, la programación está fijada en una pauta restrictiva, sólo que en este caso es la energía interna la que no puede expresarse, mientras que los chakras deficientes restringían la penetración de las energías externas. Cuando la energía interna no puede liberarse, el tema que expresa ese chakra deviene una fuerza permanente que tiende a sojuzgar todo el sistema. Así un tercer chakra excesivo da lugar a los sujetos abusivos, a un afán de dominio que muchas veces se manifiesta a costa de otras satisfacciones, como las del amor, el placer o el entendimiento. Un segundo chakra excesivo se manifestaría como obsesión sexual o la tendencia a considerar bajo un prisma sexual todas las relaciones personales. Un primer chakra excesivo podría conducir al acaparamiento de propiedades, comida o dinero. Y también los excesos y las deficiencias se propagan a través del sistema como un todo, en busca de un equilibrio general que luego tal vez será preciso reajustar. Un chakra quinto excesivo (que se manifestase como temperamento demasiado parlanchín) tal vez está compensando un chakra segundo deficiente (frustración sexual).

También es posible que un chakra sea excesivo en algunos aspectos y deficiente en otros, o dicho de otro modo, que está desequilibrado en sí mismo, como sería el caso de un acaparador de propiedades, pero anoréxico en la mesa. Ambos estados son reacciones a programaciones del pasado, mecanismos de defensa, o efecto de traumatismos pretéritos relacionados con las dificultades de la supervivencia.

Deficiente o excesivo, el chakra alterado es un impedimento para el flujo central de la energía a través del organismo. La corriente descendente no puede recorrer el camino completo hacia la manifestación, ni la corriente ascendente puede completar su trayectoria hacia la liberación. La localización de los bloqueos chákricos dice mucho de nuestra manera de ser como personas. Si nuestros chakras están bloqueados en los niveles segundo o tercero, por ejemplo, la Senda de la Liberación se halla restringida. En cierta medida seremos personas de fundamento, bien arraigadas, pero recalcitrantes ante todo cambio o progreso. Si el impedimento se localiza en los chakras quinto o sexto la corriente de liberación fluirá bastante bien, pero la Senda de la Manifestación no llegará

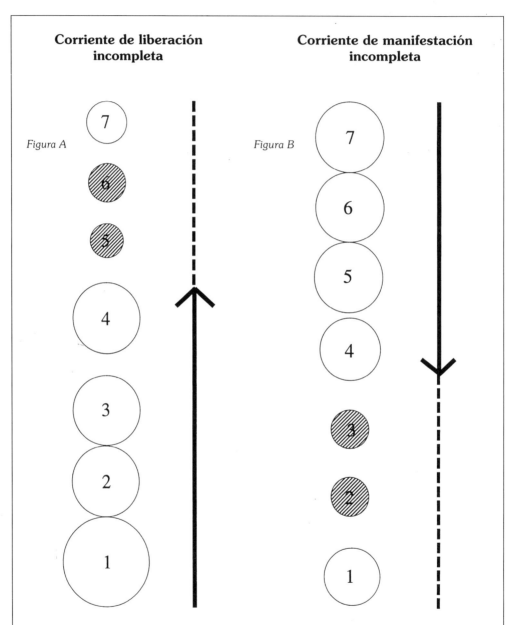

**Corriente de liberación
incompleta**

**Corriente de manifestación
incompleta**

Figura A

Figura B

Cuando un chakra está bloqueado, es posible que bloquee la corriente ascendente o la descendente, impidiéndoles el completar su recorrido. El chakra situado a continuación del bloqueo (como el séptimo en la figura A, o el primero en la figura B) no recibe alimentación suficiente, y queda deficiente aunque él mismo no esté bloqueado.

**Corriente de manifestación
incompleta**

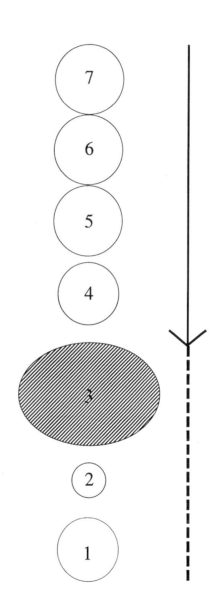

El bloqueo chákrico también puede ser producido por un chakra excesivo. Éste absorbe una parte descomunal del acervo energético del sistema, como sucede con el chakra tercero en el ejemplo de la figura. La energía de manifestación tropieza en su camino descendente con el chakra excesivo que la absorbe en detrimento de los siguientes, los cuales quedan en estado deficiente. Esto puede suceder con ambas corrientes, la ascendente y la descendente. La presencia de un chakra excesivo puede ser debida a un sobreestímulo, o una compensación por la existencia de bloqueos en otras áreas.

En este ejemplo la corriente liberadora es prácticamente inexistente, pues no queda energía suficiente para iniciarla. Esta clase de persona reaccionaría con temor ante su propia materialidad y en especial ante las cosas relacionadas con la parte baja del cuerpo. La ausencia de una energía liberadora implica una propensión a situaciones de estancamiento, de ahí el desarrollo excesivo del tercer chakra.

muy lejos; tendremos muchas ideas, pero extravagantes y mal coordinadas, de manera que pocas veces lograremos que fructifiquen.

Estas pautas de energía nos dan los prototipos clásicos de las personas que «viven en las nubes», o por el contrario expresan fuerte materialismo o antiintelectualismo. Un bloqueo en el plano del chakra cordial indica una situación no tan desequilibrada; pero al mismo tiempo hay un divorcio entre lo mental y lo corporal. Los bloqueos de los chakras base y corona son los que originan desequilibrios más intensos: la energía se repliega sobre sí misma pero no llega a operarse ninguna transformación (véanse los diagramas).

El bloqueo de un chakra puede resultar afectado por las pautas generales de las corrientes ascendente y descendente. La actividad relativa a ese chakra difícilmente llegaría a manifestarse, o su manifestación se vería agobiada por frecuentes problemas, muy a menudo de tipo recurrente. Por ejemplo un bloqueo del chakra cordial puede dar como resultado una dificultad general para relacionarse (manifestación bloqueada), o una tendencia a vivir reiterados episodios de explotación o de servidumbre en las relaciones (liberación bloqueada).

¿Qué causa los bloqueos de los chakras?

En líneas generales, los bloqueos de los chakras responden a una programación disfuncional a través de las experiencias de la infancia y de los valores culturales que recibimos. El niño físicamente maltratado por sus padres aprende a aislarse de sus propias sensaciones corporales. El niño abandonado emocionalmente se cierra en el plano del segundo chakra, el de la emotividad. La cultura que niega la sexualidad y promueve la sumisión a la autoridad nos obliga a cerrar en consecuencia nuestros chakras segundo y tercero. El ruido (como forma de contaminación medioambiental), los entornos feos y desagradables, o las mentiras, por ejemplo, nos fuerzan a cerrar los chakras quinto, sexto y séptimo, respectivamente. La pena por un amor no correspondido nos induce a cerrar el corazón. Fundamentalmente, los padecimientos o el estrés, cualquiera que sea su origen, afectan a la salud y buen funcionamiento de nuestros chakras. Con estos ejemplos en realidad hemos propuesto otras tantas simplificaciones de un proceso de por sí más complejo, el cual exploraremos aquí mediante los ejercicios de redacción de un diario, y más a fondo en *La psicología de los chakras,* una obra que tenemos en proyecto.

Los siete derechos básicos

También podríamos describir los chakras diciendo que representan siete derechos fundamentales que nos corresponden por nacimiento, derechos que sin embargo las circunstancias de la vida infringen constantemente. Y si acabamos por admitir estas infracciones, el chakra puede llegar a ser sobrecompensante (excesivo) o cerrarse (deficiente).

Primer chakra: Derecho a tener

El derecho que subyace al chakra primero es el de «estar aquí» o *Dasein,* como se diría en términos filosóficos, lo cual se manifiesta en el derecho a recibir lo necesario para la supervivencia. Cuando se nos niegan las necesidades básicas de la supervivencia (alimento, vestido, vivienda, calor humano, sanidad, un medio tolerable, un contacto físico) está amenazado nuestro derecho a tener. Como consecuencia tenderemos a poner en tela de juicio tal derecho en el decurso de nuestra vida y ello en relación con muchas cuestiones, desde el dinero y las propiedades hasta el amor o el tiempo que necesitamos para nosotros mismos.

Chakra segundo: Derecho a sentir

«¡Deja de llorar! ¡No tienes ningún motivo para lamentarte!» «No tienes razón para estar enfadado» «¿Es que no sabes dominar tus emociones? ¡Deberías avergonzarte de ti misma!» Semejante adoctrinamiento infringe nuestros derecho a sentir. Una cultura que reprime la expresión de la emotividad, o que considera débiles a los que demuestran sensibilidad, también infringe ese derecho fundamental, uno de cuyos corolarios es el derecho a desear. Pero si ni siquiera se nos permite sentir, difícilmente averiguaremos qué es lo que deseamos.

Chakra tercero: Derecho a obrar

Lo restringe la autoridad abusiva por parte de los padres y autoridades de la cultura en que vivimos. Se encarcela a los insumisos. Se detiene también y muchas veces se maltrata a manifestantes pacíficos que no hacen otra cosa sino obrar de acuerdo con sus opiniones tocantes a asuntos que afectan al derecho de supervivencia. Se nos enseña a obedecer y someternos; la experiencia de tal ambiente nos comunica que más nos vale que nuestras acciones sean conformes. El temor a los castigos y el hábito adquirido de la obediencia ciega, inculcados por la autoridad paterna o por las instancias culturales, obstaculizan seriamente nuestra capacidad personal, el uso consciente de nuestro derecho a obrar.

Chakra cuarto: Derecho a amar y ser amado

En la familia, este derecho puede verse menoscabado cuando los padres no quieren ni atienden al hijo de una manera constante e incondicional. El amor bajo condiciones atenta contra la autoestima del niño. En cuanto al condicionamiento cultural, la restricción del chakra cordial se halla en las actitudes censoras ante los hombres que aman a otros hombres y las mujeres que aman a otras mujeres, los amores interraciales o las relaciones simultáneas con más de una persona. El derecho a amar queda perjudicado en los conflictos raciales, en la opresión de una cultura sobre otra, en las guerras y en todo lo que origina enemistades entre distintos grupos. Cuando nos sentimos ofendidos o rechazados, con frecuencia cuestionamos o restringimos nuestro derecho a amar; en consecuencia «echamos siete llaves» al corazón.

Chakra quinto: Derecho a decir y a escuchar la verdad

La primera dificultad ocurre cuando no se nos permite hablar delante de nuestra familia: «Estas cosas no se dicen», «los niños no hablan en presencia de los mayores». Y también cuando nadie escucha lo que decimos, o cuando no se nos habla con sinceridad. Se nos niega la expresión, se nos enseña a guardar secretos, o incluso a defender los mitos de la familia (por ejemplo que el abuelo Juan no era en realidad un bribón, sino sólo un tipo bohemio y algo artista), y así se cierra el quinto chakra. Cuando se nos critica por intentar hablar, o se traiciona nuestra confianza revelando asuntos privados nuestros, gradualmente vamos perdiendo el contacto con nuestro derecho a hablar.

Chakra sexto: Derecho a ver

Se transgrede este derecho cuando quieren convencernos de que no es verdad lo que hemos visto, se nos ocultan deliberadamente o se nos niegan las cosas (por ejemplo que nuestro padre es un alcohólico), o se pone en tela de juicio el alcance o la amplitud de nuestra visión. Cuando lo que vemos a nuestro alrededor es feo, desagradable o contradictorio con otras cosas también vistas, la visión física puede resultar perjudicada por la clausura del tercer ojo. Reivindiquemos el derecho a ver, porque ello nos ayudará a recuperar asimismo nuestras facultades intuitivas y extrasensoriales.

Chakra séptimo: Derecho a saber

Comprende el derecho a la información, a la verdad, a recibir educación y conocimientos. Pero también son igualmente importantes nuestros derechos espirituales, en particular el de relacionarnos con la Divinidad comoquiera que nosotros, en tanto que individuos, la percibamos. Imponer un dogma espiritual a otra persona, como hicieron los cristianos durante la persecución medieval contra la Brujería o sigue haciéndose contra las culturas tribales que subsisten en algunos continentes, es una infracción de los derechos personales significados por el séptimo chakra.

Los chakras desde el punto de vista de la evolución personal

El desarrollo de las capacidades y los conceptos vinculados a cada uno de los chakras en el decurso de la vida constituye la historia evolutiva que llamamos desarrollo individual. Aunque cada chakra recibe información y la organiza en todo momento, pueden señalarse en dicho desarrollo fases durante las cuales prestamos atención preferente al aprendizaje de ciertos cometidos. La sucesión cronológica de estas fases puede variar de un sujeto a otro, y ellas mismas se superponen a menudo. En la evaluación de nuestros propios chakras, no obstante, será útil que observemos cómo han cursado dichas fases a lo largo de nuestra vida, qué dificultades o traumas se han presentado y cómo pueden haber afectado tales circunstancias a los chakras que estábamos desarrollando en cada momento.

Chakra primero: Desde el primer semestre de vida hasta los nueve meses

El primer chakra se vincula con el desarrollo prenatal y la primera infancia, durante cuyo período la conciencia del niño se centra casi por entero en la supervivencia y el bienestar físico. Es también la fase de más rápido crecimiento corporal. El aspecto más importante de este desarrollo es que el niño aprende a sentirse en seguridad, a confiar en el mundo, a recibir la provisión adecuada de sus necesidades.

Chakra segundo: De los seis a los veinticuatro meses

La fase siguiente principia con el nacimiento, pero cobra mayor protagonismo entre el primer año de vida y el segundo. En esta fase experimentamos «la otredad», las sensaciones, las emociones. Es la época en que el niño adquiere el control de la motricidad y explora el mundo por medio de los sentidos. Más allá de la mera supervivencia, el infante necesita sentirse amado, experimenta el placer de vivir y tiene ante sí una gama de sensaciones agradables y estimulantes que explorar, como los colores, los sonidos, las texturas y los sabores. Necesita el contacto protector, pero no invasor, de los progenitores y además adultos que le cuidan.

Chakra tercero: De los dieciocho meses a los tres años

El chakra tercero interviene cuando el niño trata de afirmar su autonomía y empieza a desarrollar su voluntad. El niño es egoísta por naturaleza y desea establecer el sentido de su personalidad, su poder y su capacidad para manifestarse. Como saben las madres, ésta es la fase de los «niños terribles», durante la cual contestan «no» a todo. Lo que importa en esta situación es permitir que desarrolle la sensación de autonomía y que experimente con su propio poder; al mismo tiempo ha de adquirir una sana conciencia de sus limitaciones, pero basada en el respeto, no en el conflicto con el poder de los progenitores.

Chakra cuarto: De los tres a los seis años

El chakra cuarto se desarrolla a medida que el niño empieza a encontrar su lugar en relación con la familia y el mundo en general. Es la edad de la imitación; el infante reacciona frente a la dinámica familiar y desarrolla su propio estilo de las relaciones interpersonales. Las amistades y los juegos con otros niños cobran mayor importancia, y sus iguales empiezan a ejercer una sutil influencia sobre la conformación de su personalidad.

Por lo que se refiere a la familia, en esta fase es imprescindible la ayuda amorosa de los padres para hacer posible que el niño desarrolle poco a poco su red de relaciones y se sienta amado así como admitido en ese mundo más amplio. La disfuncionalidad de la dinámica familiar tiene repercusiones particularmente graves en esa época. Los niños necesitan modelos de rol sanos para aprender a expresar la afectividad y el cariño.

Chakra quinto: De los seis a los diez años

La identidad social desarrollada en el período anterior se afirma en esta fase mediante la expresión creativa. A través de la comunicación el niño somete a verificación su concepto del mundo. Es fundamental dejar que la originalidad se exprese sin emitir juicios de valor, escuchar con atención y comunicar con sinceridad.

Chakra sexto: De los siete a los doce años

Habiendo aprendido por medio de la comunicación y a través de la exploración propia, el infante empieza a configurar una imagen interna del mundo y del lugar que él mismo ocupa dentro de éste. Está entrando en la esfera de influencia del chakra sexto, que es el reino de la imaginación. Empieza a distinguir pautas, desarrolla las facultades intuitivas y extrasensoriales, y percibe con mentalidad abierta lo que le va sucediendo. En esta etapa es importante que los padres suministren información y experiencias pero sin tratar de anular las percepciones infantiles. Los juegos que activan la imaginación creadora (por ejemplo pedirle al niño que proyecte imágenes de situaciones nuevas mediante preguntas del tipo «¿qué pasaría si...?» ayudan a desarrollar esta facultad.

Chakra séptimo: De los doce años en adelante

Con el chakra séptimo entramos en la búsqueda del conocimiento por medio del aprendizaje, el entrenamiento, el raciocinio y el acopio de informaciones. De esta manera quedamos dotados del conjunto de instrumentos que vamos a precisar para asimilar todas las experiencias anteriores y futuras. Puede ser también una época de exploraciones espirituales, aunque esta inclinación suele variar de unas personas a otras. Las condiciones ideales para fomentar este proceso serían: la presencia de un ambiente intelectualmente estimulante en el hogar, que se le induzca a cuestionarse los sistemas de creencias, que se le enseñe a pensar por sí mismo, y que se le proporcione un entorno educativo favorable.

Los daños sobrevenidos durante cualquiera de estas etapas cruciales pueden perjudicar el chakra que está desarrollándose en cada fase. Cuando explores los problemas y los desequilibrios de tu propio sistema chákrico, una reflexión profunda sobre tus experiencias durante esas etapas formativas te aportará conclusiones nuevas. Como padres, importa que conozcamos las dificultades de nuestros chakras concretos, para no caer en el error de traspasar a los hijos los conflictos propios no resueltos.

Este manual práctico trata de cómo poner en libertad tu cuerpo, tu vida y tus derechos básicos actuando sobre el Sistema de los Chakras. Es posible ejercitarlos como si fuesen músculos, sanarlos por medio del entendimiento y reprogramarlos en función de tus deseos y necesidades. Pero el sistema es complejo y el desarrollo de cada chakra requiere tiempo y paciencia. No te hagas juez de tus progresos, porque eso sería perder el tiempo. Nuestro objetivo no es juzgar sino comprender.

Cómo establecer una práctica

Este libro te proporcionará un gran número de ejercicios y prácticas para experimentar. A fin de hacerlo posible, es aconsejable destinar un horario fijo. El establecimiento de una rutina para trabajar con estos materiales te ayudará en diferentes maneras. Ante todo, y aunque te halles muy impaciente al principio y en disposición de practicar, luego se presentan esos días en que preferiríamos holgazanear media hora más en la cama, y es muy fácil ceder a la tentación y prometernos que ya recuperaremos ese rato en otra oportunidad (que naturalmente nos guardamos bien de concretar). Dada la agitación de la vida moderna, sin embargo, es difícil cumplir con una práctica espiritual buscando ratos para ello al azar, aunque nos consten los beneficios que ella puede aportarnos. El establecimiento de una disciplina da lugar a que se forme el hábito y elimina la necesidad de buscar todos los días unos momentos libres.

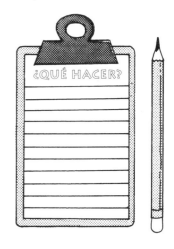

Elige unas horas que te permitan trabajar sin sufrir interrupciones por asuntos de la familia o llamadas telefónicas, y que te consientan una plena dedicación a lo que vas a hacer. A primera hora de la mañana, por ejemplo, algunos tenemos muchos quehaceres que despachar en muy poco tiempo y además nos levantamos preocupados pensando en las tareas del día; en ese caso quizá sería mejor dejarlo para antes de acostarnos. En cambio otros llegan al final de la jornada tan fatigados que no desean otra cosa sino tumbarse a dormir cuanto antes; a éstos les convendrá un horario diferente. Al principio incluso es posible que debas ensayar diferentes posibilidades a lo largo de, digamos, una semana, hasta dar con las horas más idóneas.

La frecuencia de las sesiones sólo depende de ti. La perseverancia es lo más importante, pero la asiduidad aportará resultados más rápidos. Dada una cantidad fija de tiempo disponible que dedicar a las prácticas, es más recomendable trabajar a menudo durante menos tiempo que realizar sesiones maratonianas pero sólo una vez por semana. A título indicativo podríamos sugerir sesiones cotidianas de duración comprendida entre veinte minutos y una hora, ésta quizá repartida en varias fracciones al día. Por ejemplo, veinte minutos de movimiento por la mañana y otros veinte minutos dedicados a otras actividades al anochecer. Y aunque sólo puedas dedicar diez minutos al día, eso siempre es mejor que nada.

Otra cuestión a considerar es el lugar en donde vamos a realizar las prácticas. Se necesita una superficie libre de tamaño suficiente para tendernos en el suelo y efectuar movimientos de brazos y piernas en derredor sin golpearnos con los muebles. Esto puede suponer la necesidad de retirar obstáculos cada vez; si vivimos en un espacio muy abarrotado, quizá sería mejor seleccionar aquellos ejercicios que puedan efectuarse dentro de las condiciones existentes y aprovechar las salidas para realizar otros al aire libre siempre que sea posible. En efecto, cuando nos movemos en un espacio muy restringido, instintivamente cohibimos también los movimientos y ésa es una tendencia que interesa contrarrestar al menos en algunas de las sesiones que establezcamos.

También es muy aconsejable, por cuanto nos ayuda a modificar el enfoque mental, el establecimiento de un altar; para ello sólo se necesita desocupar la parte superior de una cómoda, o una estantería, a fin de crear una decoración en donde situar imágenes y objetos que guarden relación con el chakra que estemos cultivando en cada momento dado. En las condiciones ideales, dicho altar estaría en la misma habitación donde nos dispongamos a efectuar las meditaciones y la redacción de nuestro diario, o tal vez en el dormitorio, para que sea lo primero que veas por la mañana al despertar. En este libro daremos algunas sugerencias sobre cómo disponer un altar para cada chakra, pero no olvides que puedes dar libre curso a tu imaginación, para expresar las energías con los cuales trabajas en la manera que mejor cuadre a tu manera de ser.

También conviene dedicar alguna reflexión al vestuario que utilizaremos durante las prácticas. A nuestro alumnado le proponemos, por lo general, que use prendas cómodas, de modo que asegure la libertad de movimientos y, si es posible, en los colores correspondientes al chakra sobre el cual se va a trabajar. La consideración fundamental es que las ropas (si eliges ponerte alguna) no deben restringir la soltura de movimientos ni la respiración profunda.

Trabajos de movimiento

Puesto que el objetivo consiste en recorrer todo el espectro de los chakras de un extremo al otro, es preciso que estemos dispuestos y preparados para desplazar nuestras energías a través de diferentes configuraciones. Como la mente y el cuerpo están interrelacionados íntimamente y los chakras son los puntos por donde lo uno y lo otro se relacionan, el movimiento deviene una técnica insustituible para poder desplazar nuestras pautas de energía y experiencias básicas.

En muchas coyunturas antiguas y modernas se recurrió al movimiento como medio para elevar la autoconciencia, forjar identidades de grupo o entrar en relación con lo sagrado. Pero incluso sin proponérnoslo conscientemente, nuestras posturas y las maneras en que nos movemos expresan sentimientos y actitudes en relación con nosotros mismos, con los demás y con el mundo que nos rodea; pues bien, si prestamos atención a este proceso accederemos a muchos de los aspectos que mantenemos ocultos a la mente consciente. Y además de un gran volumen de informaciones, inauguraremos una posibilidad de comunicación «de ida y vuelta»: al trabajar sobre nuestros movimientos influimos en algunas partes de nosotros mismos que permanecían bloqueadas o estancadas, e iniciaremos el proceso de la curación y la reprogramación. Por eso te acompañamos aquí en el recorrido a través de numerosos ejercicios y experimento destinados a aportar y despertar el Conocimiento, por donde, a su vez, tu cuerpo y tus movimientos también cambiarán.

La explicación de los trabajos de movimiento que damos en este libro es, en parte, de naturaleza técnica, atendida la necesidad de dar instrucciones concretas sobre la manera correcta de practicar determinados movimientos físicos. Pero en muchos lugares superaremos los límites de la mera explicación física para crear un marco de referencia que permita una actividad más espontánea, aunque sin olvidar que allí donde figuren instrucciones concretas éstas deben ser tenidas en cuenta. Las personas que hayan llevado una vida algo sedentaria, por ejemplo, o las que desconozcan las técnicas de estiramiento o *stretching,* deben prestar atención a sus propias limitaciones y no intentarán superarlas sino de un modo lento y gradual. Al practicar las posturas indicadas para cada chakra haremos algo más que movilizar las energías de ese chakra, puesto que los ejercicios incluyen muchos principios generales válidos para el movimiento y la postura en la vida cotidiana. Poco a poco descubrirás que tu cuerpo ha aprendido a moverse de una manera saludable.

En este capítulo describiremos algunas prácticas básicas y preliminares que te servirán de «presentación» ante tu propio cuerpo. Aunque seas una persona muy deportista, estos ejercicios te aportarán un conocimiento superior de lo que sucede en el interior de tu organismo.

Cada sesión de movimiento debe inaugurarse con algún tipo de calentamiento corporal. A este fin puede servir el ejercicio de Despertar Corporal, o tal vez encuentres en otros chakras las descripciones de otros movimientos que funcionen mejor para ti. Puedes limitarte a poner un disco y moverte espontáneamente según lo que te sugiera la música, pero siempre aprovechando el rato para prestar atención a lo que sucede en el interior de tu cuerpo mientras lo haces. ¿Notas alguna parte anquilosada que esté reclamando más atención? Para conocer tu cuerpo y sus necesidades conviene trabajarlo con carácter sistemático y perseverancia; en seguida desarrollarás tu estilo propio de entrar en acción, el que mejor toma en consideración lo que te hace falta para «soltarte» y evitar lesiones. Este ejercicio personal de calentamiento podrá formar parte del ritual del trabajo chákrico de movimiento... o incluso de otros trabajos chákricos que no implican movimiento. A menudo la meditación o la redacción del diario personal resultan mejor después de haber dado su parte al cuerpo dedicándole un rato.

Relajación profunda en la postura del muerto (savasana)

Empieza por tenderte en el suelo con las piernas cómodamente separadas (unos cuarenta o cuarenta y cinco centímetros) y los brazos tendidos a lo largo del cuerpo, separados de éste unos treinta centímetros y con las palmas de las manos hacia arriba. Si el suelo no está enmoquetado ni alfombrado hazte con una colchoneta de gimnasia o una manta grande doblada para que la incomodidad no resulte excesiva. Cierra los ojos, inhala profundamente y luego deja salir el aire poco a poco, permitiendo que los músculos se relajen, consciente de la sustentación que el piso les ofrece. Sintoniza con las sensaciones de tu cuerpo mientras permanece echado en el suelo. ¿Qué partes de él notas más pesadas, como queriendo hundirse en el piso, y cuáles te parecen más ligeras, simplemente descansando sobre la superficie? ¿Dónde quedan espacios huecos entre tu persona y el suelo? Advierte la sensación de las prendas sobre la piel, las texturas, las partes en donde aprietan o ciñen, las partes más holgadas, las que no están recubiertas por ninguna prenda y reciben la brisa de los movimientos imperceptibles del aire a tu alrededor.

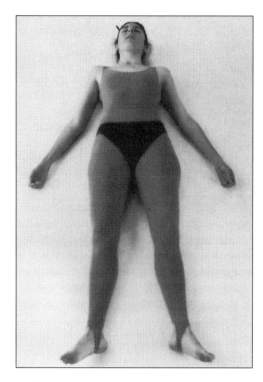

Ahora dirige la conciencia propioceptiva hacia tus pies, notando todos los músculos y las articulaciones de estas extremidades. Observa si tienes alguna tensión o malestar en ellas y envíalas pies abajo hacia la tierra, liberando los pies y dejándolos en estado de reposo. Desplaza luego tu atención en sentido ascendente, hacia los tobillos, las pantorrillas y las espinillas; también aquí harás que se relajen las tensiones y se desvíen a tierra por conducto de las piernas. Eleva la atención hacia las rodillas y los muslos, notando esos músculos –algunos de los cua-

les figuran entre los más poderosos del cuerpo– y deja que cualquier incomodidad o malestar remanente en ellos se desvíe por las piernas hacia la tierra, liberando las piernas y dejando en ellas una sensación de reposo y comodidad. Dirige tus percepciones hacia las articulaciones de las caderas, alrededor y a través de las nalgas, los genitales y el vientre. Derivarás a tierra, a través de las nalgas, cualquier malestar que encuentres en esa región, y dejarás la pelvis en estado de relajación y tranquilidad. Vuelve ahora tu atención hacia los músculos de la espalda, a ambos lados de la raquis, dejando que toda tensión se desprenda y se aleje de ti fluyendo hacia la madre tierra. Encamina tu conciencia hacia la cintura y la caja

Relajación profunda (continuación)

torácica, fíjate en el suave movimiento de tu respiración y haz que cualquier malestar se disipe y abandone tu cuerpo en dirección a la tierra. Conforme relajas la tensión del tronco tu atención se desplaza ahora hacia los hombros, los cuales vaciarás de tensiones y molestias enviándolas hacia la tierra, con lo que dejarás en reposo y relajada la cintura escapular. Encamina tu atención brazos abajo, hacia los codos, los antebrazos, las muñecas, las manos y los dedos, para retirar con suavidad toda tensión evacuándola hacia la tierra. Luego regresarás hacia el cuello y la nuca, notando ahí los poderosos músculos que todo el día mantienen erguida tu cabeza; deja que esos músculos descansen y descarguen su tensión enviándola a la tierra. Que tu conciencia note ahora la musculatura de la mandíbula y el interior de la boca, descansando los músculos y dejando la lengua suelta, los labios entreabiertos, las mejillas relajadas. Te pesan los párpados, tu ceño se desfrunce, la frente se alisa, el cuero cabelludo se distiende y toda la tensión pasa a la tierra por la parte posterior del cráneo.

De nuevo pasa revista a todo tu cuerpo para ver si queda alguna tensión remanente que necesite relajarse y ser evacuada hacia la tierra. Todo tu cuerpo está inmóvil y tranquilo, yacente en el decúbito supino, relajado.

Escucha los ruidos que te rodean, y deja luego que estos ruidos se conviertan en un telón de fondo sobre el cual notarás los ruidos de tu propio cuerpo: la respiración, los ruidos digestivos e incluso, quizás, el latido rítmico de tu corazón.

A partir de aquí puedes dedicarte a cualquier actividad que desees realizar en ese estado de relajación consciente, o seguir descansando hasta que te parezca que ha llegado el momento de regresar al estado normal de vigilia. Para este regreso empieza por respirar profundamente, permitiendo que cada inhalación sature por entero tu organismo y te induzca a estirarte, a bostezar, a remover los miembros, hasta que te halles en condiciones de volverte a un lado e incorporarte. De este modo quedarás en disposición de pasar a la actividad siguiente con el espíritu alerta, y sin embargo relajado al mismo tiempo.

Despertar del cuerpo

Estando todavía en situación relajada y de inmovilidad corporal, imagina que has permanecido en tal estado durante muchísimo rato, tanto que ni siquiera conservas noción del tiempo transcurrido y casi has olvidado cómo mover ese cuerpo tuyo. Deja que empiece a despertar, comenzando por los dedos. Nota cómo la energía inicia el movimiento de los dedos y los músculos empiezan a funcionar. Al principio parecerá un espasmo involuntario, o un estremecimiento muy ligero. Dedica el tiempo que te parezca necesario a jugar con ese movimiento, a explorar su extensión y su fuerza, mientras encoges y estiras los dedos. Al moverlos notarás cómo intervienen asimismo los músculos de la palma de la mano. Pasa a explorar esta nueva región y notarás cómo la energía motriz se desplaza y transmite de las manos a los antebrazos. No apresures nada. Juega, deja que el movimiento suba por los brazos y vaya apoderándose sucesivamente de los hombros, el cuello, la cabeza, el tórax,

la cintura, las caderas y la pelvis, las piernas y los pies. Deja que cada región despierta a su ritmo, concédele todo el rato que te parezca necesario, y cuando todo tu cuerpo haya despertado permite que lo recorra la energía de modo lento o rápido, fluido o brusco, rítmico o continuado. Busca una manera de salir del decúbito supino, por ejemplo balanceándote o rodando sobre un costado, estudiando las diversas posturas que tu cuerpo es capaz de asumir. Finalmente hallarás la manera de incorporarte y ponerte en pie, o tal vez iniciar un paso de danza, siempre explorando toda las posibilidades de movilidad de ese mecanismo corporal maravilloso.

Busca ahora la manera de terminar, moviéndote cada vez más despacio y permitiendo que el cuerpo encuentre la postura de reposo que mejor le parezca. Permanece un rato en esa postura mientras prestas atención a las sensaciones que te envía, al ritmo de la respiración.

Entrando en el espacio de lo sagrado

Reivindicamos la espiritualidad como ingrediente esencial para crear una vida sana y equilibrada. La meditación y el rito son los instrumentos de que nos servimos para despertar de nuevo ese aspecto de nuestro ser que teníamos tan abandonado.

La esencia de la meditación consiste en sintonizar, concentrarse sobre el momento absolutamente presente y contemplar cómo desemboca en el momento siguiente y sigue fluyendo. Existen muchas técnicas de meditación que arraigan en muy diversas tradiciones de la práctica espiritual, pero en todas ellas, por lo general, la contemplación del constante fluir del presente, momento a momento, es un rasgo principal. A veces se define de este modo la meditación entera, sin otro propósito ni otra finalidad. En otras ocasiones existirá una intención, un tema o idea que tratamos de situar en el centro de ese flujo momento a momento. Las meditaciones que proponemos en este manual práctico suelen atenerse a ese formato con el fin de crear un espacio mental en donde elaborar un pensamiento determinado, una sensación, un concepto o una visualización. Es posible que la mente derive por instantes y se aleje del tema en cuestión, pero siempre haremos que retorne a fijarse en el momento presente y en la imagen propuesta (sin censurarnos ni albergar ninguna sensación de remordimiento por la distracción).

Según nuestro concepto, el ritual tiene su origen en el mismo proceso que configura la meditación: la conciencia del flujo. La meditación pasa a ser rito en virtud de las pequeñas pautas habituales que desarrollamos al dar forma a las prácticas meditativas. Podría ser algo tan sencillo como cerrar la puerta de la habitación y encender una varilla de incienso. O incluso más sencillo todavía, el mero hecho de colocar el cuerpo en una postura determinada y empezar a concentrarse. O bien podría ser algo muy complicado, como hacerse con varios instrumentos musicales, revestir unas prendas determinadas, encender unas velas, y llevar a cabo todo esto en un espacio sacro, especialmente reservado por ti para dedicarlo a este trabajo, a solas o con participación de otras personas que intervengan en diferentes funciones.

Las acciones del ritual son para el cuerpo otras tantas indicaciones, en el sentido de que van a comenzar los cambios psicológicos y energéticos que forman parte de la práctica. Con frecuencia nuestra respiración se modifica mientras llevamos a cabo las acciones del ritual acostumbrado. Estos pequeños cambios forman parte de la apertura a otros cambios más trascendentales en nuestra vida. Empleamos las poderosas técnicas del ritual para ayudar a iniciar tales cambios, en busca de un estado alterado de la conciencia que conduzca a la autoexploración y reprogramación.

La práctica de un ritual admite muchas modalidades, y así vemos en efecto muchos rituales diferentes en todo el mundo. Aquí damos para cada chakra, a título de ideas o sugerencias iniciales; pero no te reduzcas a nuestras ideas. Pon en juego tu propia creatividad. Utiliza las tareas, las prácticas de movimiento, la redacción del diario, la escucha musical, la lectura de libros y todo cuanto se te ocurra para crear tus propios rituales y conferirles la duración que más te convenga. Todos los ejercicios, físicos u otros, pueden ser piezas del ritual que adoptes, si los has hallado útiles. Presta atención a la manera en que te influye cada uno de ellos, y utiliza los que sean susceptibles de modificar tu estado de conciencia si era ése el efecto que perseguías.

Algunas nociones básicas te ayudarán a organizar tus prácticas y tus ideas para dar forma a tus rituales. El más importante es el relativo a la creación de un espacio sagrado dentro del cual trabajar. Utiliza nuestras sugerencias para establecer una práctica que te ayude a elegir e instalar un emplazamiento para tus rituales. A continuación definirás un espacio temporal mediante el empleo de unas determinadas ceremonias de iniciación y de terminación, que delimitarán el ritual; esto puede hacerse mediante palabras que se recitan, gestos que se ejecutan, posturas concretas que se adoptan, o simplemente cerrando los ojos y poniéndote en sintonía con tus sensaciones del momento. Algunos prefieren una oración determinada, un cántico o una letanía que les sirve para comenzar y terminar. Al término del ritual, por cierto, es indispensable que deshagamos lo que hicimos para crear el espacio sagrado. Si has invocado la participación de tales o cuales elementos o deidades, no dejes de expresarles tu agradecimiento al finalizar, hazles saber que está terminado y deja que se ausenten del espacio sagrado que, a modo de recipiente, habías creado para ese ritual.

Mentalización

Para comunicarte una experiencia de la meditación en su forma más sencilla, he aquí un ejercicio que podrás realizar en cualquier parte y en casi todas las situaciones.

Cierra los ojos e inmoviliza tu cuerpo en la postura actual. Dirige tu atención hacia ese cuerpo, hacia la postura en que te hallas, sedente, echada o de pie. Observa qué partes de tu personas tocan el suelo, cuáles son los músculos que trabajan para mantener la postura, y qué partes del cuerpo acusan tensión o incomodidad. Si necesitas relajar tensiones o modificar la postura para eliminar esas incomodidades ahora que has adquirido conciencia de ellas, hazlo. Sigue prestando tu atención a las sensaciones corporales después de abrir los ojos y continuar con lo que estabas haciendo al principio o debas hacer ahora. Sigue cada movimiento fijando la atención, y lo mismo cada uno de tus pensamientos. Procura mantenerlos centrados en el presente, y si tienden a divagar, observa hacia dónde van derivando para retrotraerlos al presente, pero sin ceder al impulso de censurarte ni enfadarte. Sencillamente, devuelve la atención al momento, céntrate en el flujo del presente.

Ejercicios para el Diario

En la ruta de la autoexploración y la curación es aconsejable llevar un cuaderno de bitácora, en donde anotemos las experiencias, los pensamientos y las emociones. De esta manera tendremos ordenados los contenidos de nuestra mente y empezaremos a distinguir las pautas que informan el decurso de nuestra vida.

Muchos de los ejercicios de este libro darán lugar a pensamientos y emociones, los cuales proporcionarán a su vez un punto de partida para escribir. Por otra parte sugeriremos ideas concretas para la redacción del diario en lo que concierne a cada uno de los chakras. Una vez hayas comenzado, hallarás material para escribir en las cuestiones que te preocupan en tu vida cotidiana, en los recuerdos, en los conflictos que es necesario recorrer para superarlos, en las cartas que necesitabas escribir pero no te atreviste a enviar. Poner por escrito unos pensamientos o emociones viene a ser como reconocerlos, admitiendo como propio lo que tal vez antes no te atrevías a encarar, y confiere solidez a lo que quizás estaba confuso. Andando el tiempo te encontrarás con una crónica del camino recorrido, una historia de tus progresos mientras avanzas por la vida.

1. Valoración

Empezaremos por un examen de tu situación actual. Encabeza tu diario con la fecha y la hora en una página en blanco y ponte a resumir cómo estás ahora. Que sea más bien como un informe científico, no un examen de conciencia ni un juicio sobre tus defectos y virtudes. Imagina que estás valorando un «grupo de control». Y aunque el trabajo sobre los chakras normalmente procede de los inferiores a los superiores, en esta ocasión empezaremos por los aspectos espirituales de tu vida.

Lo espiritual

- ¿En qué forma fundamental se basa tu espiritualidad? (La respuesta puede variar desde el nombre de una de las grandes religiones hasta algo tan sencillo como «pasear por el parque».) Si crees que no hay en tu vida ninguna forma de espiritualidad, ¿lo acusas como un déficit, o te parece bien tal como está? ¿Opinas que la espiritualidad es una manera de perder el tiempo?
- ¿Es una forma de espiritualidad heredada (por ejemplo, la fe de tus mayores) o elegida por ti (o ambas cosas a la vez)? Si ha sido elegida por ti, ¿qué acontecimientos motivaron esa opción?
- ¿Estás satisfecho o satisfecha con el aspecto espiritual de tu vida?

Ejercicios para el Diario

- ¿Qué parte de tu vida dedicas a la práctica de tu espiritualidad? ¿Desearías que fuese más grande, o más pequeña?
- ¿Qué objetivos te plantearías en lo espiritual, si es que tienes alguno? ¿Crees que subsiste alguna programación espiritual remanente de la infancia que te gustaría recuperar, o de la que, por el contrario, preferirías prescindir?

Lo mental

- ¿Qué parte de tu vida dedicas a las actividades mentales (leer, escribir, pensar, razonar, resolver problemas, dejar vagar la imaginación)? ¿Te gustaría que fuese más grande, o más pequeña?
- ¿Te parece mentalmente estimulante tu trabajo? Y tus amistades ¿te lo parecen? ¿Y tu vida familiar?
- ¿Cuántos libros lees al mes? ¿Cuántas horas de televisión u otras distracciones?
- ¿Tienes confianza en tu propia capacidad mental? ¿Estás satisfecha o satisfecho con ella?
- ¿Lo estás en cuanto a tu nivel de estudios?
- ¿Cuál es tu actividad mental favorita y qué beneficios extraes de ella?

Lo emocional

- A lo largo de un mes, ¿en qué estados emocionales te hallas la mayor parte del tiempo? (Depresión, entusiasmo, temor, alegría, etc.)
- ¿Te parece emocionalmente satisfactoria tu vida? ¿tus relaciones? ¿tu trabajo?
- ¿Qué objetivos desearías alcanzar en lo emocional? (Por ejemplo, más seguridad, menos irritabilidad, más interés por las cosas, más paciencia.)

Lo físico

- Ponte en sintonía con tu cuerpo, invirtiendo en ello el tiempo que sea necesario. ¿En qué lugares te parece crónicamente abotargado, tenso, dolorido? ¿En qué otros aspectos lo hallas fuerte, lleno de energía, de vida, fuente de placer? Profundiza y estudia la cuestión sin prejuzgar nada. Escribe qué partes de tu cuerpo merecen tu atención y lo que te parecen, tanto en lo bueno como en lo malo.
- En conjunto, ¿qué piensas de tu cuerpo? ¿Le prestas atención? ¿Te hace feliz su manera de conducirse y comportarse? ¿Es un placer vivir dentro de tu cuerpo, o te parece más bien como un fardo excesivamente pesado que arrastras durante toda la vida? ¿Padeces dolores crónicos o algún tipo de toxicomanía?

Ejercicios para el Diario

- ¿Cuánto tiempo le dedicas por semana (en ejercicios, recibir masajes, salir a dar un paseo, hacer el amor, etc.)?
- ¿Qué objetivos tienes señalados para él? (Por ejemplo una ortodoncia, un traje nuevo, perder peso, o ganarlo, etc.)

2. Mapa corporal chákrico

Sobre una hoja grande de papel dibuja la silueta de tu cuerpo. No te importe si no sale una obra de arte ni un dibujo perfecto. Colorea la figura con barras de colores a la cera o lápices, de modo que cada color represente las sensaciones que las diversas partes del cuerpo te inspiran. Que los colores irradien de aquellas partes en que te sientes más libre, o representa mediante tonos oscuros o ángulos agudos los bloqueos que padeces. Interrógate acerca de tu conexión con la tierra, con la espiritualidad, con la cordialidad. No se trata de reflexionar intelectualmente acerca de ello, sino de sentirlo de una manera directa. Confiésate tus sentimientos sin juzgarlos ni ponerlos en relación con ninguna supuesta norma acerca de cómo deberían ser. (Más adelante practicaremos este mismo ejercicio desde una perspectiva distinta.) Cuando hayas acabado el retrato, considéralo en conjunto. ¿Qué impresión te comunica? ¿Qué te parece lo que estás viendo? ¿Sientes compasión, censura, atracción, tristeza, satisfacción?

3. Los derechos

Volviendo a la descripción de los siete derechos en la página 22, pregúntate para cada uno de ellos: ¿en qué maneras ha sido infringido ese derecho en tu vida? ¿Qué hiciste para reivindicarlo?

La finalidad de esta interrogación es suministrarte un punto de partida, una valoración. Una vez hayas trabajado los siete chakras, tal vez querrás echar una ojeada retrospectiva, releer tu diario y compararlo con tus sentimientos actuales. Sólo así podrás tener la seguridad de que has cambiado.

Recursos

Libros

Beck, Renee, y Sydney Barbara Metrick, *The Art of Ritual*, Celestial Arts.

Bloom, William, *Tiempos sagrados*, Luciérnaga.

Cahill, Sedonia, *Ceremonial Circles*, Harper.

Judith, Anodea, *Los chakras. Las ruedas de la energía vital*, RobinBook.

Paladin, Lynda S., *Ceremonies for Change*, Stillpoint Publishing.

Chakra primero
Tierra

Para empezar

¿Cómo estamos?

Antes de leer este capítulo o de iniciar los ejercicios dedica un poco de tiempo a explorar las primeras cuestiones chákricas. Verás a continuación una lista de conceptos clave. Mira cada una de las palabras y medita sobre ella unos momentos. Anota en tu diario las ideas o las imágenes que ese concepto ha evocado en tu mente.

Supervivencia	*Hogar*
Tierra	*Familia*
Materia	*Raíces*
Tomar tierra	*Disciplina*
Cuerpo	*Fundamento*
Plano físico	*Inmovilidad*

Este chakra rige los pies, las piernas, la base de la columna vertebral y el intestino grueso. ¿Qué piensas de esas regiones de tu cuerpo? ¿Has tenido alguna dificultad con ellas en algún momento de tu vida?

Disposición de un altar

Para el primer chakra querrás que tu altar represente el elemento Tierra y además exhiba los símbolos de tus particulares centros de interés. Si tienes en tu casa un lugar que sirva como altar permanente, úsalo como tal y cambia la decoración a medida que vayas progresando a través de los chakras. O también podrías instalar un primer altar chákrico en tu despacho o lugar de trabajo habitual, en la cocina, en el jardín u otro lugar especial al aire libre susceptible de servir como altar permanente de la Tierra. Obviamente no puede colocarse cualquier cosa sobre un altar expuesto al aire libre, así que a lo mejor querrías tener otro en la vivienda también.

Para un altar dentro de casa, cubre la superficie con un paño rojo, o si prefieres dejar la superficie natural de madera o de mármol, el rojo debe predominar en los objetos que pongas sobre él. Por ejemplo, un candelabro de velas rojas que encenderás durante las meditaciones, un jarrón con flores rojas, una bandeja de cerámica roja o de barro al natural, o cualquier otro objeto en que veas relación con los conceptos del primer chakra sobre los cuales quieras trabajar más especialmente.

Tal vez querrás añadir algunos cristales o piedras especiales que hayas recogido, un objeto decorativo de madera, alguna planta en maceta, o fotografías de exteriores y paisajes que te parezcan especialmente densos de potencia telúrica.

Si te agrada la idea de trabajar con deidades hindúes u otras, coloca las estatuillas o las estampas entre los demás objetos. Lakshmi, la diosa hindú de la salud, aprecia las flores, los perfumes y el color rojo. Otra deidad apropiada podría ser Ganesha, el dios de cabeza de elefante, el que aparta los obstáculos, a quien suelen invocar los que van a iniciar una empresa nueva.

La finalidad del altar no es otra sino la de recordarte cuál es el dominio conceptual en el cual has decidido fijar tu atención. Consulta la lista de los conceptos clave así como la tabla de correspondencias, y trata de imaginar cómo simbolizarías las diversas nociones que comprenden. Si deseas concentrarte en la familia, podrías colocar sobre el altar una fotografía de tus seres queridos. Si te preocupa el dinero, pon todas las noches el talonario de cheques. Si es tu salud física lo que te preocupa, tal vez serviría una foto tuya, o un espejo.

En general, cuando hayas terminado con el altar el resultado debe complacerte, ya que su misión es servir como recordatorio agradable que te ponga en relación con la tierra, contigo mismo y con las cosas que hayas elegido como tema de elaboración durante este período.

Correspondencias

Nombre sánscrito	Muladhara
Significado	Raíz
Localización	Base de la raquis, plexo coxígeo, piernas, pies, intestino grueso
Elemento	Tierra
Tema principal	Supervivencia
Finalidades	Estabilidad, arraigo, prosperidad, vida confortable, salud física
Afecciones, deficiencias	Obesidad, hemorroides, estreñimiento, ciática, anorexia, lesiones de la rodilla, alteraciones óseas, complexión enfermiza en general, carácter timorato, incapacidad para concentrarse, «despiste», agitación
Color	Rojo
Cuerpo celeste	Saturno
Alimentos	Proteínas, carnes
Derechos	Tener
Piedras	Granate, hematites o sanguinaria, piedra imán
Animales	Elefante, buey, toro
Principio eficaz	Gravedad
Camino yóguico	Hatha Yoga
Arquetipo	La Madre Tierra

Compartir la experiencia

«Me llamo Susan y nunca se me habría ocurrido que el primer chakra resultaría tan difícil. Creí que podría pasarlo con mucha facilidad y que estaría preparada en seguida para los seis niveles siguientes. Pero descubrí que todo tendía a la inestabilidad ese mes; se me averió el coche, el casero me anunció que a lo mejor vende la casa, una gripe me obligó a meterme en cama, y tengo números rojos en el banco. Pero gracias a todo ello he logrado comprender mejor la importancia del primer chakra, porque mientras sucedía todo esto yo no podía pensar en otra cosa, ni hacer nada, porque aquellas preocupaciones me embargaban por completo.»

•

«Me llamo Bob y yo también he atrapado esa gripe que anda por ahí. Pero me ha obligado a tomarme las cosas con calma, a descansar, a introducir cambios en mi dieta, a prestar atención a mi cuerpo. Así que para mí, ha sido verdaderamente una experiencia de toma de fundamento. Aun no hice nada en casa, me enteré del mucho quehacer que hay en ella.»

•

«Soy Cheryl, y estoy teniendo muchos problemas con mi trabajo últimamente. Mi jefa está en plan de supervivencia todo el rato, y conforme van pasando las semanas nunca está segura de si podrá pagarme el mes. Esta última vez me pagó con diez días de retraso y tuve que pedir prestado para pagar el alquiler. Por último cobré, pero todo esto me provoca una gran inseguridad y afecta a las demás cosas que hago. He procurado continuar con los ejercicios y las meditaciones de toma de fundamento, y creo que me han ayudado a centrarme, pero todavía estoy muy insegura y enfadada.»

•

«Mi nombre es Richard y sé lo que es pasar miedo en la vida. Me crié en Europa durante la Segunda Guerra Mundial, y todavía recuerdo las bombas, el hambre y las veces que mis padres me dejaban largas temporadas a salvo en casa de unos parientes. Pero en aquel entonces, a mí me parecía que me abandonaban, y aunque no pienso mucho en eso ahora he comprendido que aquellas experiencias afectaron a mi sentido de la seguridad y mi capacidad para vivir pies a tierra. Así pues, tengo pendientes muchas cuestiones tocantes al primer chakra y los ejercicios de toma de fundamento me han parecido especialmente difíciles, aunque también útiles, una vez puestos a ello. Pero sentí muchas tentaciones de evitarlos, sin embargo, y creo que también eso significa algo.»

Para entender el concepto

Nuestro largo recorrido ascendente a través de los chakras individuales empieza por el primero, el localizado en la base de la columna vertebral. Este nivel representa *nuestras raíces, nuestro fundamento, nuestro cuerpo y nuestra supervivencia.* Aquí la finalidad estriba en construir un fundamento fuerte que sustente todo el trabajo ulterior, y consolidar ese fundamento mediante raíces que sean sólidas y profundas, un organismo fuerte y pletórico de salud, y la estabilidad en nuestro régimen de vida. Como se ve, no son tareas fáciles y muchos opinan que este primer chakra es el que les ha requerido un esfuerzo más ímprobo.

El nombre del primer chakra es *Muladhara,* lo cual significa literalmente raíz. La planta que crece lozana y fuerte necesita raíces robustas y bien plantadas en el rico sustrato de la tierra. Y en efecto, así como las raíces crecen hacia abajo, así también nuestra primera experiencia chákrica es el desplazamiento de la energía y la atención *hacia abajo* en el sentido corporal: *bajar* hasta la base de la espina dorsal, *bajar* hacia las piernas y los pies, hacia el *bajo* vientre, *bajar* en busca de las raíces ancestrales de nuestro pasado. Por esta vía descendente entramos en el elemento que se asocia al primer chakra, *la tierra.*

Las tareas de este chakra implican la toma de contacto con la tierra, el establecer un buen sentido de lo fundamental y atender a las necesidades de la supervivencia, al cuidado del cuerpo. Cuando el chakra está perjudicado, estos cometidos devienen dificultades monumentales; con un chakra sano y bien equilibrado, en cambio, son las tareas más rudimentarias, las rutinas elementales de mantenimiento que funcionan totalmente de acuerdo con la programación y suministran la estabilidad necesaria para abordar otras misiones.

El primer chakra representa la materia en su forma más densa y pesada, y su principio rector es la gravedad. Definida en principio como una fuerza de atracción entre las masas, para los que estamos de pie sobre un objeto material del tamaño de la Tierra esta fuerza se percibe como una atracción hacia abajo. Pero desde una perspectiva más amplia comprendemos que la gravedad atrae todas las masas, estén donde estén, hacia el centro de la Tierra y desde todas las direcciones. Por tanto, por lo que concierne al primer chakra podemos considerar la gravedad como *la atracción de un centro interior.*

Manifestación

La senda descendente de la manifestación termina en el primer chakra y en efecto la manifestación es, por decirlo así, el tema único de ese chakra. Consiste en reunir las cosas en un mismo lugar; si decido manifestar una cena, por ejemplo, sacaré la comida de la despensa, del huerto, de la alacena y del frigorífico para ponerla en un mismo lugar. En esa otra manifestación que es un libro se reúnen informaciones procedentes de muchas fuentes distintas y se juntan alrededor de un tema central para constituir una nueva referencia bibliográfica. Ciertamente la capacidad para sobrevivir y prosperar depende de nuestra capacidad para manifestar nuestras necesidades.

La materia del primer chakra existe en su variedad más sólida y concreta. Tiene sus aristas y su delimitación, su forma, su tamaño y su finalidad. Para llevar al plano de la manifestación nuestros pensamientos y nuestros deseos, es menester que concretemos con mucha exactitud lo que vamos a manifestar. No se puede, por ejemplo, salir a la calle y ponerse a construir una casa sin más ni más; se necesita un proyecto, unos planos que expresen la ubicación, la forma, las dimensiones, el estilo, y un presupuesto que diga cuánto va a costar y cuándo comienzan y terminan las obras. Para manifestar una buena cena, como decíamos antes, hay que reunir los ingredientes pero no basta con eso; los alimentos deben ser combinados de acuerdo con fórmulas muy concretas, en las cantidades exactas, y dándoles un tiempo de cocción determinado. A muchas personas les resulta difícil el centrar la atención durante el tiempo necesario para concretar todos los detalles de una situación; la consecuencia de ello es que tal situación se reproduce una y otra vez. La generalización es el patrimonio de los chakras superiores, pero no sirve a la hora de construir un fundamento.

Desarrollo inicial

El desarrollo del primer chakra es un proceso continuo a lo largo de la vida, pero más intenso en el decurso del primer año. Las circunstancias prenatales, por ejemplo la ingesta de vitaminas o de fármacos por parte de la madre durante el embarazo, sus sentimientos en relación con esa maternidad inminente, el grado de dilatación abdominal, y naturalmente el parto mismo, tienen sus efectos sobre el primer chakra. Un parto traumático implica una entrada difícil en nuestro cuerpo físico y augura dificultades para el primer chakra. De manera similar, la separación de la madre inmediatamente después del nacimiento, como sucede con los prematuros, o en virtud de la bárbara costumbre de algunas clínicas donde el neonato es conducido a una sala aparte, ruidosa y desabridamente iluminada, también supone un daño inicial para el primer chakra. ¡Mientras prácticas como las citadas sigan considerándose normales, no será de extrañar que vivamos en una cultura totalmente fuera de trabazón con sus fundamentos y con la Tierra!

En esta fase de la vida, la conciencia del recién nacido se centra primordialmente en el instinto de supervivencia. El alimento, el calor, la comodidad y la sensación de ser bien recibido crean las condiciones para un primer chakra sano y bien realizado. Según el esquema de las fases de desarrollo planteado por Erik Erikson, el tema fundamental de la seguridad/inseguridad se asienta en esa época de la vida. La sensación de confianza en el mundo depende de que uno haya visto atendidas sus necesidades de supervivencia en el primer período de la vida infantil; en un plano prelógico y preverbal, por supuesto, el infante adquiere la noción de que es agradable vivir en un cuerpo bien alimentado y cariñosamente atendido, y que puede confiar en el mundo que le rodea para que así suceda. De este modo aprende que la expresión de sus necesidades suscita una manifestación, la cual a su vez constituye la base para la capacidad de manifestarse más adelante en la vida.

Los traumas, el abandono, los malos tratos, las privaciones, el hambre o las minusvalías físicas, por el contrario, perjudican el primer chakra. A partir de estas situaciones, el programa básico de supervivencia pasa a fundamentarse en la desconfianza. Los dolores y traumas nos enseñan a desoír las necesidades de nuestro cuerpo, a ignorarlas o sublimarlas. Desde el punto de vista energético, el infante impulsa las energías en sentido ascendente, alejándolas de las raíces. El niño queda desvinculado de su fundamento cuando precisamente éste es el aspecto que está desarrollándose durante tal fase. Desarraigar una planta no es la manera idónea de preparar un crecimiento sano.

La curación de los traumas que afectan al chakra implica un retorno al «niño interior» al objeto de reconstruir las vivencias de acogida feliz, bienvenida y creación de vínculos que debieron ocurrir en su momento. Puede ser necesaria para ello la ayuda de una persona amiga, o de un terapeuta. En su libro *Homecoming*, John Bradshaw ha propuesto una lista de nociones afirmativas para leer, a modo de bálsamo curativo que remedie las dificultades originadas en aquella fase; he aquí algunos ejemplos de este libro, a los que hemos agregado fórmulas propias:

> *Bienvenido al mundo, te esperábamos.*
> *Me alegro de que estés aquí.*
> *He preparado un lugar especial para ti.*
> *Aquí hay seguridad.*
> *Todas tus necesidades serán atendidas.*
> *Tienes un cuerpo maravilloso.*
> *Eres un ser absolutamente único y necesario.*

Puede suceder que sean necesarias muchas sesiones para retrotraerte a esa fase y reafirmar tu derecho a estar aquí antes de que surtan su efecto esas afirmaciones. Tal vez se deba recurrir incluso a la fantasía de una «mamá ideal» capaz de suministrar la ayuda idónea, teniendo en cuenta que lo más importante que debe aportar dicha fantasía es la vivencia de confianza en el mundo: confianza en la Tierra que nos sustenta, y confianza en que nosotros mismos seremos capaces de manifestar lo que hace falta para sobrevivir. Es la sensación de seguridad lo que crea un primer chakra sólido.

El cuerpo

Nuestro universo físico principia en el propio cuerpo. Es la única certeza física que tenemos en la vida, desde el primer aliento hasta la muerte. Y no hay recambio. Nunca se encarecerá bastante la importancia del cuerpo en relación con el primer chakra y con todo el sistema chákrico. Es el fundamento en donde todo lo demás empieza y termina. Nuestro cuerpo es la morada de nuestro espíritu. Es la manifestación física de todo cuanto nos ocurre y la máquina en la cual se ejecutan todos nuestros programas.

El trabajo del primer chakra se centra en el cuerpo, empezando por la atención consciente. Nos fijamos en la salud, la dieta, la puesta en forma, el ejercicio y las interacciones físicas con el resto del mundo. Prestamos atención a las sensaciones que evoca nuestro cuerpo, a nuestra manera de estar. ¿Nos sentimos despiertos y activos, o embotados y fatigados?

Llegar a dominar el primer chakra obliga a entender y sanar nuestro cuerpo, así como la parte que él desempeña en cuanto al estado general de nuestra conciencia y nuestra interacción con el mundo que nos rodea. No es una tarea fácil. Para algunos, será la parte esencial de su trabajo y les exigirá atención y concentración muy superiores a los que reclaman los demás chakras. Otros quizá se crean sanos de cuerpo, aunque quizá por eso mismo no le hacen demasiado caso y así se privan de una fuente de informaciones y de placeres muy importante para la conciencia.

Sanar el cuerpo es una emocionante expedición de reconquista. Por ahí empieza la curación de todos los chakras.

El hogar y la hacienda

El tema del hogar también se relaciona con el primer chakra. La atención al espacio físico que configura nuestro hogar, y también el hogar como foco de contenidos emocionales, forman parte del trabajo destinado a fortalecer nuestro fundamento. Si el hogar de nuestra infancia no fue un lugar agradable, o si las mudanzas excesivamente frecuentes nos privaron de un sentido de estabilidad, tendremos que reescribir nuestra programación a fin de poder crear un hogar acogedor y estable para nosotros mismos. Así la haremos, por ejemplo, dedicando tiempo y atención especiales al hogar actual: tenerlo limpio, redecorarlo, plantar un jardín (véase «La puesta en práctica» al final de este capítulo).

En el sentido más amplio posible nuestro hogar es la Tierra y puesto que estamos con el primer chakra también podríamos prestar atención al planeta en tanto que casa común. Y nuestro hogar particular es nuestro pedazo de Tierra personal. El concepto de la defensa del hogar engendra el concepto de la defensa de la Tierra, empezando por esa pequeña parte concretamente entregada a nuestros cuidados.

Los demás trabajos relacionados con el chakra primero versan sobre los detalles de nuestra realidad mundana. El dinero, el alimento, la instalación doméstica, el sueño, la higiene, son aspectos de la vida cotidiana que podríamos definir como subrutinas rudimentarias de nuestro programa de supervivencia. El deseo de prosperar guarda relación con el derecho a tener, con nuestro sentido innato de los valores, con las condiciones socioeconómicas de nuestra infancia, y con la capacidad para moverse en el mundo material desde una base fuerte, con eficacia.

Exceso y deficiencia

Los bloqueos del primer chakra pueden manifestarse como excesos o como deficiencias. Un primer chakra deficiente es el que no se halla lo bastante desarrollado como para proporcionar sustento, contención o solidez a la medida de las necesidades del individuo. Nuevamente, y como decíamos antes, hay que remitirse a los problemas del desarrollo inicial.

Las manifestaciones de deficiencia del primer chakra son muy diversas. Entre las tendencias principales cumple señalar el carácter timorato, en tanto que reacción frente a peligros percibidos como atentatorios contra la supervivencia incluso cuando no existe ningún peligro en realidad. Atendido que la solidez del primer chakra es el rasgo que aporta delimitación, la deficiencia de ella se refleja en la falta de definición; es el caso de los sujetos que tienen dificultad para decir que no, en disfrutar de las satisfacciones, en ahorrar dinero o en trabajar con perseverancia suficiente para alcanzar un objetivo. El primer chakra comunica también la capacidad para concentrarse en una tarea definida; acusan deficiencia de esta facultad los distraídos, los alborotados, los dispersos, los que no se disciplinan a sí mismos y nunca llegan a terminar nada de lo que emprenden. Y por último, la deficiencia del primer chakra llega a suponer dificultad para asumir el propio cuerpo, expresada quizá como problema de salud, o simplemente como sensación de hallarse falto de contacto con el mundo físico. Y en tanto que fundamento de la capacidad para ganarnos la vida, la deficiencia puede ser el origen de las continuadas situaciones de insolvencia económica, es decir el hábito en apariencia incorregible de «estar siempre a la última pregunta».

Los excesos del primer chakra se reflejan en pautas de excesivo apego a la seguridad. El acaparamiento de posesiones, el miedo al cambio, el afán de materialidad que se manifiesta en un sobrepeso físico, son ejemplos de anomalías originadas a raíz de un chakra descompensado por exceso.

Es importante comprender cómo ambas situaciones aparentemente contradictorias resultan de un primer chakra perjudicado; el exceso y el defecto no son sino maneras diferentes de reaccionar frente a un desequilibrio. En el defecto se evita hacer frente a los temas del primer chakra; en el exceso sí se reacciona, pero tanto que llega a producirse una sobrecompensación.

La reforma del primer chakra plantea especiales dificultades en nuestro medio social. Se necesita tiempo para tomar tierra, para poner orden en nuestro asuntos, para restaurar la salud del cuerpo y lograr que funcionen con regularidad nuestros mecanismos de sustentación. Para algunas personas es una lucha de toda la vida; la tarea nunca puede darse por terminada, puesto que necesitamos comer y dormir todos los días, o casi. El verdadero desafío y la resolución del primer chakra consiste en lograr que este trabajo de toma de fundamento sea una parte de nuestra vida cotidiana, armoniosamente integrada en ella.

Trabajos de movimiento

Los movimientos del primer chakra tienden a proporcionar fundamento y conciencia del cuerpo, así como de sus relaciones con la tierra, aprovechando los efectos de la gravedad. En concreto muchos de estos movimientos van a estimular esa zona del cuerpo donde muladhara espera pacientemente ser atravesado por el flujo de la energía. Iniciaremos esa traslación de la energía por los pies, las piernas y la región sacra, siendo éstos los conductos por donde penetra en el cuerpo la energía telúrica. Las partes del cuerpo que están generalmente en contacto con la tierra serán aquí los centros de nuestra atención: los pies (en la posición erecta), las nalgas (cuando nos sentamos), la espalda (en el decúbito supino). Practicaremos el estiramiento y la relajación de los músculos que constriñen el primer chakra.

Al realizar estos ejercicios procura observar en qué momentos notas retención, y cuáles son las regiones agarrotadas. Dirige tu respiración hacia esas zonas mientras te estiras, imaginando cómo tu aliento lleva la vida y la energía a las células y a los tejidos musculares que permanecían aislados de ese flujo. Presta atención al esfuerzo requerido para la ejecución de la práctica, observando las contracciones de los músculos mientras éstos trabajan para crear el movimiento o la solidez de cada ejercicio.

Muladhara rige fenómenos que son del mundo físico. Trabajar con el cuerpo, de cualquier manera que se haga, es parte importante del proceso de familiarización con el estado de tu chakra primero. Ahí tienes una oportunidad para descubrir si te mantienes con estabilidad sobre tus pies, si son firmes tus pasos en la tierra y si es equilibrada tu interacción con el entorno físico que te rodea.

Respiración pélvica

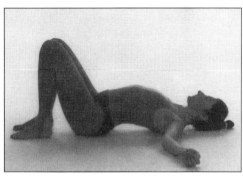

1 En decúbito supino, levanta las rodillas de manera que las plantas de los pies descansen en el suelo, separadas aproximadamente a la anchura de la cadera. Mientras inhalas el aire, efectúa la expansión del diafragma sacando ligeramente el abdomen. Al exhalar el aire dejarás que el abdomen se vacíe.

2 Prolonga el movimiento anterior creando un hueco entre la parte baja de la espalda y el suelo en el momento de inhalar.

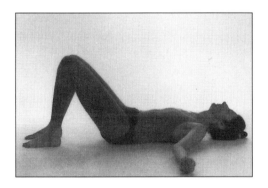

3 Luego, al tiempo de exhalar descansa la parte baja de la espalda en el suelo. No hace falta que sea un desplazamiento muy amplio, sino sólo una mera prolongación de los movimientos naturales de la respiración. Mientras continúas respirando con esta leve elevación de la espalda con respecto al suelo, procura que el resto del cuerpo permanezca tan relajado como sea posible. Seguramente notarás un ligero desplazamiento del pecho y de la cabeza hacia arriba en el momento de exhalar, y en sentido contrario al inhalar, lo cual refleja la diferencia de longitud de tu espalda con respecto al suelo en el momento en que rectificas la columna vertebral para dejar luego que ésta recupere su curvatura normal.

Mientras respiras de esta manera controlada imagina que la tierra respira a través de tu cuerpo. O mejor dicho, tú mismo o tú misma eres la tierra que respira. Fíjate en cómo se dilata todo tu ser, y cómo se sumerge luego en la tierra con cada ciclo de la respiración, para conectar esta función biológicamente indispensable con la fuerza vital telúrica.

Puente

1 Este movimiento fortalece y estimula el primer chakra. Comienza por una inhalación profunda y al tiempo de exhalar el aire, apoya la parte inferior de la espalda en el suelo como lo hiciste durante el ejercicio de respiración pélvica.

3 Pero si quieres continuar y te parece que podrás hacerlo cómodamente, sigue empujando hacia arriba con los muslos y las ingles, al tiempo que contraes los glúteos para defender la parte inferior de la espalda. Puedes mantener la postura final durante unos momentos, pero sólo mientras sigas empujando hacia arriba, aunque sólo sea infinitesimalmente.

2 Continúa en fase de exhalación mientras te apoyas en la curvatura de las nalgas para elevarte y despegarte del suelo haciendo presión hacia arriba con la parte inferior del muslo, las caderas y la pelvis. Imagina que tienes una cuerda atada al coxis y que tira de ti hacia arriba por entre las piernas, elevando primero la pelvis y luego, una a una, las vértebras dorsales. Si tienes problemas de espalda o crees que no vas a poder pasar más allá, quédate en la postura que refleja la ilustración.

Así

Así no

Puente (continuación)

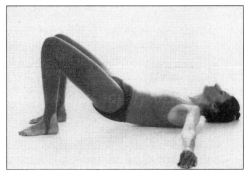

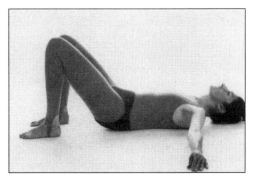

4 Cuando te parezca que ya no puedes seguir manteniendo activamente la postura, baja poco a poco descansando primero las vértebras dorsales superiores y así gradualmente hasta apoyar, por último, el coxis en el suelo. Descansa en esta postura, sintiendo la renovada toma de contacto de tu primer chakra con la tierra.

Flexión de piernas

1 Levanta ambas piernas hacia el pecho, doblando las rodillas, al tiempo que mantienes pegadas al suelo la parte inferior de la espalda y la superior de las nalgas. Nota la conexión de tu primer chakra con la tierra que te sustenta.

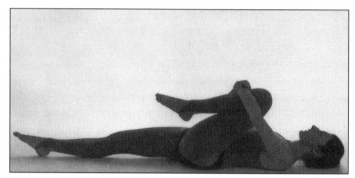

2 Continúa pendiente de esa conexión al tiempo que estiras una pierna rozando el suelo. Mantén la postura un momento y luego cambia a la otra pierna. Tras alternar con las piernas varias veces, estíralas simultáneamente y deja que descansen sobre el suelo, prestando siempre atención a las sensaciones corporales, sobre todo las de la región correspondiente al primer chakra.

Aunque este ejercicio dirige el énfasis hacia el movimiento de las piernas, también se registra una intensa actividad alrededor del chakra raíz, sobre todo en la región sacra. Mientras ejecutas los movimientos de las extremidades inferiores no dejes de fijarte en aquellos otros movimientos más sutiles que realiza la base de la columna vertebral, y visualiza cómo se prolonga tu primer chakra desde esa región y piernas abajo.

Rodillo

 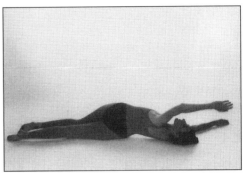

1 Estira los brazos por encima de la cabeza notando toda la longitud de tu cuerpo extendido en el suelo. Flexiona la rodilla derecha lo suficiente para poder presionar con el pie derecho en el suelo mientras imaginas que una cuerda atada a tu cadera derecha tira para despegar del suelo el lado derecho de tu cuerpo y hacerlo rodar sobre el izquierdo. Ayúdate en este movimiento empujando con el pie derecho en el suelo. Es la cadera derecha la que inicia el movimiento, mientras el resto del cuerpo lo sigue pasivamente, lo cual te permitirá notar una ligera torsión de la columna vertebral mientras ruedas quedando boca abajo.

2 Continúa el rodillo dirigiendo el brazo izquierdo hacia arriba y hacia atrás, hasta rodar sobre el costado derecho y quedar luego otra vez de espaldas; las caderas y las piernas siguen este movimiento y llegan las últimas. Continúa rodando mientras te lo permita el espacio libre disponible en tierra; acto seguido, invierte el movimiento y regresa rodando a la posición inicial. Si vas a enlazar este ejercicio con el siguiente de la secuencia de movimientos para muladhara, termina el rodillo en postura de decúbito prono (boca abajo).

Durante este ejercicio, presta atención a la influencia de la gravedad sobre tu cuerpo. Observa cómo varía la relación con la tierra conforme van apoyándose en ella las diferentes partes de tu cuerpo al realizar el rodillo, consciente de tu peso según éste tira de ti hacia el suelo en cada una de las diferentes fases. En este ejercicio aprendemos a entregarnos, y conferimos soltura a nuestros movimientos al comprometer el cuerpo entero en una especie de danza con la tierra.

Langosta

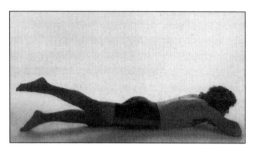

Así

Así no

1 Sitúa los brazos en una postura cómoda y alarga la pierna derecha rozando el suelo, al tiempo que haces contracción con el muslo para poner la pierna en tensión. Estira también el pie como si quisieras enviar la energía del sacro hacia abajo. Esta postura debes mantenerla al tiempo que elevas la pierna para despegarla de la tierra. Procurando que la cresta ilíaca derecha no presione en el suelo como si fuese a clavarse en él, pero tampoco hay que levantar ese costado. Deja que la piernas derecha repose nuevamente en tierra y relaja los músculos, consciente de las sensaciones que recorren la pierna y la región del primer chakra. Efectúa la misma operación con la pierna izquierda y repite varias veces alternativamente, descansando unos momentos entre las sucesivas elevaciones mientras prestas atención a los desplazamientos de la energía en tu cuerpo. Este ejercicio estimula el primer chakra y fortalece la musculatura de esa región.

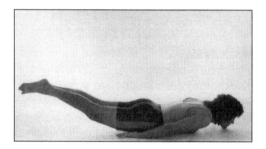

2 Cuando hayas practicado este movimiento lo suficiente para acostumbrar el organismo al trabajo muscular y al mantenimiento de las necesarias alineaciones, utilizarás la fuerza adquirida para elevar ambas piernas al mismo tiempo. Apoya las manos debajo de las caderas o de la región pélvica y despega las dos piernas del suelo simultáneamente, mientras mantienes la atención fija en la región sacra tanto durante la elevación como en las fases de descanso y relajación.

Postura fetal

Partiendo del decúbito prono, apoya las palmas de las manos en el suelo junto a los hombros y presiona. Elévate hasta quedar de rodillas y con las manos en el suelo. Hecho esto desciende cargando el peso del cuerpo sobre las piernas. Puedes extender los brazos hacia delante o llevarlos hacia atrás, pegados al torso. A esta postura también podríamos llamarle postura de la roca por cuanto tu cuerpo replegado sobre sí mismo quiere emular una masa sólida, llena de fuerza telúrica.

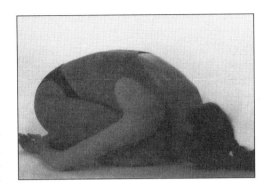

Se trata de una postura de recuperación, especialmente beneficiosa cuando hemos practicado ejercicios de flexión inversa (hacia atrás, como durante las elevaciones de la postura de la langosta). También puedes utilizar esta postura para adquirir conciencia de tu espalda y de la fuerza que reside en ella.

Con frecuencia imaginamos la respiración como una expansión del tórax hacia el frente, olvidando que los pulmones deben dilatarse también hacia los costados y hacia atrás. En la postura fetal, procura respirar hacia la espalda, notando la expansión y la contracción de cada ciclo. Cada vez que inhalas el aire, imaginar que la raquis desciende hacia el sacro para vitalizar la región del chakra raíz.

Si te resulta difícil la práctica de esta postura, coloca una toalla o una manta enrollada entre los pies y las nalgas, y si no consigues rozar el suelo con la frente quizá podrías ayudarte con una almohada para la cabeza. O bien, si la dureza del suelo te produce incomodidad en los tobillos, también puedes situar debajo de ellos una toalla de manos enrollada. Experimenta con estas ayudas hasta lograr un cierto grado de comodidad con la postura.

Sentadillas

1 Partiendo de la postura fetal, lleva las manos a proximidad de las rodillas, al tiempo que apoyas los dedos de los pies en el suelo y cargas el peso del cuerpo sobre los pies, éstos separados más o menos a la anchura de las caderas (unos treinta centímetros). Nota la firmeza de la tierra bajo tus manos y apoya con vigor los metatarsos a fin de preparar el nuevo desplazamiento del peso corporal hacia los pies. Éstos y la pierna se estiran al practicar las sentadillas; recordemos que se trata de partes corporales regidas también por el primer chakra, en la medida en que ellas constituyen el vínculo primario de nuestro cuerpo con la tierra.

2 En equilibrio sobre los metatarsos, o si consigues hacerlo, cargando el peso corporal entero sobre los pies puestos de plano en tierra. Mantén la postura al tiempo que diriges tu atención a la apertura forzada de la región sacra y al espacio comprendido entre los genitales y el ano. Relájate en esta posición permitiendo que el peso de tu cuerpo hunda los talones en el suelo.

Este ejercicio es importante porque consiste en trasladar la conexión con la tierra, que se había establecido de cuerpo entero, a una región tan circunscrita como los pies. En la sentadilla las manos colaboran para dar estabilidad a la conexión con la tierra antes de iniciar la transición completa hacia los pies que se opera en el ejercicio siguiente.

Rodamiento dorsal

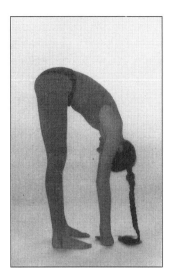  

1 Partiendo de la sentadilla, carga el peso en lo talones y empieza a estirar las piernas (si tienes problemas de espalda o de la región lumbar, no las estires completamente). Deja que el cuerpo cuelgue hacia delante, como haciendo bisagra con el coxis, y relaja los músculos de la nuca dejando que la cabeza cuelgue libremente.

2 Una vez estiradas las rodillas hasta donde te sea posible hacerlo sin incomodidad, empieza a erguir la espalda lentamente, como si estuvieras colocando cada vértebra encima de la anterior.

3 Cuando llegues a los hombros, deja que caigan como si los omóplatos colgaran hacia abajo, y levanta luego la cabeza estirando el cuello al mismo tiempo. En este momento la conciencia emprende una trayectoria descendente cabeza-torso-piernas que se prolonga hacia los pies y entrando en la tierra, sintiendo cómo la gravedad te conecta y te arraiga en ella, al tiempo que todo tu ser se yergue y se eleva verticalmente.

Balanza

En pie, dedícate a estudiar cómo repartes el peso de tu cuerpo entre ambòs pies. ¿Carga más sobre los talones o sobre las puntas, o quizá más sobre un pie que sobre el otro? Experimenta balancéandote de adelante atrás y de un lado al otro, mientras observas qué actitudes te resultan más cómodas y qué otras te provocan sensación de inestabilidad o desequilibrio.

Eleva ligeramente un pie de manera que no se apoye en el suelo, al tiempo que procuras mantener el equilibrio. Si no lo consigues, deja que el pie roce la tierra o incluso se apoye ligeramente. Busca tu centro y vuelve a equilibrarte. Eleva ese centro, pero sólo mientras puedas hacerlo sin perder el equilibrio. No se trata de levantar mucho la pierna sino de averiguar hasta qué punto tu toma de tierra tiene estabilidad mientras te sostienes con una sola pierna. Pasa lentamente de una pierna a la otra, avanzando en una marcha muy lenta, intencionada. Presta atención a tu sentido del equilibrio en todas las fases de esta deambulación, jugando con la gravedad y con tu propio peso para mantenerte estable, sin tropiezos ni titubeos.

La danza

La danza de muladhara se inicia en el estado en que se halle tu cuerpo cuando has decidido iniciarla; esto quiere decir que los dolores, las agujetas, los anquilosamientos, las lesiones o las regiones vulnerables van a participar en esa danza. La idea no consiste en imaginar una sucesión de movimientos ideal o perfecta para el primer chakra y luego forzar el cuerpo para que se adapte a ella; antes al contrario, hay que abrir el cuerpo a las energías del primer chakra, a ver qué hace cuando esa energía penetre y empiece a moverse por el organismo. Sigue los movimientos que se te ocurran de un modo natural en este punto, y dedícate a vivir y a observar las sensaciones.

Empieza la danza por cualquier postura que, a tu entender, te permita sintonizar mejor con tu chakra raíz. Puede ser una de las que hemos sugerido en los párrafos anteriores, o cualquier otra que tu cuerpo adopte naturalmente cuando piensas en una toma de tierra para ti. También podrías ensayar iniciando la danza a partir de diferentes posturas, para ver cómo se moviliza la energía en cada una de ellas; seguramente no tardarás en regresar una y otra vez a la misma postura inicial durante períodos bastante largos, tal vez para abandonarla luego por otra, o tal vez no. Pon música que evoque para ti la energía del primer chakra; puede ser una de las grabaciones que te proponemos, u otra que hayas descubierto por tu cuenta.

Empieza por sumergir tu peso en la tierra, como si fueras a echar raíces en el suelo que pisas. Mientras respiras imagina que tú eres la tierra que respira a través de tu cuerpo, desde las entrañas profundas del planeta. Prolonga esa imagen al tiempo que inhalas y exhalas, y deja luego que esa respiración se desplace conforme tu cuerpo se expande y se retrae. Los movimientos cobran vida propia a través de tus músculos y huesos. Usa la energía de tu aliento para animar la danza. Deja que la música y la gravedad tiren de tu cuerpo y combina esta acción con la de tu respiración para formar con ellas una danza de la tierra, de la energía raíz.

Las danzas del primer chakra suelen estar constituidas por movimientos lentos, laboriosos, pesados, quizá como los del labrador que se inclina sobre el arado, procurando expresar la inercia y la solidez de la tierra. O tal vez te hallarás realizando movimientos pequeños, sutiles, para evocar la estabilidad que asociamos con la tierra. Pero ésta tiene también sus movimientos sísmicos, y quizá deseemos expresar esos temblores descomunales, rumorosos, cataclísmicos. O tal vez tu danza quiera expresar los paisajes amplios y despejados de colinas bajas con arroyos, o emular el arraigo de un árbol majestuoso cuya corona se mece al viento. Deja que todas estas imágenes de la tierra que inspiran tu visión del primer chakra inspiren también los movimientos de tu cuerpo. Que tu danza se desarrolle y vaya cambiando a lo largo del tiempo mientras tu exploración de ese chakra te permite profundizar en el entendimiento de lo que el mismo significa para ti. Y si existen impedimentos en ese chakra, trata de imaginar qué aspecto cobran en tu cuerpo, o qué forma de movimiento adoptan, y que la danza exprese la lucha por superarlos.

Movimientos bioenergéticos

La bioenergética es una rama de la psicoterapia que estudia especialmente la supresión de las pautas de bloqueo energético en el organismo. Los traumas emocionales producen la formación de una «armadura de carácter», es decir una pauta crónica de retención de las tensiones en los músculos y los órganos internos que acaba por afectar, con el tiempo, a las actitudes, a la salud y a la capacidad para hacer frente al mundo o expresarnos de manera creadora.

Uno de los principios más fundamentales de la bioenergética es el concepto de *grounding* o toma de fundamento. Es un estado de contacto dinámico con la tierra que se realiza a través del cuerpo, y más especialmente de las piernas y los pies. Por cierto sorprende que nuestra cultura, tan inquisitiva en otros muchos aspectos, no se haya fijado en el hecho de que no importa lo altos, lo fuertes o lo poderosos que seamos, si alguien nos empuja de súbito estando de pie no podremos evitar el caer sino procurando aferrarnos a la tierra con los pies. La mayor parte del tiempo, no tenemos otro contacto sólido ni inmutable sino los escasos centímetros cuadrados que miden las plantas de nuestros pies. Cuando es tenue nuestra conexión con esa base de los pies, carecemos de recursos para oponernos a las fuerzas que tienden a «desarbolarnos». Somos como los palitroques de una bolera, y en efecto puede verse a hombres corpulentos que trastabillan al empujarlos con un dedo, así como a mujercitas aparentemente frágiles a quienes no se sacaría de su lugar ni con una reata de mulas, todo ello resultado de las diferencias individuales en cuanto a la capacidad para tomar fundamento a través de los pies.

Damos seguidamente un ejercicio sencillo de toma de fundamento que puede practicarse a diario. Sirve para potenciar la carga de excitación residente en piernas y pies e inyectar energía, por consiguiente, en el primer chakra. Podemos practicarlo para *estimular* el primer chakra pero no es aconsejable para sosegarse. Empezaremos por practicarlo poco a poco y lo prolongaremos a medida que vaya desarrollándose la capacidad para soportar la carga. En algunos casos puede ocurrir que lleguemos a experimentar síntomas de sobrecarga, como son las reacciones de excitación o, en otros sujetos, de ansiedad. Si notas una sensación de angustia o temblores extraños durante la ejecución de este ejercicio, ello se debe a que has intentado forzar una energía bloqueada tratando de liberarla. Sal a dar un paseo, o ejecuta alguna actividad física intensa; también puedes recurrir a una persona amiga o un terapeuta que te ayude a relajar ese bloqueo.

Movimiento bioenergético: El elefante

1ª parte

En pie, en postura relajada, con los pies separados más o menos a la anchura de los hombros, las puntas paralelas o algo vueltas hacia dentro. Las rodillas ligeramente flexionadas en todo momento, el abdomen suelto (no hay necesidad de «meter la barriga» aquí), la mandíbula relajada al punto que permita respirar a través de la boca. (La respiración por la boca es más idónea para el trabajo de los chakras inferiores; en el de los chakras superiores se prefiere respirar por la nariz.) Dedica unos momentos a rebotar relajadamente, con emisión de voz si así lo deseas, procurando soltar los músculos al máximo.

Deja que la cabeza caiga poco a poco sobre el pecho, y luego prolonga este movimiento con toda la columna vertebral hasta quedar colgando en postura de muñeca de trapo, las puntas de los dedos rozando ligeramente el suelo, las rodillas algo flexionadas, como muestra la postura 1. Nota cómo te sustentan las piernas. A continuación inhala poco a poco mientras flexionas las piernas hasta que los muslos queden casi paralelos al suelo, si te es posible, pasando a la postura 2. En caso de dificultad, flexiona hasta donde puedas.

Postura 1

Una vez llenos de aire los pulmones exhala despacio y presiona con los pies contra el suelo de manera que las piernas se estiren para retornar a la postura 1, pero recordando que *las rodillas nunca deben estirarse por completo,* ya que ello las bloquearía e interrumpiría precisamente el circuito que tratamos de estimular. Sigue exhalando y luego pasa de la postura 1 a la 2, siempre inhalando al tiempo que te inclinas y exhalando en el momento de erguirte. Al cabo de pocas repeticiones notarás el efecto en los muslos, ¡y cómo! Es posible que tiemblen o vibren, o sencillamente notarás una sensación de ardor. Es la señal de que estás haciéndolo bien. Ahora puedes pasar a la segunda parte del ejercicio.

Postura 2

El elefante (continuación)

2ª parte

Yérguete antes de fatigar por completo los muslos, alzando poco a poco la parte superior del cuerpo con ayuda de sucesivos empujones de los pies en el suelo. Imagínate como un globo vacío que está siendo llenado de agua poco a poco y se levanta a medida que va inflándose. Cada empujón inyecta una dosis de energía en tu organismo, y cuando se halle completamente lleno, el cuerpo estará erguido, siempre con las rodillas algo flexionadas.

Una vez en la postura erguida, sigue inhalando al flexionar las rodillas y exhalando al empujar hacia el suelo; así es como hay que imaginarlo, como un empuje que ejerces contra el suelo y no como la acción de levantar el torso. Empuja *no con las piernas* sino más bien *a través* de las piernas. Comprueba que tus pies todavía están paralelos y separados aproximadamente a la anchura de los hombros, las rodillas flexionadas de manera que las rótulas queden más o menos en la vertical de los dedos de los pies. Mirando hacia abajo para ver los pies, si puedes, deberías distinguir el extremo del dedo gordo alineado con la cara interior de la rótula.

Este ejercicio también suscitará un ligero temblor de piernas. Imagina ese temblor como una nueva carga de energía que ha atravesado regiones anteriormente bloqueadas o por otros motivos faltas de estímulos. Intenta relajarte y experimentar ese temblor como una sensación agradable. Exagera la sensación en las piernas y, si te apetece, deja que la energía penetre hacia arriba invadiendo el resto del cuerpo.

Movimiento bioenergético: piernas contra la pared

En decúbito supino sobre una superficie no deslizante, con los pies apoyados en el muro. Colócate de manera que los muslos queden perpendiculares al suelo y las pantorrillas en paralelo con éste. Presiona con los pies como si quisieras penetrar en la pared, siempre tratando de ejercer el esfuerzo *a través* de las piernas en vez de limitarte a poner en tensión todos los músculos. Empuja y relájate alternativamente, siempre con la atención centrada en las sensaciones corporales, hasta que notes las piernas sueltas, tonificadas y hormigueantes de energía.

Los ejercicios siguientes sirven para establecer la noción de toma de fundamento en presencia de la adversidad.

Trabajo de pareja: Esquiar en tierra

Colócate frente a tu compañero o compañera, los pies separados a la anchura de los hombros, con los dedos a unos sesenta centímetros de distancia de los dedos de los pies de tu oponente. (Nota: Es indispensable realizar este ejercicio sobre una superficie no deslizante: descalzos sobre un suelo liso, por ejemplo, o sobre una colchoneta que no resbale.)

Tomaos mutuamente de las muñecas, bien agarradas, inclinaos hacia atrás y empujad con los pies en el suelo, presionando con los talones como se hace en el deporte del esquí acuático. Tira de tu pareja hasta que ambos quedéis en postura de sentados en unas sillas invisibles, los muslos paralelos al suelo, las pantorrillas en perpendicular, las espaldas erguidas, los codos estirados, dejando que sea el peso de los cuerpos el que haga todo el trabajo. Esta postura obliga a tomar tierra a través de las piernas y si la realizáis correctamente notaréis la sensación peculiar en los muslos.

Trabajo de pareja: Empujarse

Colócate frente a un compañero o compañera en la postura de toma de fundamento, es decir con las piernas algo flexionadas, en ligero descenso del centro de gravedad corporal. La distancia entre ambos será ligeramente inferior a la longitud del brazo.

El sujeto A presiona con suavidad sobre el pecho, los hombros o el estómago del sujeto B como si quisiera tumbarlo, a lo que se opone el sujeto B plantando firmemente los pies y procurando mantener su centro. Poco a poco iremos aumentando la fuerza de empuje y la correlativa fuerza de oposición. El sujeto B tratará de mantener una conexión energética sólida y clara entre la fuerza que le dirige el sujeto A y la firmeza del suelo. Mediante un empuje uniforme, sostenido, se infundirá una sensación profunda de dicha conexión.

A continuación los sujetos permutan roles.

Trabajo de pareja: Ejercicio de resistencia

Se practica más despacio que el anterior. Con las piernas abiertas a la anchura de los hombros y enfrentados a distancia equivalente a la longitud del brazo, doblamos un poco las rodillas y fijamos la atención en la sensación de toma de fundamento. Alzamos las manos y apoyamos las palmas contra las de nuestra pareja. Esta vez no se trata de empujar a nuestro oponente, sino que ambos empujan *a la vez* con objeto de aumentar la energía que ambos dirigen hacia los pies para mantener los respectivos centros. Al tiempo que ejerces presión hacia tu pareja debes presionar también con los pies sobre el suelo; naturalmente los esfuerzos deben ser iguales para mantener el equilibrio, viendo cuánta energía puedes canalizar a través de tus piernas y cuerpo aprovechando la resistencia que te ofrece el empuje de tu oponente.

Trabajo de pareja: Chocar las manos

El ejercicio anterior se transforma ahora en un juego muy indicado para introducir relajación inicial en un grupo nuevo, al tiempo que ilustra los principios de la toma de fundamento.

Dos personas se sitúan la una frente a la otra, los pies separados a la anchura de los hombros y apuntando hacia delante, distantes la una de la otra como medio metro. El juego consiste en chocar las palmas de las manos con las del oponente para intentar desequilibrarlo, al tiempo que tratamos de evitar que el otro haga lo mismo. ¿Verdad que parece sencillo?

Este juego comprende tres reglas que lo hacen un poco más difícil de lo que se diría a primera vista.

1. No se puede tocar ninguna parte del cuerpo del oponente excepto las palmas de las manos.

2. Ninguno de los dos oponentes está autorizado a desplazar la posición de los pies.

3. Es lícito alejar las manos para esquivar los empujones del oponente.

Si apartas las manos y el oponente arrastrado por su propio impulso te toca el hombro, has ganado esa manga. Si tu oponente acierta a empujar tu mano con la suya y te ves obligado a desplazar un pie para mantener el equilibrio, has perdido.

Procura moverte con ligereza y mantén centrado tu peso en la base de sustentación delimitada por tus pies. Un movimiento de esquiva demasiado adelante o demasiado atrás rozará ilegalmente a tu oponente o te obligará a cambiar los pies.

Trabajo de pareja: Tira-empuja

Es un juego parecido al anterior, pero en este caso lo principal es saber tirar, en vez de empujar.

Colócate frente a tu oponente, la pierna derecha adelantada y la izquierda retrasada, los pies derechos de ambos en contacto por los respectivos bordes externos. Las manos derechas se agarran y el juego consiste en tirar o empujar por sorpresa para desequilibrar al oponente. El primero que cambia los pies pierde la manga. Procura moverte con ligereza.

Trabajo de grupo: Rodillo

Todos los participantes se acuestan en decúbito supino, costado a costado, los cuerpos muy juntos y los brazos alzados por encima de la cabeza. El último de la fila hace rodillo sobre el vecino y sigue rodando sobre esta especie de colchoneta humana, poco a poco y con cuidado pero sin interrupción alguna en su movimiento. Cuando el protagonista activo llega al final del grupo, se tiende a su vez y pasa a formar parte de la colchoneta para el siguiente. Todos los miembros del grupo, a su turno, hacen rodillo sobre los demás, de manera que todos los participantes en el juego se sometan a la experiencia de servir como fundamento viviente para todo los demás y, al mismo tiempo, a la de sentir el sustento que le proporcionan los demás miembros del grupo.

Cómo ponerlo en práctica

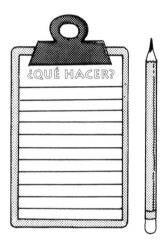

Damos seguidamente una relación de tareas de la vida real que se vinculan a la consolidación de tu primer chakra. Cada una de ellas presta énfasis y atención a los aspectos de la vida necesarios para la construcción de un fundamento sólido.

El cuerpo

Es preciso atender a cualquier dolencia insidiosa o malestar físico de los que manifiestan la tendencia a cronificarse. Hazte operar esos pólipos. Haz que examinen esa erupción persistente de tu espalda. Visita un centro médico para someterte a esa revisión completa que has aplazado tanto tiempo. De acuerdo con tus preferencias, puedes confiarte a los medios de la medicina occidental o no; en cualquier caso, se trata de prestar atención responsable a unos síntomas.

Cuida tu dieta y ensaya algunos cambios. Si no has ensayado nunca un régimen vegetariano, ahí tienes una oportunidad. Por el contrario, si hace años que no comes carne, pruébala, a ver cómo te sienta ahora. Cambia tu dieta para perder o para ganar peso, o para alimentarte mejor, o para detectar alguna alergia, o ensaya un ayuno breve (los ayunos prolongados no son aconsejables para la salud, ni para la toma de fundamento). Quizá quieras llevar un registro por escrito de lo que has comido durante los últimos cinco días, con objeto de analizar el contenido en nutrientes y el equilibrio de tu régimen habitual. Busca si existe alguna relación entre tus estados de ánimo y tus niveles de energía en función de lo que hayas comido.

En una palabra, *hay que aprender a cuidarse, a mimar el cuerpo.* Haz que te den masaje, frecuenta una sauna, unas clases de baile, un buen restaurante, o cómprate ropa nueva. Concédete más horas de sueño, o un rato diario de ejercicio. Sal a correr, a pasear en bicicleta, a bailar. Date masaje en los pies con delicadeza y cariño.

¡APRENDE A AMAR TU CUERPO!

El hogar

Nuestro hogar es nuestro primer chakra externo. Es la manifestación externa de nuestro espacio interior. Contempla tu hogar y observa en qué maneras te reflejas en él. ¿Opinas que es un lugar confortable para vivir, dotado de fundamento? ¿Te parece acogedora tu vivienda? ¿Pasas mucho tiempo en ella? ¿O tal vez incluso demasiado?

Es el momento de hacer en la casa aquellas cosas gracias a las cuales se convierte en un lugar más agradable para vivir. Hacer la limpieza de los armarios, del garaje o del sótano. Pintar el dormitorio, arreglar la puerta del patio, ordenar los enseres de la cocina, construir una estantería o escardar el jardín. Ocúpate en esas tareas materiales que forman parte de tu espacio físico.

Los negocios

También son expresión del primer chakra. Lo que convenga hacer para atender a ellos puede variar mucho, aunque algunas de las tareas más elementales serán, sin duda, archivar, reorganizar tu escritorio o tus archivos, encargar un impreso. Solicitar un crédito. Elaborar un cuadro de vencimientos próximos. Pedir aumento de sueldo. Disponer la inserción de un anuncio. Inaugurar una nueva oficina. Contratar una secretaria. Invertir algún dinero.

La intención general consiste en mejorar nuestra vinculación con el negocio centrando nuevamente la atención y aumentando la capacidad de aquél en tanto que fundamento de nuestra existencia material.

La hacienda

Como los negocios, pero en el plano personal. Cuadra tu chequera, revisa el estado de tus cuentas corrientes, analiza tus gastos. Elabora todos los días una lista de las cosas en que gastas dinero, y haz con ella un gráfico: tanto por alimentación, tanto por alquileres, salidas a espectáculos, gastos de la casa, vestimenta, libros, etc. Persevera durante un mes. Confecciona un presupuesto si te parece necesario.

Las propiedades

Revaloriza tus pertenencias. Arregla ese interruptor de la sierra eléctrica. Lleva las prendas viejas al trapero. Visita unas rebajas y cómprate aquello que deseabas desde hace tanto tiempo. Elabora una lista de las cosas que desearías tener en el futuro y márcate prioridades, recordando que el primer chakra es el de la manifestación y que la concreción es uno de sus métodos. Mientras reflexionas sobre las prioridades, recuerda para qué quieres esas cosas, lo que puedes hacer para conseguirlas y para cuándo te gustaría tenerlas (por ejemplo, un coche nuevo para el próximo invierno, una vivienda nueva dentro de cinco años, etc.).

La familia

Tu familia de nacimiento fue el primer cordón umbilical que garantizó tu supervivencia. ¿Queda ahí alguna relación que debiera mejorarse? Tus mayores son tus raíces y muladhara significa raíz. Quizá quieras establecer la genealogía de tu familia, celebrar un ritual en recuerdo de tus predecesores, o visitar a tu abuela e interrogarla acerca de las historias del pasado. Por otra parte, si tu familia ha sido tremendamente disfuncional para ti, tal vez el trabajo más idóneo consistiría en cortar puentes durante una larga temporada, o recurrir a un terapeuta para la reforma de esas pautas familiares.

La Tierra

Es el elemento de este chakra, y la misión que nos hemos planteado aquí es la de tomar mejor fundamento mediante la conexión con la tierra. Date un paseo por el monte, pisa el barro con los pies descalzos, dedícate a promover una causa ecologista. Aprende jardinería, o trabaja en el huerto de un vecino, o dedícate a trasplantar las flores en macetas más grandes. Emprende una excursión, mochila a la espalda, recorriendo paisajes naturales. Visita un museo geológico, emprende una colección de minerales, construye un altar de piedras y plantas. Lee un tratado de geología o libros como *Deep Ecology,* o *Gaia, An Atlas of Planet Management* (véase la lista de «Recursos» al final de este capítulo).

En general

Todas estas tareas contribuyen al mismo fin. Poco adelantaríamos si nos planteáramos un régimen alimenticio pero no la práctica regular de un ejercicio físico, o si abordásemos un trabajo físicamente fatigoso sin concedernos un masaje o algún tipo de recuperación corporal, porque en tales condiciones el trabajo sobre el primer chakra se nos antojaría simplemente desagradable y nada más. Esforzarse más pero sin dar su tiempo a la tierra no aporta ningún equilibrio al primer chakra.

Obviamente, las sugerencias expuestas aquí te aseguran quehacer para un año o más, pero no son sino sugerencias y tú puedes elegir las que te parezcan más adecuadas con arreglo a tu género de vida. Intenta hacer al menos un par de cosas en cada una de las categorías reseñadas, a fin de redondear bien tu práctica del primer chakra.

Ejercicios para el Diario

1. Examina tu programación

La supervivencia es el tema clave del primer chakra. Programadas desde una edad demasiado temprana como para que podamos recordarlo, nuestras nociones en cuanto a la supervivencia permanecen arraigadas en nuestro sistema nervioso y afectan a nuestra toma de fundamento, a nuestro sentido de los contactos y las relaciones, a nuestra capacidad para atender a nuestras propias necesidades. Pocas personas viven totalmente exentas de preocupación por la supervivencia; las preguntas siguientes pueden ayudarte a concretar los temas esenciales para ti en cuestión de supervivencia y de necesidades materiales.

- ¿De qué maneras has visto atendido tu supervivencia en el pasado? ¿A qué precio? ¿En qué tipo de ambiente? ¿Qué te parecen hoy quienes se ocupaban de ti entonces? ¿Qué opinión te merecían en su época?

- ¿Cómo expresas tu confianza o desconfianza en tu manera de proveer a las necesidades de la supervivencia y en tu capacidad para conseguirlo?

- ¿Cuánta consideración e importancia concedes a tu cuerpo físico? ¿Hasta qué punto le dedicas buenos cuidados?

- ¿Qué es lo que te impide sentirte bien arraigado en este mundo?

- ¿En qué maneras interfieres con la manifestación de tus necesidades de supervivencia?

- El primer chakra implica el derecho a tener. ¿Se ha visto inhibido ese derecho en el decurso de tus años de formación? En tal caso, ¿de qué modo, y por quién? ¿Se te ocurre algo que hacer para remediarlo?

2. Ser concretos

Escribe algo que desees manifestar y completa la anotación describiéndolo con la mayor concreción posible. Que los detalles incluyan tanto la cosa en su forma definitiva como los pasos necesarios para alcanzarla.

3. Trabajo de cuerpo frente al espejo

Busca un rato para quedarte a solas delante de un espejo grande y quítate toda la ropa. Frente al espejo, considera tu cuerpo pero no desde el punto de vista de quien juzga formas y tamaños, sino en actitud de bienvenida cordial. Haz como si fueras un ejemplar de una especie que acabas de ver por primera vez, y mírate sin prejuzgar nada acerca del aspecto que debería tener un cuerpo.

Ejercicios para el Diario

Esto eres tú. Eso es lo que declara tu espíritu en ese momento. Considera los detalles de esa declaración con ánimo compasivo, complacido o divertido, pero no crítico. Si tienes el pecho caído, no juzgues, límitate a considerar lo que es sentirse deprimido en esa región. Si tu pecho te agrada, concédete ese placer de buena gana.

Observa las partes que te parezcan agarrotadas o como recubiertas de una coraza. Tócalas. Háblales. Pregúntales qué motivo tienen para sentir temor. Fíjate en cuáles son las zonas chákricas más acorazadas. Por ejemplo, la rigidez en la nuca y los hombros guarda relación con el chakra de la garganta. Las piernas corresponden al chakra primero, y el pecho al chakra cuarto. Sé amable contigo mismo, o contigo misma. Concédete permiso para relajarte.

Mira las partes que han acumulado peso. Insistamos: ¡no critiques! Toca esa partes con cariño. Nota cómo te dilatas hacia esos confines y siente esa necesidad tuya de protección en esas regiones, que para ti han de ser de ese tamaño. Permite que tu barriga se relaje, suelta las nalgas, deja que los hombros cuelguen si esa postura les resulta más cómoda. Deja en libertad tu energía para que vaya a llenar todas tus carnes, mientras contemplas la belleza de esas curvas y esos pliegues exclusivamente tuyos.

Muchas personas aborrecen sus grasas y por consiguiente les niegan y retiran toda la energía vital. Así devienen aquéllas «peso muerto», sin tono ni vitalidad alguna. Para cambiarlas es preciso reivindicarlas. Que vuelvan a ser algo tuyo, puesto que puedes permitírtelo, y entonces pasarán a incorporarse en la totalidad de tu cuerpo e irán cambiando al mismo tiempo que lo demás de ti.

Cierra los ojos y deja que tu cuerpo se mantenga en la manera que más le cuadre interiormente, con independencia de cuál sea su aspecto visto exteriormente. Entonces abre los ojos y míralo, a ver cuál es la declaración que está formulando ahora. Si fuese preciso expresar esa declaración en una sola frase que empezara por «estoy», ¿cuál sería? (por ejemplo, «estoy solo», «estoy asustada», «estoy fuerte», «estoy atractiva», «estoy furioso»). Dilo en voz alta con los ojos cerrados y luego repítelo diciéndoselo a tu reflejo. Repítelo varias veces, repítelo intentando sentir la emoción que estás declarando. Dilo con rabia si estás furioso, o con tristeza si estás triste. Deja que tu cuerpo haga movimientos tendentes a reflejar esa declaración. Agita el puño si estás enfadada. Encoge los hombros si estás asustado. Menea sensualmente las caderas si has dicho «estoy atractiva». ¿Qué reacciones registra tu cuerpo?

Ahora vuelve a ponerte la coraza que exhibes ante el mundo. Echa los hombros atrás, esconde la barriga, yergue la cabeza bien alta, muestra tu sonrisa y dile «hola, ¿qué tal?» a tu reflejo. ¿Qué sucede ahora con tu cuerpo? ¿Qué ocurre con tus energías? ¿Cómo te sientes? ¿Qué ha variado en comparación con

Ejercicios para el Diario

unos momentos antes? Alterna varias veces más entre esos dos estados. En realidad, es lo mismo que hacemos continuamente a lo largo de un día cualquiera: relajarnos cuando estamos a solas, y ponernos en guardia cuando creemos que nos están mirando.

Relájate de nuevo y dile a tu cuerpo que no hay inconveniente en abandonar esa forma que es «para los demás». Deja que él formule su propia declaración.

Ahora métete entre sábanas para conservar el calor, y saca tu Diario. Dedica unos momentos a tomar nota de tus sentimientos e impresiones del ejercicio anterior. Escribe tu declaración esencial varias veces y reléela, a ver qué te parece. Haz un dibujo esquemático de tu propio cuerpo, simplificado, a estilo impresionista. Anota lo que más te gustaría cambiar y de dónde crees que procede ese rasgo. Escribe todo lo que quieras. Expresa tus sentimientos.

Date un baño caliente como premio, o si todavía te sientes con ganas, pasa al ejercicio siguiente.

4. Declaraciones corporales

Busca un lugar cómodo para relajarte sin que nadie te moleste. Saca tu Diario y comienza una página nueva. (También puede practicarse en pareja, de modo que el uno tome nota de lo que el otro le dicta.)

Relaja tu cuerpo, cierra los ojos y limítate a sentirlo. Entonces empieza por los pies, imaginando que tú eres tus pies. Tú eres la experiencia y la personalidad de ellos. Anuncia en voz alta «yo soy mis pies y...», terminando la frase con una declaración que sea metáfora de esa experiencia. Como ejemplos típicos pueden citarse: «Yo soy mis pies y nunca me dan descanso», «yo soy mis pies y llevo todo el peso de este sistema», o «se nos ignora por completo». En tu Diario, escribe «pies» al margen y anota frente a este título la declaración que resume la experiencia.

Hecho esto pasa a los tobillos, las pantorrillas, las rodillas, los muslos, las nalgas, las caderas, los genitales, el vientre, los lomos, el estómago, la espalda, el pecho, las mamas, los hombros, los brazos, el cuello, el rostro, la boca, los labios, los ojos, las orejas, la cabeza. Haz lo mismo cada vez (figurarte que tú eres esa parte de tu persona) para darles voz y tomar nota de lo que digan. No recortes ni censures nada de lo que te haya salido espontáneamente. Sin embargo, procura ceñirte a declaraciones sobre la experiencia vivida, mejor que juicios de valor, por ejemplo «yo soy el estómago y soy grande porque debo alimentar a esta persona mía» sería mejor que «yo soy el estómago y estoy demasiado gordo». De todas maneras, si te parece que esta segunda declaración refleja mejor el sentimiento espontáneo, no te prives de escribirla y limítate a tomar nota de cuáles son las partes en donde el juicio de valor predomina sobre la experiencia.

Ejercicios para el Diario

Cuando hayas terminado, relee tus declaraciones cubriendo el margen con otro papel de manera que no puedan leerse los nombres de los órganos o partes del cuerpo. Lee todas las declaraciones de corrido, a ver qué expresan acerca de ti.

He aquí un ejemplo tomado de una transcripción real:

Pies: *Estoy cansado e irritado. Nadie hace caso de mí.*

Tobillos: *Nunca pienso en mí mismo. Apenas tengo presencia.*

Pantorrillas: *Me gusta correr y jugar. Estoy oprimida y sobrellevo mucho peso. Quiero ser libre.*

Rodillas: *Me siento vieja y fatigada. No me doblego con facilidad.*

Muslos: *Me siento lento y torpe. No tiene ninguna gracia eso de llevar tanto peso. Me gustaría divertirme un poco.*

Caderas: *Soy fuerte y robusta. Me gustaría moverme un poco más.*

Nalgas: *Sólo se me utiliza para sentarse y estoy siempre relegada atrás. Quiero bailar más y que alguien se fije en mí.*

Genitales: *Estoy solo. Desearía que alguien me visitase. A veces tengo miedo pero otras veces estoy excitado.*

Hecho el recorrido del cuerpo notarás que empiezan a aparecer algunas pautas. Muchas veces resulta que la parte inferior del cuerpo tiene poco que decir y, por el contrario, la parte superior mucho. O que la parte inferior soporta todos los dolores mientras que la parte superior se lo pasa en grande. Es posible que te suponga alguna dificultad el escribir declaraciones de «sensación», o por el contrario descubrirás que cada parte del cuerpo desea hacer constar una larga parrafada. Todos estos detalles te aportan información acerca de cómo experimenta tu cuerpo el mundo en que vive.

Evaluación

- ¿Qué has aprendido acerca de tu propia persona mientras desarrollabas las actividades del primer chakra?

- ¿Qué áreas de ese chakra necesitan todavía dedicación? ¿Qué piensas hacer en tal sentido?

- ¿Qué áreas de ese chakra te complacen? ¿Cómo aprovecharás esos puntos fuertes?

- En una escala de 1 a 10, ¿en qué medida has reivindicado tu derecho a tener?

Entrando en el espacio de lo sagrado

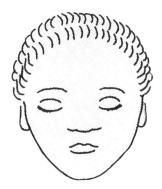

Meditación del árbol de la vida

De pie, inmóvil, los ojos cerrados y ambos pies firmemente plantados en el suelo. Nota la sustentación y busca un centro de equilibrio cómodo, alineando tus chakras en columna vertical. Imagina que tu torso es el tronco de un árbol, recto y sólido, dispuesto a profundizar con sus raíces en la tierra.

Inhala a fondo mientras flexionas las rodillas, y exhala el aire al tiempo de presionar con los pies en el suelo, enviando la fuerza a través de las piernas. Mientras empujas así hacia la tierra imagínate como un árbol que hunde sus raíces en el suelo fértil; brotan de tu tronco y ahondan en busca de los minerales, los elementos nutrientes, el agua y la estabilidad. Haz que esas raíces desciendan MUY ABAJO, hasta las capas más profundas de la tierra, hasta el subsuelo rocoso. Que rompan las rocas del subsuelo y que ahonden todavía más, cada vez más fuerte, hacia el seno de la Madre Tierra. Sigue respirando, con las rodillas flexionadas, exhalando y empujando cada vez más, en busca del núcleo caliente, líquido al rojo, del centro de la Tierra, el centro de todo lo que está debajo. Nota cómo ese calor alimenta tus raíces, les transmite energía, las vitaliza y las rellena a tal punto que el núcleo fundido de la Tierra empieza a subir por ellas.

Nota cómo sube, cómo atraviesa los estratos de la tierra, las raíces cada vez más fuertes, pletóricas de vida, transportando esa plenitud hacia arriba a través de las capas pétreas del subsuelo, los apretados estratos de las tierras antiguas y las capas esponjosas y ligeras del suelo fértil, hasta derramarse en tus pies y subir por tus piernas. Flexiona las rodillas y observa cómo esa energía se inyecta en tus rodillas y en tus muslos a cada movimiento, para continuar subiendo a llenar tu chakra base, el cual se inunda de ardor del rojo corazón terrestre.

Nota cómo el primer chakra lleno rebosa hacia el segundo, el chakra de la sensualidad, llenando tu pelvis de sensación, de carga energética. Al movilizarse llena de excitación, absorbe nueva energía a través de tus raíces, que va a llenar el tercer chakra infundiéndote fuerza y poderío. Siente cómo prosigue su ascenso y llena tu corazón hasta desbordar, yendo a llenar tus brazos y tus manos. Las cuales empiezan a elevarse llenas de la energía telúrica, a dilatarse como ramas, con lo que conducen la energía hacia el chakra de la garganta, a través del cual podrás emitirla en forma de sonido que brotará de tu interior como un borbollón, como el chorro de un manantial.

Permite que ese sonido invada tu cabeza, que empape el tercer ojo y se eleve luego a través de tu chakra corona como la corona de un árbol busca el cielo. Que tus brazos se alcen por encima de tu cabeza, que tu mente se eleve hacia el espacio infinito que se cierne sobre ti y luego lo recupere absorbiéndolo por tus chakras superiores y hacia abajo, hacia el corazón, en donde las energías celestiales se combinarán con tu energía telúrica, haciendo de ti un tronco fuerte y poderoso, puro y lleno de energía.

Nota: Cuando hayas terminado quizá quieras tocar el suelo con las manos para cerrar el círculo de la energía y devolverla a la tierra; ello te será especialmente útil si acusas un poco de mareo debido a la sobrecarga energética durante el ejercicio. Esta meditación puede variarse introduciendo en ella los colores de los chakras, entonando sus sonidos, tocando las zonas correspondientes con las manos o incorporando otros movimientos diversos. Emplea en ello tu imaginación y escucha la voz de tu cuerpo.

Ritual de grupo

Materiales necesarios

Una piedra u otro objeto originario de la tierra
Un globo inflable
Comida para compartir
Un tambor, o unas tumbadoras, o una grabación de lo mismo

Ronda inicial

Establece la delimitación de tu espacio sagrado explorando la estancia con tu cuerpo. Empieza en el mismo lugar donde te hayas situado y dirige tu conciencia hacia el cuerpo y su conexión fundamental, prestando atención a las cosas que se hallan en inmediato contacto físico real contigo. Explora la habitación y marca su perímetro tocando las aristas físicas con tu cuerpo, y no sólo con la mano. Hazlo incluso con aquellas partes de tu persona que normalmente no se te ocurrirían nunca –la espalda, una mejilla, el muslo, la parte posterior del brazo, un hombro– para establecer la relación con los muebles, las paredes, las ventanas, etc.

Invocación de los puntos cardinales

Pronuncia los nombres de lugares geográficos que correspondan a cada uno de los puntos cardinales.

Inmersión en la tierra

Mientras uno de los presentes toca la percusión, deja caer el cuerpo lentamente a tierra, como para fundirte con ella en un movimiento fluido, rodando sobre el suelo; incorpórate y déjate caer de nuevo, para profundizar en el trance cada vez que se descuelga tu cuerpo. Por último el ritmo y el movimiento se harán progresivamente más lentos hasta cesar por completo. Prolonga esa inmovilidad consciente de tu cuerpo en el suelo, que respira, que alienta, completamente quieto y centrado en sí mismo.

Bendición del cuerpo

Usa las manos para tocar tu cuerpo y bendice las diferentes partes por las funciones a que atienden (por ejemplo, bendigo mis pies porque me llevan de un lugar a otro), o por las relaciones simbólicas que representan para ti (bendigo mi corazón por el amor y la compasión que me permite dar y recibir), o por las sensaciones estéticas o placenteras que te aportan (bendigo mis genitales por el éxtasis que pueden darme).

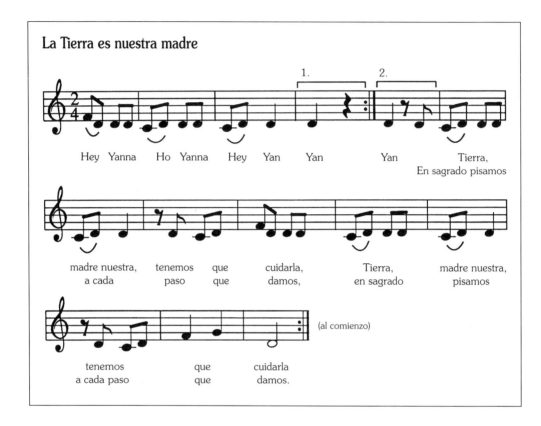

La Tierra es nuestra madre

Hey Yanna   Ho Yanna   Hey Yan   Yan   Yan   Tierra,
En sagrado pisamos

madre nuestra,   tenemos   que   cuidarla,   Tierra,   madre nuestra,
a cada   paso   que   damos,   en sagrado   pisamos

(al comienzo)

tenemos   que   cuidarla
a cada paso   que   damos.

Cargar de prosperidad el objeto terrestre

Toma en la mano tu piedra u otro objeto de origen similar y aprecia su peso. Imagina el lugar de donde procede y que era su hábitat natural. Considéralo como un trozo portátil de la tierra, una conexión entre la carne semoviente de tu cuerpo y el cuerpo sólido y fuerte del planeta.

Uno a uno, los participantes van llevando sus objetos al altar. Cada uno de ellos formula una intención de prosperidad y la vincula con la piedra visualizando cómo el deseo penetra en ella y se aúna con ese sólido pedazo de la tierra. Y como ejemplo de lo que ella puede suministrar, compartid los alimentos pasándolos en círculo.

Bendición de la tierra

Que circule el globo previamente desinflado. Cada participante le insufla sus deseos para la curación de la tierra, de manera que quede inflado al completar el círculo.

Letanía

«La Tierra es nuestra madre...» (véase la página opuesta).

Toma de tierra

Todos de pie, formando círculo con las manos unidas, levantan los brazos inhalando profundamente la energía con la que han trabajado. Al exhalar los cuerpos se dejan caer poco a poco en el suelo para devolver a la tierra toda la energía que ya no se necesita. Rompen el círculo, tal vez declarando «está consumado», o «hemos terminado», o «hasta la próxima reunión», o lo que parezca más indicado para comunicar un sentido de lo definitivo al trabajo que acaban de realizar.

Recursos

Libros

Bradshaw, John, *Homecoming,* Bantam.

Bevan, Bill, y George Sessions, *Deep Ecology,* Peregrine Smith.

David, Marc, *Nourishing Wisdom: A New Understanding of Eating,* Bell Tower.

Diagram Group, *Man's Body: An Owner's Manual,* Bantam; *Woman's Body: An Owner's Manual,* Bantam.

Downer, Carol, *A New View of a Woman's Body,* Feminist Health Press.

Kano, Susan, *Making Peace With Food,* Harper & Row.

Kapit, Wynn, y Lawrence Elson, *The Anatomy Coloring Book,* Harper & Row.

Keleman, Stanley, *La realidad somática: proceso de la persona,* Narcea.

LaChapelle, Dolores, *Earth Wisdom,* Guild of Tutors Press.

Lehrman, Fredric, *Paisaje sagrado,* Gran Vía.

Meyers, Dr. Norman, *Gaia: An Atlas of Planet Management,* Anchor Books.

Roberts, Elizabeth, y Elias Amidon, recopiladores, *Earth Prayers,* Harper.

Música

Danna & Clement, *Gradual Awakening* (A Gradual Awakening)

Eno, Brian, *On Land*

Hamel, Peter Michael, *Nada* (cara 1)

Ojas, *Lotusongs II* (cara 1, tema musical inicial); *Trance Tape I* (especialmente la cara 1); *Trance Tape II* (especialmente la cara 2)

Robert, *Trances* (Hayagriva)

Chakra segundo
Agua

Para empezar

Estado de situación

Dedica un poco de tiempo a reflexionar sobre los conceptos siguientes, y anota los pensamientos y las frases que se te ocurran en cuanto a cómo funcionan esos conceptos en tu vida.

Cambio	*Sexualidad*
Movimiento	*Sensualidad*
Polaridad	*Intimidad*
Deseo	*Vida social*
Emociones	*Agua*
Placer	

Este chakra domina la región sacra, los genitales, las caderas y la región lumbar. ¿Qué te parecen esas zonas de tu cuerpo? ¿Has tenido alguna dificultad con ellas en algún momento de tu vida?

Disposición del altar

Arregla tu altar de modo que refleje propiedades del agua: conchas, copas o un cáliz, o un centro que pueda contener agua y flores. Debe reflejar tu sensibilidad e inspirarte una especial sensación de placer. Una representación plástica de la sexualidad en escultura o bajorrelieve sería un toque oportuno.

El color de este chakra es el anaranjado y quizá la asociación de ese color con el agua resulte un poco difícil. Tal vez podríamos colocar unas velas anaranjadas para que den cuenta del estado energético; en cambio, el paño del altar puede ser de un color que recuerde más los paisajes marinos.

Si vas a trabajar con deidades, tendrás sin duda una imagen de la diosa o del dios que te parezca más especialmente sensual. Por ejemplo el antiguo dios Pan es una imagen maravillosa para el segundo chakra, o la divinidades marinas como Yemaya, Mari o Afrodita.

Como siempre, consideraremos la tabla de correspondencias y la relación de conceptos, en donde hallarás sugerencias sobre cómo simbolizar las áreas de especial significación para tu vida.

Correspondencias

Nombre sánscrito	Svadhisthana
Significado	Dulzura
Localización	Región sacra, genitales, afectando también a las caderas, las rodillas y la región lumbar
Elemento	Agua
Tema principal	Sexualidad, emotividad
Finalidades	Fluidez de movimientos, placer, relación
Afecciones, deficiencias	Rigidez, adicción sexual o inapetencia sexual, aislamiento, inestabilidad o embotamiento de las emociones
Color	Anaranjado
Cuerpo celeste	La Luna
Alimentos	Líquidos
Derecho	Sentir
Piedras	Coral, carnelita
Animales	Pez, cocodrilo
Principio eficaz	Atracción polar
Camino yóguico	Tantra
Arquetipo	Eros

Compartir la experiencia

«Me llamo Sharon y pasé la experiencia del primer chakra con un cedazo muy fino. Luego me dediqué al segundo chakra y empecé a practicar los ejercicios, a menearme y moverme, hasta que dije «¡olvídalo!» Luego me puse a experimentar con la masturbación y eso sí fue algo nuevo para mí, pues jamás me lo había consentido. También experimenté una mayor profundidad en las relaciones, me refiero a las relaciones no sexuales, y así he podido descubrir lo que significa realmente para mí la amistad. Así pues, lo que realmente he hecho durante este mes ha sido compartir mucho mis sentimientos, y he recibido mucha colaboración y mucho cariño, y eso ha sido un gran remedio para mí.»

•

«Pedí una excedencia para dedicarme a trabajar un poco el primer chakra, pero finalmente no lo hice y me dediqué a salir con los amigos, a hacer nuevas amistades y a desarrollar mi vida social, en lo cual no había tenido oportunidad de ocuparme cuando trabajaba. También tuve un par de citas, así que ha sido muy emocionante. Tuve el privilegio de estar presente en un parto, y me pareció una experiencia realmente asombrosa. A mí nunca me han gustado especialmente los niños ni la puericultura, pero eso despertó en mí el deseo de reconsiderar todas estas cuestiones.»

•

«Para mí este mes ha sido una serie de emociones, las más poderosas que yo haya experimentado nunca. Tristeza hasta el llanto, furor hasta ser capaz de echar abajo las puertas, y otras muchas que hace tiempo no sentía. Llevo 25 años de casada, y eso es toda una vida. Creo que últimamente estamos pasando una crisis, y no hacía más que considerar hora a hora mis sentimientos al respecto. Pero ahora he aprendido a dejar correr, a no adelantar conclusiones. He tenido intimidad maravillosa y asociación del segundo chakra con unos amigos mientras pasaba por todo esto.».

•

«El trabajo del primer chakra me pareció fácil y pensé que pasaría por todo esto en un abrir y cerrar de ojos, pero durante lo del segundo chakra empecé a sufrir náuseas. Llevo casada 15 años y me parece una eternidad. Últimamente había engordado mucho y ahora comprendo que era una manera de marcar distancias con los demás. Así que me puse a delimitar la cuestión y comprendí que no importaba tanto el sexo como la intimidad. Estoy tratando de averiguar cómo podríamos tener más intimidad entre nosotros, sin que sea necesariamente sexual.»

•

«He pasado todos los días de este mes en la península del Yucatán, tumbado en la playa y mirando el agua. Así es, miraba el mar y lo estudiaba, mientras me preguntaba cómo podría conseguir que mi vida fuese más como el agua, como las olas que van formándose, corren hacia la orilla y rompen sobre la arena dejando más arena, y corales, y conchas. Y luego regresan al océano y se confunden con él... y eso es algo que yo no sé hacer. A veces la ola se forma dentro de mí pero no consigo expresarla y se queda dentro. Quiero aprender a dejar que salga de mí, a reconocerla, a expresarla y dejar que fluya.»

Para entender el concepto

Ahora que hemos establecido nuestro fundamento y nuestro centro, comienza el camino ascendente. Pero tan pronto como empezamos a movernos nuestra perspectiva cambia, y así descubrimos que el mero hecho de desplazarnos significa un estímulo para la conciencia. El cambio nos ayuda a despertar, a comprender que todavía nos falta mucho que aprender, y nos invita a superar nuestros límites y explorar. Conforme nuestra atención se transfiere del *yo* (que es el foco del primer chakra) al *otro*, cobramos conciencia de las dualidades y de su atracción mutua, y descubrimos los dominios del sentimiento y del deseo. Así pues, el primer aspecto significativo del segundo chakra es el cambio mismo.

Movimiento

Mientras el primer chakra nos enseñaba a echar raíces y permanecer quietos, el segundo chakra autoriza el movimiento a través del cuerpo, con el cual iniciamos el camino hacia el chakra corona. Aquí nos dedicaremos, pues, a mover el cuerpo físico además de aprender cosas nuevas sobre el movimiento interno de la energía emocional. El mover físicamente el cuerpo fomenta la flexibilidad y la salud. Ayuda a la relajación de nuestros músculos y consigue movilizar energías que estaban bloqueadas. Al propio tiempo se genera la energía elemental que precisa el tercer chakra, y además puede ser fuente de placer, lo cual es un elemento importante del segundo chakra.

Agua

El elemento asociado con el segundo chakra es el agua. A menudo hablamos de las emociones como de algo que forma parte de un reino acuático: en ellas vemos mareas y oleadas como las del mar, y hacen correr ríos de lágrimas. El agua, en tanto que elemento líquido, no tiene forma propia sino que se adapta al perfil de la tierra por donde discurre, o a la forma del recipiente de barro que la contiene. Podemos imaginar que nuestro cuerpo físico es el recipiente de barro y las emociones son la esencia líquida que discurre por él. Lo cual es bastante exacto, ¡ya que nuestro cuerpo está formado por un 97 por ciento de agua! Nuestra estructura le da forma, pero ella rellena esa estructura y hace posible el flujo y el cambio. Así pues, al asumir las cualidades del agua aprenderemos a dejar que la energía se mueva y fluya, purifique y cambie.

Dualidad y polaridad

El segundo chakra nos lleva de lo único a la *dualidad.* Con ésta sobreviene una ampliación de la perspectiva y la aparición de opciones entre las cuales elegir. De pronto nos hallamos ante un *yo* y un *tú,* un *esto* y un *aquello,* un *nosotros* y un *ellos.* Las opciones se eligen con arreglo a las preferencias que señalan nuestros sentimientos y nuestros deseos, y esa operación es un requisito previo para el funcionamiento de la *voluntad,* facultad que pertenece al dominio del tercer chakra.

La dualidad nos aporta asimismo los conceptos de *polaridad,* de yin y de yang, de lo masculino y lo femenino, lo que está arriba y lo que está abajo, la luz y la oscuridad. Venimos de la unicidad del primer chakra y ahora operamos una división esencial. Tenemos ahora una línea de fuerza que pasa por el centro y conecta las polaridades. El principio rector del segundo chakra es *la atracción de los opuestos.* Esta atracción es la base del movimiento, del impulso instintivo que nos incita a expandirnos vivenciando algo o alguien diferente de nosotros mismos. Es la experiencia de «lo otro», y emocionalmente ese impulso se vive como un *deseo:* el deseo de experimentar algo diferente, de fundirse con otro, de trasladarnos a un estado de conciencia diferente, de progresar.

Las emociones

La palabra emoción proviene de «movere», que significa «mover», anteponiendo la partícula «e», que significa «hacia fuera», o como dice John Bradshaw, «energía en movimiento». La energía en movimiento crea la expansión y el cambio. La trayectoria ascendente dentro del Sistema de los Chakras equivale a un acto de expansión que pasa del estado condensado de la materia sólida a la inmensidad de la conciencia. Cuando sentimos una atracción hacia otro, cuando experimentamos el tirón del deseo, del anhelo, de la emoción, nos sentimos «movidos» a emprender algo, a iniciar un cambio, a expandirnos en alguna manera. Y si poseemos un fundamento firme como resultado de nuestro trabajo sobre el primer chakra, nuestra base tendrá solidez suficiente para permitirnos esa expansión sin incurrir en la pérdida de nuestro centro.

Las emociones son aquello que resulta cuando *la conciencia va al encuentro del cuerpo.* Si yo te participo una información, por ejemplo que acabas de ganar el premio gordo de la lotería, esa noticia va a desencadenar una reacción emocional que es corporal y física; si por el contrario te comunico un hecho negativo, te entristecerás. Así las partículas de conciencia se filtran constantemente a través del cuerpo y originan sutiles reacciones emocionales. Las emociones, a su vez, son el aspecto más físico de la conciencia, ya que se perciben por mediación del aparato sensible, es decir en forma de sensaciones. Con frecuencia «sentimos» algo antes de «conocerlo», de saberlo conscientemente. Las emociones son la puerta por donde el cuerpo accede a la conciencia.

El principio del placer

Pese a su complejidad, las emociones pueden considerarse fundamentalmente como reacciones frente al placer y el dolor. Experimentamos emociones placenteras ante algo que *sentimos* como bueno, ante lo que concuerda con nuestros deseos y en cierta manera nos afirma. Las emociones desagradables, como el temor o la tristeza, son consecuencia de una experiencia dolorosa, o de la previsión de una posible experiencia dolorosa. Son energía en movimiento dirigida a instaurar un cambio que evite precisamente ese dolor, lo mismo que las emociones positivas como la alegría o el entusiasmo quieren acercarnos a la experiencia del placer.

Dolor y placer son derivaciones del mecanismo de la supervivencia. Cuando las necesidades de la supervivencia se hallan adecuadamente atendidas el organismo se orienta, de una manera natural, hacia el placer. En cambio el dolor es una indicación de que algo va mal, de que nuestra supervivencia se halla amenazada en algún sentido. Si yo te pego o te causo daño por algún procedimiento, querrás alejarte de mí. Cuando experimentamos el dolor intentamos aislarnos de esa sensación y, por consiguiente, de nuestros sentimientos. El dolor nos obliga a contraernos, a retirarnos, a replegar nuestra energía hacia dentro.

El placer, por el contrario, nos induce a expandirnos. Si alguien nos masajea el hombro o por otra manera nos obsequia con algo que nos agrada, tendemos a relajarnos, a permitir que nuestras energías fluyan y se proyecten hacia el exterior. La energía y la conciencia se hallan intrínsecamente interrelacionadas. Cuando suprimimos nuestros sentimientos, nuestras sensaciones y nuestro flujo energético, también restringimos nuestra conciencia. Limitamos el cambio que podríamos experimentar y dirigimos nuestros esfuerzos al propósito de conseguir que las cosas queden como estaban antes. En cambio el placer nos ayuda a expandir nuestra conciencia.

La sexualidad

El placer, la emoción, la dualidad, la sensación: todo ello nos conduce a la sexualidad, a la expresión en que los opuestos se funden en uno. La sexualidad es la experiencia de la atracción, del movimiento, del sentimiento, del deseo y de la relación, todo ello envuelto en la experiencia gozosa del placer. La dulzura del placer es la joya del loto que representa el segundo chakra. El nombre sánscrito de este chakra, *svadhisthana*, que significa «dulzura», tiende a subrayar ese concepto.

Las prácticas para el segundo chakra implican un trabajo sobre las emociones y la sexualidad, así como sobre la fluidez de movimientos a través del cuerpo, teniendo en cuenta que éstos no son aspectos separados o independientes, sino intrincadamente entretejidos. Al mover el cuerpo tal vez movilizamos emociones sumergidas, o deseo sexuales. Al liberar las emociones hacemos posible que el cuerpo se mueva con más facilidad y estaremos más abiertos al placer. La experiencia del placer puede ponernos en contacto con nuestro cuerpo y ayudar a contrarrestar emociones penosas. Cada una de las prácticas puede mejorar los demás aspectos.

Bloqueos

Las emociones bloqueadas reprimen el movimiento y restringen el flujo de la energía a través del segundo chakra y en el conjunto del cuerpo. En estas condiciones, el trabajo emocional es el proceso por el cual recuperamos las sensaciones perdidas, devolviéndolas a la vida para experimentarlas y así resolverlas. Por desgracia, el trabajo emocional no siempre tiene un matiz placentero. Una emoción que se reprimió en algún momento posiblemente sería desagradable y su revisión será un proceso doloroso. Volveremos a sentirnos vulnerables, tristes, enfadados o atemorizados. Ahora bien, una vez expresada y resuelta esa emoción, las energías corporales dejan de estar fijas o anquilosadas alrededor de ese dolor y podrán volver a expandirse hacia el estado de placer. De tal manera que el resultado de despejar las emociones bloqueadas es el alivio, así como la posibilidad de seguir creciendo. La eliminación del dolor incrementa la capacidad para el placer.

Para entrar en contacto con las emociones enterradas muchas veces se requiere la ayuda de un terapeuta experto, o por lo menos la de una persona amiga en quien podamos confiar plenamente. Por naturaleza todos somos ciegos para nuestras propias represiones. Pero si alguien nos comunica que parecemos enfadados o deprimidos, ese *feedback* puede ayudarnos a establecer un contacto más profundo. Cuando se trata de expresar sentimientos y sobre todo si son conflictivos, importa mucho el poder contar con un oyente que se abstenga de juicios de valor, que no se empeñe en discutir con nosotros sobre si «tenemos derecho» o no a estar enfadados o tristes, sino que se limite a dar testimonio y a simpatizar. Ya que la reivindicación del *derecho a sentir* es una de las tareas del segundo chakra y en ella vamos a necesitar una segunda persona que nos ayude.

El objetivo, por lo que concierne a la curación del segundo chakra, consiste en crear un flujo saludable de energía emocional, a fin de ponernos en condiciones de vivir la plenitud del placer por medio del movimiento y de la sexualidad, así como de ser capaces de experimentar el cambio y el mejoramiento por la vía de la conexión con otros conceptos, otras personas y otros acontecimientos diferentes de nuestra propia línea base de realidad.

Exceso y deficiencia

Cuando el segundo chakra padece una deficiencia energética se registra el temor al cambio. La energía queda aprisionada en los aspectos estructurales del primer chakra y se resiste a fluir, se solidifica, como la tierra. A las personas que nos tratan les parecemos «fríos» o emocionalmente inexpresivos; es posible que padezcamos dificultad para sentir emoción alguna. Puede existir una tendencia a evitar el placer y una visible falta de sensualidad en el aspecto y el comportamiento. Es el caso de los que desdeñan los placeres porque distraen de las «cosas serias». Los temen, o los rechazan porque se avergüenzan de ellos. Se acusa un déficit de pasión o un sentido excesivamente desarrollado del autocontrol.

Si el chakra está excesivo o demasiado abierto sucederá lo contrario. Es el caso de las personas demasiado emotivas, que pasan con facilidad de un extremo a otro, gobernadas por sus emociones en vez de permitir que éstas pasen y fluyan. También es posible que nos dejemos influir demasiado por las emociones de otras personas, lo cual presupone una falta de delimitación. Pueden darse casos de adicción sexual, de necesidad constante de estímulos placenteros, de distracciones, de fiestas, de interacción social. El segundo chakra excesivo disipa la energía con demasiada rapidez y por consiguiente no permite que ésta fluya hacia los chakras superiores.

En condiciones ideales deberíamos ser capaces de abarcar las polaridades, sentir nuestras emociones y expresarnos sexualmente sin perder por ello la conexión con nuestro propio centro. El centro de la polaridad define un estado de equilibrio. Para alcanzar este equilibrio es menester estar dispuestos a asumir los dos polos. Y la reunión de las polaridades constituye la base metafórica del poder, que es el objetivo de la próxima estación en nuestro camino ascendente: el tercer chakra.

Trabajo de movimiento

En nuestra cultura los movimientos de la pelvis suelen considerarse lujuriosos o, cuando menos, provocativos. En las clases el alumnado suele cohibirse cuando se le solicita la realización de los ejercicios para el segundo chakra y menudean las risas y los rubores mientras los alumnos procuran combatir sus propias inhibiciones. Un alumno adulto comentó que jamás había movido las caderas de esa manera y que aquellos movimientos le recordaban un espectáculo de *strip tease*.

No es de extrañar que la apertura del chakra sexual suscite en muchos de nosotros reacciones físicas de ese mismo orden. Desde luego las evocaciones sensuales y sexuales explícitas de estos movimientos para el segundo chakra pueden no resultar oportunas en muchas de las situaciones que enfrentas en tu vida cotidiana. En una reunión de negocios ciertamente provocaríamos un alboroto si empezáramos a menear las caderas de un lado a otro mientras explicamos un proyecto comercial. Por otra parte, las actitudes rígidas con inmovilidad total de la región pélvica bloquean el flujo de la energía en todo el organismo. Esa misma explicación parecerá «seca» y desabrida si se desarrolla con retención total de las corrientes naturales de la energía corporal, indispensables para captar la simpatía e incluso la atención de los oyentes. La búsqueda del equilibrio principia por la remoción de las inhibiciones que impiden el movimiento; esto seguramente se te dará con más facilidad en privado y sin espectadores que susciten la molesta sensación de estar desafiando las leyes no escritas del comportamiento «decente».

La postura de la diosa

Comenzaremos con una postura estática dirigida a la apertura de la región inguinal y que permite experimentar un estado de vulnerabilidad y receptividad. Partiendo del decúbito supino, flexiona las rodillas y desplázalas sobre el suelo tratando de acercarlas hacia las nalgas, mientras dejas que tus rodillas se abran hacia los lados y que el peso de las piernas actúe tensando las caras internas de los muslos. No te preocupes por separar más o menos las rodillas, con tal de que sea lo suficiente para permitirte vivenciar la sensación de apertura. Las dos fotografías, por ejemplo, ilustran diferentes posibilidades de apertura de las rodillas; deja que la gravedad las separe hasta donde te lo permitan tus condiciones de flexibilidad, sin tratar de forzar nada.

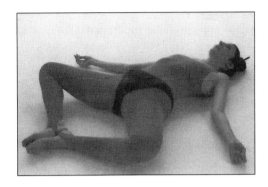

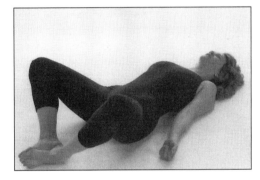

Balanceo pélvico

Partiendo de la postura de la diosa, unimos las rodillas y las alzamos hacia el pecho, al tiempo que tomamos con una mano la muñeca de la otra y permitimos que el peso de los brazos mantenga las piernas flexionadas de una manera pasiva. Dirige la atención hacia las regiones sacra y coxígea, y experimenta tratando de pegar al suelo la parte baja de la espalda y luego erguirte un poco a fin de bajar la región sacra. De esta manera se induce un balanceo sutil que desplazará en vaivén la zona de estímulo físico y suscitará la apertura del segundo chakra.

Rodillo pélvico lateral

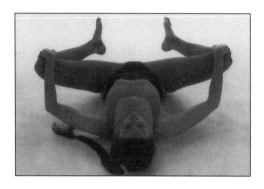

1 Permite que tus manos se relajen y llévalas a la cara interior de una y otra rodilla, ayudándote a separarlas. Permanece en esta postura el tiempo que consideres adecuado.

2 Lleva el brazo derecho a un lado, apoyándolo en el suelo. La rodilla izquierda baja poco a poco hacia la izquierda hasta tocar el suelo.

ración de la pierna derecha hasta llegar al suelo por el lado derecho y cierra entonces la izquierda para que vaya a superponerse con aquélla. Realiza los movimientos con fluidez, dejando que sea la fuerza de la gravedad quien haga la mayor parte del trabajo y poniendo en juego exclusivamente los músculos necesarios para el movimiento. Dirige tu atención hacia la región pélvica y la genital mientras efectúas los movimientos.

3 La pierna derecha permanecerá abierta mientras puedas mantener la postura y luego se cierra yendo a unirse con la derecha. Estira el brazo izquierdo hacia su lado y cambia la postura levantando la pierna superior (en este caso la derecha), separándola de la inferior y abriéndola. Prolonga la sepa-

El rodillo pélvico lateral prolonga el tema de la postura de la diosa, es decir la apertura inguinal, aunque aquí se pone más énfasis en el flujo de apertura y cierre mientras pasas con soltura de la posición lateral (cerrada) a la central (abierta) y a la lateral simétrica, etc.

Rodillo pélvico lateral con las piernas rectas

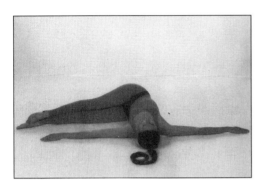

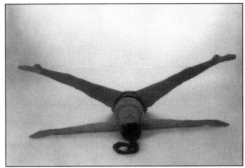

1 Cuando hayas terminado el rodillo a la izquierda y la pierna derecha se halle superpuesta sobre la izquierda, estira ambas piernas a la vez.

2 Eleva la derecha al aire y describe con ella un arco hacia la derecha, más o menos como hiciste con las piernas flexionadas en el ejercicio anterior, pero ahora con las piernas en tensión (las rodillas estiradas). Lleva la derecha al contacto con el suelo a la derecha de tu cuerpo, y haz que la izquierda vaya luego a descansar sobre ella.

Esta variante del rodillo pélvico lateral añade el contraste entre la apertura inguinal pasiva y la contracción voluntaria de los muslos para mantener las rodillas estiradas. Esta dicotomía tensión/relajación es una característica del segundo chakra, y también un conocido atributo de la sexualidad, en donde tanto la tensión como la relajación son esenciales para que seamos capaces de participar plenamente en la excitación corporal y posterior descarga de la misma.

De postura fetal a apertura de cadera

1 Terminamos el rodillo lateral en postura lateral (en la ilustración se ha elegido la postura lateral izquierda) y ceñimos la pierna derecha con el brazo derecho, quedando aovillados en el suelo sobre el costado izquierdo y mirando hacia la izquierda.

2 Apoyamos la palma de la mano derecha en el suelo, cerca de las rodillas.

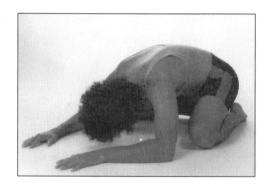

3 Inicia el empuje sobre el suelo con ambos brazos al tiempo que desplazas tu peso hasta sentarte sobre las piernas, todavía con el torso doblado hacia delante. Deja que las rodillas se separen.

De postura fetal a apertura de cadera (continuación)

4 Desplaza el torso de un lado a otro moviendo con soltura la articulación de la cadera, al tiempo que levantas el torso lo suficiente para permitir la propagación del movimiento procedente de la pelvis columna vertebral arriba, pero siempre emanando del segundo chakra. Una vez establecido el movimiento fluidamente deja que se contagie a la cabeza y a los brazos, y devuelve la atención a la zona pélvica que instiga el movimiento y transmite la energía del primer chakra, a través de la danza del segundo chakra, hacia el resto del cuerpo.

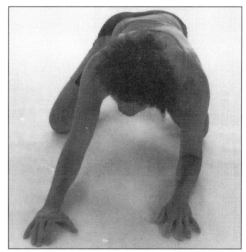

Postura del perrillo que juega

Junta un poco las piernas, hasta ponerlas en paralelo y separadas a la anchura de las caderas. Estira el torso hacia delante. Esta postura también sirve para abrir la parte superior del tórax y el chakra cordial, pero en este caso prestaremos atención a la apertura que se produce en la región inguinal cuando se inclina hacia delante la parte superior de la pelvis (como queriendo llevar la cresta ilíaca hacia el muslo).

Postura del gato

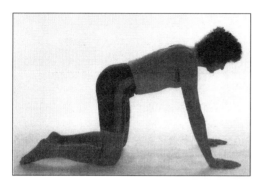

1 Apoya tu peso en las palmas de las manos y las rodillas, y permanece unos momentos en esta postura para formarte una idea de la longitud de tu columna vertebral y de sus curvaturas naturales.

2 Exhala el aire y arquea la columna vertebral hacia el techo, dejando que la cabeza cuelgue hacia delante, la nuca relajada.

3 Inhala y curva la raquis en sentido contrario, inclinando la pelvis hacia delante y levantando el cuello y la cabeza mientras los hombros tiran hacia abajo, como queriendo alejarse de las orejas. Continúa estos ciclos de elevación y depresión de la columna dorsal durante tantas respiraciones como quieras.

4 Menea luego lateralmente las caderas haciendo que el torso se arquee de un lado a otro y volviendo cada vez la cara al mismo lado que apuntas con el trasero. Poco a poco irás haciendo que este movimiento sea más espontáneo, explorando la danza que se origina en la pelvis para trasladarse a todo el cuerpo; la única restricción consiste en que las manos y los pies no deben despegarse del suelo.

Apertura de piernas

Así   *Así no*

1 Busca un movimiento fluido para pasar de la postura en cuclillas a la sedente, piernas por delante y nalgas en el suelo. Separa entonces los pies hasta donde puedas hacerlo cómodamente, manteniendo las rodillas un poco flexionadas. Imagina que tu columna vertebral se eleva directamente del suelo, arrancando desde la base, en vertical por la espalda, los hombros colgando bien lejos de las orejas, el cuello estirado, alargándolo, y la tracción prolongándose hasta la corona del cráneo y aun más arriba. Sobre todo, procura no doblar la espalda.

Apertura de piernas (continuación)

2 Puedes buscar apoyo con las manos detrás de tus piernas si eso te ayuda a mantener la espalda bien recta. Intenta estirar las rodillas pero si notas que con esto se acentúa la curvatura de la raquis lumbar, sigue con las rodillas flexionadas hasta que hayas adquirido más flexibilidad.

3 Lleva las manos hacia delante y empieza a desplazar adelante la pelvis empujando por entre las piernas mediante rotación de la cadera mientras imaginas que tu espalda sigue alargándose.

Este ejercicio además de abrir la región inguinal reclama la atención sobre las relaciones entre la pelvis, las piernas y la columna vertebral. Confiere soltura a las articulaciones de las caderas lo cual supone más libertad de movimientos para la pelvis.

Transición por la postura agachada

Junta las piernas por delante mientras te apoyas sobre las palmas de las manos por detrás. Empuja con las manos en el suelo y pasa a la postura agachada cargando el peso del cuerpo en las puntas de los pies para incorporarte gradualmente como hicimos para el primer chakra (véase la página 61).

Práctica de cadera en pie

Este capítulo de movimientos pélvicos sirve de base para la danza del segundo chakra. Cuando empieces a practicarlo fíjate en que la pelvis debe moverse por su cuenta, manteniendo estáticas la cabeza y la parte superior del cuerpo, así como los pies. Los movimientos tienen su origen en el segundo chakra y aunque acaban por irradiar al resto del cuerpo, para comenzar hay que aprender a confinarlos en la región pélvica y controlar su dirección y extensión. No se trata de inmovilizar rígidamente la cabeza y los hombros, sino más bien de mantenerlos relajados y sin participación en la actividad, para empezar.

Vaivén de adelante atrás

1 Con las rodillas ligeramente flexionadas, pon en tensión las nalgas y adelanta el pubis, rectificando la curva natural de la región lumbar.

2 Deja que la parte inferior de la columna recupere su curvatura natural mientras adelantas la cresta ilíaca flexionando ligeramente la articulación del fémur.

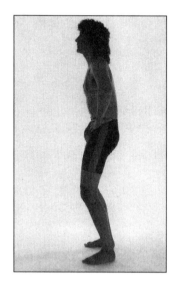

Práctica de cadera en pie (continuación)

Oscilación lateral

Busca el punto de equilibrio anteroposterior de la pelvis y deja que ésta oscile suavemente de un lado a otro, procurando no mover el cuerpo de cintura para arriba. Centra el movimiento en las articulaciones de los fémures y el abdomen, y deja que las piernas y las rodillas hagan lo necesario para acompañar estos movimientos.

Círculos

Traza círculos con las caderas combinando los dos movimientos anteriores; no olvides dibujar los círculos en ambos sentidos.

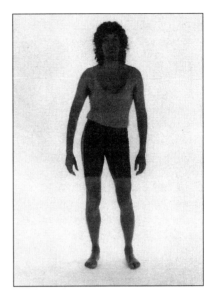

Movimiento libre

Abandónate ahora a la inspiración para crear pautas y figuras en el aire con tus caderas; traza círculos, vaivenes, danza y ensaya todos los movimientos posibles acompañándolos con los brazos; pero no desvíes la atención hacia ellos, sino que deben limitarse a expresar el flujo del movimiento originado en el segundo chakra, y no moverse por su cuenta.

Caminar sobre el agua

Continúa con los movimientos de la práctica de cadera en pie, pero deja ahora que tus pies se muevan libremente sobre el suelo dando pasos adelante, atrás, a un lado, acompañando los movimientos de la pelvis. Imagina que estás caminando sobre el agua o mejor aún, visualiza tu propio cuerpo como si fuese de agua, fluyendo como un río y moviéndose en oleadas de un lado a otro como los mares.

La danza

Si has seguido todos los ejercicios descritos hasta aquí, incluyendo el de «caminar sobre el agua», de hecho ya estás en la danza del segundo chakra, te deslizas y fluyes a través del espacio que tienes disponible. Tu danza tal vez te devuelva al suelo tirando o empujando sensualmente, o haciendo el rodillo, o tal vez quieras apoyarte con las manos en el suelo, en una pared o en un mueble para mover más libremente las caderas. La iniciativa de cada secuencia de movimientos proviene de la pelvis, pero tu sensualidad te recorre por entero, invade todas las células de tu cuerpo, cada estremecimiento de los músculos y de la carne, cada variación del equilibrio.

La danza del agua puede inspirarse en las grandes olas de fondo que agitan los océanos o en las alternativas del flujo y el reflujo. En cambio, la superficie serena de un lago o de un estanque sugiere una calidad de movimientos completamente distinta, que enviará suaves ondulaciones de unas partes de tu cuerpo a otras. O quizá tu danza reflejará la impetuosidad y la fuerza de las aguas bravas, el salvajismo de un torrente de montaña.

Lo mismo que las interacciones sexuales pueden variar de lo tierno, caprichoso o humorístico a lo apasionado, lo agresivo, lo agónico o lo trascendente, también tu danza puede abarcar con sus movimientos toda una gama de expresiones de la sensualidad. Deja que tu cuerpo asuma el control prescindiendo de la censura mental así como de la programación social. Por eso, el bailar a solas puede ser indispensable en los comienzos, ya que el temor a las opiniones de los demás puede limitar severamente nuestra libertad de movimientos. Más adelante, cuando hayas desarrollado tu aplomo, tu soltura y cierto grado de confianza frente a las personas con quienes desees compartir la práctica, te resultará más fácil el hacerlo en presencia de ellas.

Movimiento bioenergético: Conexión de pelvis

Este ejercicio principia por la toma de fundamento, es decir el ejercicio bioenergético básico descrito en el capítulo anterior para el chakra primero (véase la página 65). Si llevas algún tiempo practicándolo, te habrás familiarizado ya con la sensación que se produce al permitir que la carga de energía telúrica fluya a través de las piernas hacia el primer chakra; en caso contrario, sigue practicando un poco más con el primer chakra antes de pasar a esta otra sección. Obviamente, si la energía no pasa por tus piernas tampoco podrá dirigirse hacia el segundo chakra, puesto que las piernas son parte del canal que utilizamos en este trabajo.

Recordemos que se trataba de permanecer con ambos pies firmemente plantados en el suelo, paralelos entre sí y separados aproximadamente a la anchura de los hombros, las rodillas algo flexionadas, a fin de conducir hacia las piernas una carga de energía. Para ello flexionábamos las rodillas al tiempo de inhalar, y empujábamos con los pies sobre el suelo, estirando un poco las rodillas, al tiempo de expulsar el aire. También es de recordar que durante este ejercicio las rodillas nunca llegan a estirarse por completo.

Cuando notes que tus piernas han establecido la conexión, añade las actividades siguientes a lo que estás haciendo:

1 En el momento de doblar las rodillas e inhalar, saca las nalgas mediante una rotación de la cadera hacia atrás, más o menos como si tuvieras una bisagra en la cintura. Es decir que la espalda no debe moverse; todo el desplazamiento se realiza por medio de la pelvis. Las manos quedan en cualquier postura que te resulte cómoda.

2 Al exhalar el aire y empujar con los pies sobre el suelo, saca la pelvis hacia delante. Inhala, flexiona las rodillas, empuja la pelvis hacia atrás, y así sucesivamente, repitiendo la secuencia las veces que quieras.

Conexión de pelvis (continuación)

La finalidad de este ejercicio consiste en transportar la energía que fluye por tus piernas hacia el primer chakra y más allá, para llenar el segundo chakra. Es posible que debas vencer algún anquilosamiento, o bien que el movimiento te resulte facilísimo. Mientras diriges tu atención hacia la pelvis, no olvides que la energía proviene en realidad de la tierra, canalizada a través de los pies y las piernas. ¡No hay que perder el fundamento aunque estemos considerando un aspecto nuevo!

Continúa con este movimiento hasta que notes que sucede algo dentro de ti, una especie de carga en la parte baja del cuerpo. Tal vez advertirás que la energía sexual está llenando tu pelvis, o tal vez se manifieste un flujo de energía emocional. Sentirás un temblor o estremecimiento, tal vez, lo cual indica que la energía acaba de penetrar en un espacio nuevo. Relájate y deja que fluya, abandonándote a la sensación. El segundo chakra es el del cambio y el movimiento, y con este ejercicio queremos que nuestro cuerpo cambie y se movilice.

Cuando hayas practicado un tiempo suficiente para que se cumpla esta finalidad, haz alto en un punto que corresponda a un máximo de energía (lo cual sucederá estando las rodillas algo flexionadas y la pelvis inclinada en el ángulo que comunica la máxima sensación). Fíjate a ver si todavía se nota el flujo de la energía. Busca poco a poco una postura centrada, siempre de pie, y explora las sensaciones de tu cuerpo. Pasea un poco por la habitación y compara los efectos.

Se necesita un poco de práctica para desarrollar la sensibilidad que requiere este ejercicio. Ten paciencia y procura vivenciar el proceso como una experiencia placentera.

Trabajo de pareja: Estiramiento y equilibrio

1 Colócate frente a tu pareja y tomaos de las manos, sujetando con tu mano la muñeca de tu oponente y viceversa.

Estiramiento y equilibrio (continuación)

2 Alejaos poco a poco el uno del otro e inclinaos pero no doblando la espalda sino la pelvis, ambos con los pies separados aproximadamente a la anchura de las caderas, los pies en paralelo. Echaos hacia atrás hasta que vuestro propio peso os separe y únicamente el equilibrio entre ambos impida que os caigáis. Mantened los brazos estirados, para evitar que recaiga sobre ellos el esfuerzo de sustentación. Estirad las rodillas (excepto si alguno de los dos tiene problemas de espalda) dejando que el peso del oponente ponga en tensión los tendones de la cara posterior de los muslos. Corregid la postura de los pies para mantener el equilibrio entre ambos mientras tiráis simultáneamente. Imagina que se trata de levantar la rabadilla hasta el techo y de bajar las crestas ilíacas hasta los muslos. Para deshacer la postura, flexionad las rodillas y acercaos despacio el uno al otro, al tiempo que erguís el torso.

Este ejercicio desempeña varias funciones relacionadas con el segundo chakra. Al levantar el coxis se abre la región genital, con lo que modulamos directamente la función sexual del segundo chakra; interviene por otra parte la conexión y confianza hacia tu oponente en el momento de deshacer el equilibrio.

3 Toma ahora una de las manos de tu pareja, que puede ser la del mismo lado o la opuesta. Aferrando mutuamente las muñecas para mayor estabilidad, os inclinaréis de nuevo en sentidos opuestos, esta vez manteniendo el torso erguido, para jugar con las distintas posibilidades del equilibrio, gesticular con el brazo libre, trazar círculos en el aire, levantar una pierna a ver qué pasa, etc.

Trabajo de pareja: Conexión espalda a espalda

1 De pie, espalda contra espalda con tu oponente, las rodillas algo flexionadas y cargando el peso del cuerpo sobre la espalda del otro. En esta postura formáis como un velador de cuatro patas, cuyo centro de gravedad común recae en el punto medio ideal: si no estuviese ahí tu oponente caerías de espaldas. Fíjate en las sensaciones de tu espalda y en la presión que el cuerpo del otro ejerce sobre el tuyo. ¿Qué partes de tu espalda realizan la conexión? Si resulta que ésta sólo se establece con la región superior de la espalda, mirad de corregir la postura para unir también las respectivas regiones lumbares. Fíjate en tu respiración e intenta captar asimismo la de tu oponente, dilatándoos cada uno hacia el otro al tiempo de inhalar el aire y relajándoos el uno en el otro en el momento de exhalarlo.

2 Poco a poco, acercaos el uno al otro, como si mantuvierais una conversación con vuestras espaldas. Dirige tu sensibilidad a los movimientos de tu oponente e intenta sincronizar los tuyos. Cuando hayáis danzado juntos un rato, permitid que vuestros brazos se unan a la coreografía, mientras os apetezca. Buscad luego una manera adecuada de finalizar, que no sea una interrupción abrupta. Haced honor a la energía que habéis compartido entre ambos.

Trabajo de grupo: La danza

Cada participante interpreta su propia danza del segundo chakra (véase la página 108) alrededor del espacio de trabajo, aunque no sin prestar atención a las danzas de los demás. Tan pronto como experimentes el deseo de participar, entra a bailar con otro participante, haciendo contacto corporal o no según los deseos de ambos, explorando tu conexión con esa otra persona. Tal vez queráis unir las manos mientras danzáis juntos, o quizá sólo una para expresaros libremente con el otro brazo. También podríais conectar espalda contra espalda, a ver qué da de sí esa conexión. Espontáneamente podríais turnaros en la dirección de los movimientos, es decir asumir el uno el papel de líder mientras el otro le imita, o uno de los dos llevar al otro de la mano mientras ambos corren y saltan y bailan alrededor de la habitación. Cuando te apetezca, busca la manera de decir «hasta luego» con tus movimientos para formar pareja con otra persona, o bailar a solas un rato (lo cual es aconsejable sobre todo para quienes se someten a la influencia del oponente y tienden a perder el contacto con su propia actividad).

Unos pañuelos o chales largos pueden complementar agradablemente la danza de grupo al introducir una gracia fluida en los movimientos individuales, de pareja o de grupo. El bailar con chales te permite conectar con los demás por medio de las telas, que podéis sujetar juntos y con las cuales podéis jugar sin necesidad de establecer contacto corporal. Quizá os apetezca formar grupos numerosos que se muevan como masas de bailarines y permitan innumerables combinaciones. Dejad que sea la música la que termine de una manera natural la sesión, o buscad espontáneamente la manera de finalizarla.

Cómo ponerlo en práctica

¿QUÉ HACER?

Damos a continuación una lista de temas relacionados con el segundo chakra, con sugerencias para trabajar con ellos. Dedícales el tiempo que haga falta y saborea las enseñanzas que cada uno aporta. Puesto que éste es el chakra del placer, disfruta el proceso.

Sexo

La sexualidad es la expresión de la energía del segundo chakra, y es la secuela lógica del deseo, la emoción y el placer. Es la experiencia última de la unión con el otro, la danza de la dualidad y el movimiento de la energía a través del cuerpo, el éxtasis del placer.

Si tienes una relación sexual, vívela con creatividad, explora. Intenta algo nuevo, comenta tus sensaciones, cómprate alguna prenda que te favorezca, mira una película erótica, lee una novela erótica o estudia con tu compañero algún manual de educación sexual.

Si no estás en una relación, crea una fantasía sobre cómo te gustaría que fuese tu próximo compañero sexual, qué clase de relaciones sexuales te gustaría tener, cómo desearías sentirlas, qué harías para lograr que prosperasen. Haz el amor a tu propia persona, incluyendo en ello todo el cuerpo. También puedes hacer muchas de las cosas sugeridas en el párrafo anterior, como comprarte ropa íntima favorecedora, visionar una película erótica o hablar de sexo con una persona amiga que te merezca confianza.

A solas, o con una persona de tu confianza, concédete libertad para moverte sensualmente, y presta atención a las texturas, los olores, los sabores. Las sensaciones de todas clases forman parte de nuestra emotividad y estimulan la conciencia y el placer. Estés donde estés, sintoniza con las sensaciones y observa en qué maneras te afectan.

Movimiento

Con el chakra primero aprendíamos a tomar arraigo, sosiego y contención; el tema del segundo chakra, en cambio, consiste en moverse y salir de nuestros límites. Es cuestión de sintonizar con el movimiento que brota interiormente. El movimiento nos ayuda a situarnos en nuestro cuerpo y contribuye a que fluya la energía dentro de nosotros de una manera continua y vitalizante.

Observa tus propios movimientos durante el día mientras te ocupas de tus actividades habituales. Estírate, sacúdete siempre que te apetezca, corrige la postura, busca la comodidad.

Concédete el placer del movimiento por lo menos una vez al día. Pon música y baila en tu sala de estar, pero fijando más la atención en la necesidad de expresión corporal que en seguir ninguna disciplina fija. Busca puntos anquilosados de tu cuerpo y trata de averiguar qué movimientos sirven para darles soltura. Intenta conseguir que pase la energía por ellos hacia otros puntos del organismo. Haz experimentos con el movimiento como parte de tu expresión personal. ¿Cuáles de ellos te reflejan realmente? ¿Cuáles expresan o despiertan mejor tus sensaciones?

Dedica el tiempo necesario a las prácticas de movimiento descritas en este capítulo, ya que son de vital importancia para este chakra.

Cambio

El cambio es la verdadera esencia del segundo chakra. Experimentamos cambios conforme pasamos de la unidad a la dualidad, de la estabilidad al movimiento, de la supervivencia al placer. Eludir el cambio bloquea el segundo chakra. Una vez has aprendido a tomar fundamento mediante el trabajo sobre el primer chakra, ya no hay razón para aferrarse demasiado a la seguridad ni tiene sentido el seguir apegado a lo viejo.

Piensa cómo podrías hacer algo diferente. Si recorres siempre las mismas calles cuando acudes a tu trabajo, ensaya un recorrido distinto. Si sueles vestir de oscuro, compra prendas de colores claros. Si te gusta mucho hablar, intenta guardar silencio; si eres de carácter reservado, procura relacionarte más. Cuidado con las actitudes del tipo «esto no lo he hecho nunca», «esto no va conmigo»: indican la persistencia de pautas inveteradas que tal vez sería preferible cambiar. Observa cómo afecta a tu conciencia y a tu vitalidad el hecho de realizar algo que no habías intentado nunca y que te parecía fuera de tus posibilidades.

Agua

El elemento del segundo chakra es el agua. Aproxímate a las actividades acuáticas: nadar, emprender excursiones para visitar lagos o ríos, pasar las vacaciones a orillas del mar. Cultiva los placeres acuáticos como baños frecuentes, largas duchas, estancias en balnearios. Estudia la naturaleza del agua, cómo se mueve. cómo fluye. Presta particular atención a los ritos que incluyen la manipulación de líquidos: ducharte, preparar un café, regar las flores. Fíjate en tu propia necesidad de líquidos, en la manera en que tu organismo los asimila.

El elemento nutricio

Si pasamos revista a todos los atributos del segundo chakra, el agua, el placer, la emotividad, el movimiento, el cambio, veremos que todo ello describe un elemento nutricio, que es cuestión de cuidarse, de darse buen trato uno mismo o una misma, de mimarse. No dejes de hacerlo.

Ejercicios para el Diario

1. Los deseos

El deseo es el fruto del cuerpo (chakra 1) y el combustible de la voluntad (chakra 3). El deseo es aquello que te obliga a prescindir de tu inmovilidad (chakra 1), a salir de tus propios límites, a expandirte y tratar de abrazar algo más. Una vez hemos considerado lo que tenemos, llega el momento de prestar atención a lo que deseamos.

Dedica algún tiempo a ponerte en contacto con tus propios deseos. Redacta una lista y observa cuáles de ellos son deseos del cuerpo, o deseos de la mente, del espíritu, del amor propio u otros. Desear dormir más, por ejemplo, es un deseo del cuerpo. Desear leer un libro podría ser un deseo de la mente. Desear estudiar una carrera universitaria podría ser un deseo de la mente, o quizá del amor propio.

A continuación, observa si algunos de tus deseos son mutuamente excluyentes, como sería el caso de quien deseara ganar más dinero y, al mismo tiempo, trabajar menos. ¿Cuál de las dos cosas te parece más importante? (Es el tercer chakra quien convierte los deseos en objetivos por cuanto interviene entonces la voluntad.)

2. Las emociones

Las emociones guardan estrecha relación con los deseos. La cólera dimana del deseo de verse mejor tratado, la tristeza es consecuencia de la pérdida de algo que deseábamos, la felicidad lo es del deseo cumplido. Presta atención a tus emociones: examina cómo ellas gobiernan tu vida, cómo reaccionas ante ellas, en qué maneras afectan a tu energía, y toma nota de cuáles son las que te afectan con más intensidad.

Al término de cada jornada dedica un rato a recordar las emociones experimentadas. Dibuja en tu diario un pequeño calendario y anota tus observaciones para que sean como un mapa de tu recorrido emocional. Incluso podrías dibujar una cara cuyo gesto refleje tu estado de ánimo del día; al cabo de un mes bastaría contemplar la sucesión de estas caras para tener una idea bastante completa de tu situación emotiva.

La emoción es el movimiento de la energía que quiere salir del cuerpo. Cuando reprimimos una emoción bloqueamos el flujo de esa energía a través de los chakras. Concédete un desahogo de esos bloqueos. Lo cual no significa que sea preciso dar libre curso a la cólera, a las lágrimas o a cualquier otra emoción por el estilo en el mismo instante de sentirla, sino que puedes crear un momento y un lugar que te permitan «abrir esclusas». Y también significa librarse de los dolores y los rencores antiguos que te inhiben, pero que hace tiempo dejaron ya de servir a ninguna finalidad útil. Busca el momento para despejar esos sentimientos viejos,

Ejercicios para el Diario

no sea que constituyen impedimentos para más adelante. El simple hecho de manifestarlos por escrito puede ser un buen comienzo de tal proceso.

3. El placer

Los deseos y las emociones tienen mucho que ver con el dolor y el placer. El placer es un ímpetu que acerca, mientras que el dolor nos compele a huir. ¡Va siendo hora de complacerte en ti mismo, o en ti misma!

Escribe una lista de las cosas que te dan placer (tal vez quieras compararla con la lista de tus deseos que escribiste antes). Una vez más procura ver si comprende placeres que pongan en juego todas las partes de tu persona, el cuerpo, la mente, el espíritu, la emotividad, la creatividad, etc. Intenta crear un pequeño placer para ti todos los días, y en cualquier caso buscando el equilibrio general en el decurso de la semana, a fin de que no quede parte alguna desatendida. Fíjate en tu actitud para contigo mismo, o contigo misma, y de qué maneras afecta a tu autoestima la cantidad de placeres que disfrutas en la vida.

¿Haces algo cada día para tu propio placer? Cuando te has consentido una satisfacción, ¿tienes que luchar contra tus propios remordimientos, o no lo piensas más? ¿Cómo te sientes luego? ¿Qué prioridades ocupa el placer en tu vida? ¿Estás conforme con esa situación?

4. La dualidad

Una de las fuerzas motrices principales del universo es la atracción entre polos opuestos, fuerza cuya existencia se debe precisamente a la existencia de la dualidad. Henos aquí llegados al momento de prestar atención a esto de los polos de signo contrario.

● ¿Qué cualidades consideras opuestas a las que tienes tú, y qué opinas de eso?

● ¿Qué aspectos propios reprimes? ¿En qué modos te polarizas?

● Una de las polaridades entre las cuales nos movemos es la dualidad masculino/femenino. ¿En qué medida permites que se exprese tu aspecto femenino? ¿Y tu aspecto masculino?

Dedica el tiempo necesario a familiarizarte con tu sombra. La sombra es aquella parte de nuestra personalidad que no deseamos reconocer por parecernos desagradable, o no ética, o indeseable. La sombra podría ser nuestro lado iracundo, egoísta, perezoso o indolente. El darnos cuenta de su existencia o confesarla no implica que vayamos a subrayar esas cualidades, pero sí impedirá que éstas se infiltren en nuestras acciones. Si mi sombra es una fiera colérica, quizá

Ejercicios para el Diario

me convenga plantearme de dónde procede esa cólera y qué función desempeña en mi vida ese rasgo de carácter.

- ¿Qué forma adoptaría la sombra en tu caso, si permitieras su expresión?
- ¿Qué clase de sentimientos predominarían?
- ¿De qué modo afectarían a tu vida actual?

Las emociones son la expresión energética del segundo chakra. Muchos de nosotros experimentamos la dualidad en nuestras fluctuaciones emocionales: pasamos de la alegría a la tristeza, de la esperanza al desánimo, del furor a la transigencia. En el caso ideal desearíamos vivir toda la gama de las emociones con el fin de llegar a abarcar ambas polaridades, pero sin dejar de estar centrados y equilibrados en el justo medio de esa gama. Cuando sólo podemos experimentar uno de los lados, estamos en desequilibrio emocional. Cuando nos atrapan las fluctuaciones a tal punto que no conseguimos recuperar el centro, nos arriesgamos a perder el sentido de la identidad y a ser víctimas del vaivén de las emociones.

- ¿Hasta qué punto varían tus emociones entre un extremo y otro?
- ¿Cuáles son tus polos más habituales?
- ¿Tienden a equilibrarse andando el tiempo?
- ¿Dónde situarías la expresión del punto medio de esas emociones?

En el supuesto ideal, el Yo Interior es el justo medio en donde se reúnen todas las dualidades. El trabajo sobre este chakra tiende a superar la polarización y a lograr el equilibrio. Sin negatividad ni represión, tratamos de buscar la integración que nos permitirá seguir progresando en sentido ascendente a través de los chakras, partiendo de un fundamento sólido y firme, dotados de una carga vitalizante de energía emocional.

5. Evaluación

- ¿Qué has aprendido acerca de tu propia persona mientras desarrollabas las actividades del chakra segundo?
- ¿Qué regiones de este chakra requieren un trabajo más asiduo? ¿Cómo piensas abordarlo?
- ¿Qué otras regiones de este chakra te satisfacen? ¿Cómo aprovecharás estos puntos fuertes?
- ¿Qué cambios se han operado en ti, y qué opinas de ellos en general?

Entrando en el espacio de lo sagrado

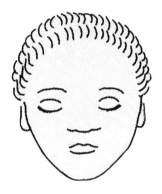

Meditación ante el altar marino

Es un agradable ritual en honor al mar, pero sólo pueden llevarlo a cabo los que viven a orillas de una extensión de agua suficiente como para acusar las mareas. Aprovecha el reflujo y recoge conchas, maderos, algas u otros objetos que encuentres en la orilla. Busca un lugar en la playa que sea adecuado para confeccionar un mandala con esos objetos. Haz que el dibujo signifique algo para ti, por ejemplo un símbolo de la paz, o un yin-yang, y dedícalo a una deidad marina, o hazlo a medias con una persona amada. Una vez terminado, medita delante de ese mandala y luego contempla cómo se lo llevan las aguas con el flujo de la marea.

Ritual para equilibrar polaridades

En la vida sucede a menudo que titubeamos entre dos opciones, imposibilitados para decidir, no pudiendo conciliar dos partes de nosotros mismos que se hallan en aparente oposición. Es un episodio de la danza de las polaridades y cuando ocurre y no se encuentra fácilmente la solución, ello suele indicar que cada uno de los partidos tiene sólidos argumentos a su favor, y que ninguna de las dos opciones por sí sola resuelve por completo el problema.

El ritual que describimos a continuación es sencillo y puede practicarse a solas o con un grupo de cualquier tamaño. Despeja un espacio suficiente para poder andar en círculo. Memoriza el trazado de ese círculo y aparta cualquier obstáculo del camino.

Siéntate y medita un rato suficiente para ponerte en contacto con los dos aspectos de tu problema, que muy bien podría ser una cuestión absolutamente práctica como dejar la empresa en donde trabajas actualmente, o quedarte, o como elegir un vecindario nuevo. También puede ser la necesidad de resolver entre dos partes diferentes de tu propia personalidad, por ejemplo la que gusta de estar a solas y la que prefiere ser sociable. O la necesidad de reequilibrar una polaridad en la cual te debates últimamente, como trabajo o diversión, pasividad o agresividad, actividad o contemplación. Para este ejercicio, importa plantearse sólo un par de opciones y no varios, aunque nada te impide repetirlo cuantas veces haga falta.

Considera tu círculo y traza mentalmente una recta que represente el diámetro. Quizá quieras incluso marcarlo con un palo u otro objeto largo y delgado. Hecho esto, uno de los semicírculos representará un lado de la polaridad, y el otro el lado opuesto. Por ejemplo, si yo intento decidir el conflicto entre mi vida de hogar y mi carrera, haré que el semicírculo derecho represente la carrera y el izquierdo la vida de hogar.

Camina despacio recorriendo la circunferencia siempre en el mismo sentido. Mientras permaneces en uno de los semicírculos, sumérgete en las sensaciones que ese lado evoca para ti. Por ejemplo, si estoy en el lado que representa la vida profesional me saturo de las sensaciones que tengo cuando estoy en mi trabajo, viajando, organizando círculos de estudios, haciendo promociones, escribiendo, etc. Cuando paso la divisoria de la circunferencia y entro en la mitad que representa la vida hogareña, evoco las sensaciones que experimento al estar en casa con la familia, cocinando, dedicada a las tareas domésticas o descansando.

Recorre la circunferencia varias veces. Tan pronto como pases por la divisoria te cambiarás a la otra polaridad, sumergiéndote por completo en la realidad que representa y prestando atención a las sensaciones que ello suscita en tu cuerpo. Deja que él exprese dichas sensaciones mientras caminas; por ejemplo irguiendo el torso y con la cabeza alta en uno de los semicírculos, y con el paso cansino y las espaldas cargadas en la otra mitad. O caminando con rapidez en uno de los semicírculos y despacio en el otro.

Cuando hayas paseado la circunferencia varias veces y notado las sensaciones que corresponden a cada lado, estarás en disposición de pasar a situarte sobre la línea del diámetro. Al hacerlo trata de incorporar un equilibrio entre los dos extremos. Imagina que estás haciendo las dos cosas a la vez, incorporar la energía de lo rápido y la tranquilidad de lo lento, o la excitación de un lado y el sosiego del otro. Fíjate en las sensaciones que esto induce en tu cuerpo. Intenta cruzar la habitación de esta manera, a ver si aparece un sentimiento como de resolución.

Ritual de grupo

La misma persona puede guiar el grupo durante todas estas actividades, o encargarse cada uno de un apartado diferente.

Materiales necesarios

Un tazón para cada participante
Una jarra con agua
Un grupo musical, o música grabada (se ofrecen algunas sugerencias, pero tú puedes elegir cualquier música que te parezca adecuada).

Crear el espacio sagrado

Formad círculo juntando las manos y luego volveos mirando hacia la parte exterior. Uno de los participantes dirige al grupo en el rito de la toma de fundamento, de echar profundas raíces en la tierra, a partir de lo cual se continuará con la imaginería siguiente.

Al tiempo que llevas a tu cuerpo la energía ascendente, canalízala hacia el primer chakra, el cual imaginarás como una masa al rojo que gira sobre sí misma. Es la esfera de energía telúrica que se purifica y equilibra a sí misma mientras gira, continuando luego su recorrido a través de cada uno de los chakras. Una vez alcanzado el séptimo chakra, el de la parte superior del cráneo, visualiza esa energía que has elevado a través de tus chakras cómo rompe hacia arriba abriéndote a la comunicación con la energía universal, la cual puede penetrar entonces a través de la corona y emprender su recorrido descendente a través de tus chakras y combinarse con la energía de la tierra procedente de tus raíces.

Dirige tu sensibilidad ahora hacia las personas que te flanquean y deja que los dorsos de vuestras manos entren en contacto rozándose apenas. Visualiza el caudal de energía que circula a través de cada uno de vosotros gracias a ese contacto de las manos, de manera que se crea un flujo circular que recorre toda la rueda y regresa hacia ti. Cuando notes que dicha circulación se ha establecido con fuerza, llevad los brazos hacia delante y luego, poco a poco, hacia arriba, describiendo un arco que barre todo el espacio hacia el cielo, donde vuestras manos levantadas irán a enlazarse. De esta manera habréis creado una esfera de energía que rodea todo el círculo.

Ahora todos los participantes se vuelven hacia el interior del círculo, siempre con los brazos levantados sustentando la energía. Visualiza cómo vuestros brazos completan la esfera por arriba conforme las manos van a juntarse en el centro del grupo.

Invocación de los elementos

Con la ayuda de la música, todo el grupo se mueve libremente dentro del espacio ritual, para permitir que sus cuerpos representen cada uno de los elementos, a cuyo efecto se orientarán hacia el punto cardinal adecuado. El movimiento de cada elemento puede ser diferente para cada uno de los participantes. Por ejemplo, la persona que represente el aire puede hacer aspavientos con los brazos en movimientos amplios y enérgicos que simbolicen los vientos fuertes, mientras otro se limita a dar pasos cortos de puntillas oscilando apenas con los brazos y la cabeza.

Para el fuego, los movimientos pueden emular las llamas que bailan su danza desenfrenada, o un chisporroteo de energía, o una erupción volcánica. Los movimientos del agua serían como el suave discurrir de un arroyo, o el vaivén rítmico de las mareas, o tal vez la danza de la lluvia que cae. La tierra tal vez inspirará movimientos amplios, lentos, firmes, o un rodillo en el suelo, o un batido de los pies en tierra siguiendo el compás de los latidos del corazón. Son sólo algunas de las incontables posibilidades: la danza surgirá espontáneamente de la interpretación que cada uno haga de su elemento.

Música:
Aire (Este)   *Dream Theory in Malay,* These Times, Hassell
Fuego (Sur)   *Drums of Passion,* Olatunji
Agua (Oeste)   *Dream Theory in Malay,* Gift of Fire, Hassell
Tierra (Norte) *Lotusongs II,* Ojas

Evocación de la deidad

Cada participante se convierte en el cuerpo receptivo y nutricio de la Diosa, la tierra fértil dispuesta a albergar el crecimiento y proporcionar sustento. A continuación cada uno se convierte en el Dios, en la forma del espíritu de la vida que brota de lo interior y madura hasta alcanzar la sazón.

Música: *Cymbalom Solos,* Michael Masley

Trabajo con la energía

Cada participante baila su propia danza, dirigiendo los movimientos con las caderas y la pelvis. Únete a los demás participantes cuando quieras, como quieras y durante el rato que te apetezca.

Música: *Dancing Toward the One,* Gabriele Roth & the Mirrors

Letanía y comunión

A medida que los movimientos se hacen más lentos y tienden a la detención, todos se funden en el suelo para descansar en silencio y cantan mientras el tazón de cada uno se llena haciendo circular la jarra común.

(Véase el «Himno de la Catarata».)

El himno de la catarata

Letra y música de Anodea Judith

Que el agua llueva, que el agua llueva, que el agua llueva sobre la

tierra. Que el árbol crezca, que llueva el agua, y que

la tierra reverdezca.

Toma de fundamento

Los participantes vuelven a formar la rueda ciñéndose mutuamente con los brazos. Manifestad vuestro agradecimiento a cuanto habéis evocado y liberadlo, a la energía que ha inspirado vuestra danza, y devolved el sobrante a la tierra descendiendo sobre ella en círculo.

Recursos

Libros

Abbott, Franklin, *Men & Intimacy,* The Crossing Press.

Anand, Margo, *La senda del éxtasis,* Martínez Roca.

Barbach, Lonnie, *Intimidad sexual,* Martínez Roca.

Bonheim, Jalaja, *The Serpent and the Wave: A Guide to Movement Meditation,* Celestial Arts.

Chia, Mantak, y Maneewan, *Secretos taoístas del amor,* Mirach.

Douglas, Nik, y Penny Slinger, *Secretos sexuales,* Martínez Roca.

Hawthorne, Nan, *Loving the Goddess Within: Sex Magick for Women,* Delphi Press.

Ramsdale, David Alan, y Ellen Jo, *Los secretos de la sexualidad total,* Robinbook.

Williams, Brandy, *Éxtasis ritual: magia sexual práctica,* Edaf.

Música

Hassel, Jon, *Dream Theory in Malay.*

Masley, Michael, *Cymbalom Solos.*

Khan, Al Gromer, *Divan I Khas.*

Roth, Gabrielle, & The Mirrors, *Dancing Toward the One. Initiation. Ritual. Totem. Waves.*

Roth, Schawkie, *Dance of the Two.*

Chakra tercero
Fuego

Para empezar

Estado de situación

Las palabras de la relación siguiente son conceptos clave relacionados con el chakra tercero. Considéralas una a una y medita sobre ellas unos momentos. Efectúa luego una práctica de asociación libre anotando los pensamientos o las imágenes que vayan acudiendo a tu mente. Observa que los conceptos de la lista incluyen aspectos tanto positivos como negativos del tercer chakra.

Poder	*Autoridad*
Voluntad	*Agresión*
Energía	*Guerrero*
Metabolismo	*Transformación*
Soltura	*Calidez*
Humor	*Fuego*
Control	

Este chakra controla el plexo solar, entre el ombligo y la base del esternón. ¿Qué te parece esta zona de tu cuerpo? ¿Has tenido alguna dificultad con ella en algún momento de tu vida?

Disposición del altar

Empieza por redecorar el altar en amarillo. Nota al hacerlo la energía y la vitalidad de ese brillante color, y observa los efectos que ejerce sobre ti. Puesto que el fuego es el elemento de este chakra, quizá quieras disponer algunas velas o lámparas de aceite para representarlo. Lee la tabla de correspondencias y coloca en el altar cualquier objeto que te parezca indicado, siempre consciente de la significación de cada uno de los detalles con que lo decoras. Tratándose del tercer chakra es importante mantenerse siempre al tanto de la *finalidad* de nuestras acciones.

En este chakra contemplamos nuestra voluntad y examinamos si va en armonía con la marcha de nuestra vida, si estamos poniendo en ella la energía necesaria para llegar adonde nos hayamos propuesto. En tu altar puedes colocar objetos que simbolicen tus metas y lo que tú consideres como la finalidad de tu vida. Crea un *collage* de imágenes que representen lo que quieres y adónde vas en el mundo, y sitúalo en el altar o por encima de él.

El ritual que utilizamos para el tercer chakra (véase la página 157) implica el escribir nuestros objetivos en una vela. Una vez realizado el ritual colocaremos esa vela en el centro del altar y la encenderemos siempre que nos dispongamos a efectuar nuestras meditaciones o nuestros ejercicios, hasta que se haya consumido por completo.

Correspondencias

Nombre sánscrito	Manipura
Significado	Gema lustrosa
Localización	Plexo solar, entre el ombligo y la base del esternón
Elemento	Fuego
Tema principal	Poder, energía
Finalidades	Vitalidad, fuerza de voluntad, perseverancia, eficacia
Afecciones, deficiencias	*Por exceso:* Precipitación irrefrenable, afán de dominio, cóleras incontenibles y frecuentes, úlceras de estómago, exceso de peso localizado en la región central. *Por defecto:* Timidez, nivel de energías bajo o fatiga crónica, adicción a sustancias estimulantes, actitudes de sumisión ante la vida, trastornos de la digestión
Color	Amarillo
Cuerpo celeste	Marte (también hay relación con el Sol)
Alimentos	Hidratos de carbono complejos
Derecho	Obrar
Piedras	Topacio, ámbar
Animales	Carnero, león
Principio eficaz	Combustión
Camino yóguico	Karma yoga
Arquetipo	El mago, el guerrero

Compartir la experiencia

«Soy Sally y este mes he hecho algunas cosas atrevidas y violentas. Estuve furiosa, enfadada y combativa durante una semana. Una mañana desperté a las siete y le escribí una carta de diecisiete páginas a mi madre, que tiene el carácter colérico. De esta manera han quedado despejadas otras muchas cosas y se han creado aperturas en mi chakras superiores; pero verdaderamente se necesita mucha energía para empezar a moverse en aspectos que teníamos anquilosados.»

•

«Me llamo Sue y hace poco he empezado a mover algunos aspectos del tercer chakra. El otro día de ese período en que más necesito mantenerme alejada de la gente y centrarme en mí misma me pidieron que terminase tres trabajos diferentes el mismo día. Y seguramente lo habría conseguido si hubiese podido contar con la ayuda de mis compañeros, pero esa ayuda no llegó. Hacia el final de la jornada entré en erupción como un volcán, o mejor dicho, exploté. No soy muy dada a hacerlo porque sé que luego hay que arrostrar las consecuencias. Y le dije al jefe que si quería ver terminado el trabajo se ocupase de que me ayudaran, y que no se metan conmigo durante la tercera semana del mes. Creo que conseguí hacerme entender.»

«Soy John, y estoy pasando un mes muy interesante. El universo proporciona desafíos más que sobrados a mi tercer chakra. Los desafíos en cuestión consisten sobre todo en defender mi territorio, en cuidar de mí mismo. Parece que hay una especie de sinergismo en esto: hacer frente a los problemas que nos amenazaban a mí mismo y a mi mujer, y poner en claro nuestra relación, al tiempo que defiendo nuestro espacio sabiendo que una tercera persona iba a asumir la responsabilidad de algo. Y tener que hacerlo a mi vez frente a otros. Sentirse invadido, violentado por una intrusión, y saber decir "no". Y tuve que decidirme ante la policía que me preguntaba si quería poner una denuncia, cosa que yo no quería hacer en realidad, pero se me explicó que no tendría cobertura legal si no lo hacía. Sabía que con eso iba a perjudicar a alguien, pero lo hice de todas maneras porque era lo justo y lo único que se podía hacer.»

•

«Me llamo Georgia y estoy enamorada. Sí, así es como ha sucedido. Estoy muy feliz y me siento muy poderosa, no al mando de la situación como otras veces, pero sí muy poderosa, y presente, ¡y es magnífico! Comprendo que la cuestión debe pasar al dominio del cuarto chakra, pero por ahora noto sobre todo que me da mucho poder.»

•

«Soy Janet y cuando comencé este cursillo tenía por lo menos tres asuntos pendientes. El primero, mi jefe, que me arrebata toda mi energía. El segundo, sentirme sola y deseando tener compañía. Y el tercero, la falta de dinero. Y después de treinta días he puesto una demanda contra mi jefe por discriminación en el trabajo, así que he recuperado mi poder en ese terreno. Ahora le toca a él defenderse y eso hace que me encuentre más fuerte. Además conseguí un aumento de doscientos dólares y... ¡estoy enamorada! Es magnífico.»

•

«Soy Katherine y este mes el fuego interior ha sido algo increíble. Me parece que todo lo que he desencadenado en el primer chakra y el segundo se ha canalizado hacia el tercer chakra y estoy pasando un mes glorioso. He ganado dinero. He canalizado un cursillo anterior y ahora estoy enseñándolo; a lo que parece he cobrado tanto poder que me sobra para dar y repartir entre las personas que me rodean. Me he afirmado en mi terreno y ni siquiera me ha resultado demasiado difícil. Y siempre que he tenido necesidad de imponerme, me he sentido capaz de hacerlo incluso frente a presiones bastante fuertes, como cuando pedí un precio bastante alto por un trabajo que estaba haciendo y me lo discutieron casi hasta que estuvo firmado el contrato, pero me salí con la mía. Puedo compartir ese poder; me he sentido a gusto con todas las personas a quienes he tratado durante ese mes.»

•

«Me llamo Gabrielle y no he tenido un mes muy bueno que digamos. Sí ha sido un mes para el tercer chakra, pero no maravilloso para mí. Me he puesto en contacto con mi cólera y con las maneras en que nor-malmente la reprimo, puesto que se supone que una debe comportarse con educación, pero entonces la desahogué y ha sido muy penoso para mí. También he observado cómo me reconcentro en mi malestar en vez de echarlo afuera, y he aprendido a utilizar la cólera para moverlo, y además he aprendido esta actividad de comunicación. Durante todo el mes he sentido como una especie de opresión en el corazón, a veces aliviada por sentimientos amorosos. Ha sido duro porque no estaba acostumbrada a manifestarme con ira. ¡Y ahora la buena noticia! Mi objetivo era conseguir un trabajo que implicase hacer algo que me gustase, y ¡heme aquí empleada en el negocio de la "energía"! Voy a ser monitora, y enseñaré a las personas cómo conservar sus energías. ¡Me encanta!»

•

«Soy Karlin, y he trabajado mucho los temas del poder. En mi trabajo actúo como una especie de intermediario entre la alta dirección y los cuadros intermedios, así que se necesita mucha diplomacia y un buen entendimiento de las cuestiones del poder. Cuando tenía unos seis años de edad renuncié definitivamente a muchas partes de mi propio ser, pero me he propuesto reivindicarlas ahora.»

•

«Soy Jeannette y he aprovechado la energía del tercer chakra para hacer algunas cosas que tenía aplazadas desde hacía demasiado tiempo. He escrito algunas cartas, he elaborado un presupuesto, he empezado a caminar para dirigirme al trabajo y he resuelto algunos puntos que tenía pendientes de relaciones antiguas. Por fin me decidí a enviar una carta que tenía escrita solicitando información sobre oportunidades de trabajo. Este mes he recuperado muchos atrasos y ha sido el tercer chakra quien se ha manifestado y encendió esa chispa, por lo que me alegro de todas esas cosas que hice.»

Para entender el concepto

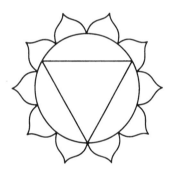

Con nuestro cuerpo debidamente arraigado en su fundamento y los sentimientos en marcha, estamos en condiciones para empezar a trabajar el tercer chakra y desarrollarlo en lo que tiene que ver con *el poder personal, la voluntad y la vitalidad.* Es a partir de ahí cuando emprendemos acciones, creamos el cambio, reorganizamos nuestra eficiencia y nos purificamos en la llama de la vida. El nombre de este chakra es *manipura,* que significa «gema lustrosa». Estamos en el chakra del plexo solar, de la energía solar, del fuego, de la luz dorada que resplandece potente y voluntariosa.

Fuego

Nuestro elemento es el fuego, y este chakra gobierna *la creación y la expresión de la energía en el organismo.* El fuego es el gran transformador, el que convierte la materia en energía bajo las formas de calor y luz. Y así como nuestros dos primeros chakras, la tierra y el agua, están sujetas a la fuerza de la gravedad y fluyen hacia abajo, el fuego envía su calor y sus llamas hacia arriba. Este cambio es necesario para el proceso transformacional que implica la ascensión de la energía hacia los chakras superiores. En lo fisiológico remite al metabolismo, ese proceso por el cual los alimentos y el agua se transforman en energía y calor. En lo psicológico alude a nuestra expresión del poder personal y de la voluntad, así como a los actos creados por la combinación cuerpo-movimiento que viene de abajo, y atemperados por la conciencia que viene de arriba.

Para comprender la condición del tercer chakra, examinaremos nuestras relaciones con el fuego, en tanto que metáfora de aquél. Algunos de nosotros tenemos un temperamento «cálido» que en ocasiones habrá sido calificado, quizá, de excesivamente «ardoroso», tal vez por parte de quienes exhiben todo lo contrario, un temperamento frío en lo emocional y/o en lo físico. Algunas personas se manifiestan de una manera rápida y enérgica, mientras que otros individuos son tardos y letárgicos. Son estilos energéticos diferentes y muy posiblemente guardarán relación con varios chakras distintos, no sólo con uno. Los mencionamos aquí en el contexto de aprender a examinar las cualidades de nuestro propio estilo energético en relación con el elemento fuego.

Un tercer chakra saludable implica una sensación de soltura, de facilidad, de calidez. Hay risas, placer, armonía con lo que nos rodea, y la alegría de lo bien hecho que además responde a un propósito definido. El poder proviene de dentro, sin opresión ni sumisión. No es un poder resultante de la dominación –sobre sí mismo o sobre otros–, sino un resultado de la combinación: mente y cuerpo, yo y otros, pasión y compasión.

Poder y voluntad

El verdadero poder proviene de la armonía de nuestras polaridades, más o menos como la potencia eléctrica proviene de poner en circuito dos polos, el uno positivo y el otro negativo. Nuestro poder personal aumenta cuando combinamos nuestros aspectos masculino y femenino, la personalidad luminosa y la sombra, la fuerza y la vulnerabilidad. Estas polaridades se exploran en el segundo chakra, y su combinación constituye la fuerza del chakra tercero.

Si consideramos el Sistema de los Chakras en conjunto, nuestro poder proviene de la combinación de las corrientes ascendente y descendente. La corriente liberadora en su marcha hacia arriba suministra la energía, mientras que la corriente liberadora en su marcha descendente a partir de la conciencia de los chakras superiores aporta la forma, con lo que canaliza la energía al modo en que los hilos eléctricos conducen la electricidad, para que sea utilizable como fuerza.

La conciencia aplicada a la energía ardiente del chakra tercero deviene *voluntad*. La voluntad es nuestra energía vital conscientemente dirigida a un fin manifiesto. La voluntad es lo que diferencia la energía en bruto del verdadero poder, ya que ella conduce, orienta y delimita esa energía. Para tener voluntad fuerte hay que ser conscientes, *saber* cuáles son nuestros fines, tener en mente una noción de lo que deseamos conseguir. A este nivel la energía instintual de los dos primeros chakras empieza a cambiar de dirección por cuanto incorpora más conciencia a nuestras acciones y reacciones.

Un cambio significativo de la conciencia se produce cuando cambiamos nuestro punto de vista del de víctimas al de co-creadores. En efecto, el victimismo existe y todos, en la infancia, hemos pasado por la experiencia de ser víctimas de algo o de alguien. El reconocimiento y el recuerdo de esa victimización es la obra emocional del segundo chakra, pero si continuamos planteándonos nuestras circunstancias actuales como las culpas de otros, nunca conseguiremos superarlas. El entrar en el chakra tercero implica el considerar nuestra vida como producto de nuestra propia voluntad: ése es un salto muy difícil para algunas personas. Pero sólo entonces empezaremos a conectar con el poder que nuestra voluntad personal puede genuinamente desplegar.

Un concepto adecuado para trabajar el desarrollo de la voluntad es el del Guerrero Espiritual. Este arquetipo representa al que se mantiene dispuesto a defender su terreno, protege su sagrado fuero interno, encara los desafíos y afirma su poder de una manera tranquila y discreta. El buen guerrero irradia la sensación de estar preparado para luchar con valentía si hace falta, lo cual es suficiente a veces para no tener que luchar. El Guerrero Espiritual no abusa de su poder, pero actúa desde un contexto de fuerza, veracidad y honor.

Poder significa que *puede,* ser capaz. A partir de nuestro tercer chakra nos incumbe reivindicar el *derecho a obrar.* Al reivindicar ese derecho nos ponemos en condiciones de utilizar nuestra voluntad, de iniciar un proyecto y seguirlo hasta su terminación enfrentándonos a todas las dificultades del camino, de asumir riesgos sin que nos paralice el miedo, de mandar sin opresión y sin vanidad. De esta manera podremos enfrentarnos a las injusticias que suceden, en vez de negarlas, y emprender acciones para corregirlas, a fin de no volver a ser víctimas nunca ni hacer víctimas a los demás.

Muchos de nosotros padecemos lo que yo llamo una «invalidez de la voluntad» causada por las muchas veces que nos hemos visto desvalidos, censurados o castigados por nuestros actos, enseñados a someternos a la autoridad e informados de lo equivocados que estábamos, o lo tontos o malos que éramos. Todo esto en el seno de una cultura que educa para la obediencia. A los niños se les enseña que deben reprimir su ira y abstenerse de replicar (ante las injusticias o los malos tratos, sobre todo). La escuela premia la obediencia, al igual que los ejércitos y la mayoría de las empresas. De ahí que culturalmente padezcamos una invalidez de la voluntad. Pagamos impuestos para financiar gastos sobre los cuales no se nos ha consultado, contribuimos con nuestra parte de contaminación mientras vamos de casa al trabajo y del trabajo a casa, y nos sometemos a rutinas cotidianas que asesinan el espíritu.

La voluntad inválida es vulnerable a la dominación, pues cuando no ejercemos la nuestra damos lugar a que otros nos impongan la suya. Los ejércitos, por ejemplo, reclaman la sumisión al mando, el cual dirige la voluntad colectiva para esgrimir la fuerza frente a otra potencia. Los cónyuges, los hijos, los maestros o los jefes figuran entre los que, a lo peor, pretenden dirigir nuestra voluntad. La voluntad incapacitada es vulnerable a la adicción, a la dominación de otros, a la servidumbre en general. Cuando esto sucede cunde la sensación de impotencia, disminuyen globalmente la energía y la vitalidad, y se opera el bloqueo del tercer chakra. La voluntad inválida no tiene deseos propios ni, por consiguiente, fuego ni entusiasmo.

Es el deseo quien pone fuego en la voluntad. Cuando dilatamos nuestros horizontes del yo al otro, de la unidad a la dualidad, se nos plantean opciones. Elegir conscientemente es un acto de voluntad, de lo cual resultan cambios y la reorganización de nuestra energía vital. Y la meta es el poder, conectado con nuestros cuerpos y sentimientos, y atemperado por la razón.

Exceso y deficiencia

En el plano físico la tarea del tercer chakra es la metabolización adecuada de los alimentos, es decir su conversión en energía. Los trastornos comunes pueden manifestarse de muchas maneras. Algunas afecciones de la digestión y del metabolismo, como la hipoglucemia o la asimilación difícil, significan un déficit de energía. Otras, como la diabetes o las úlceras, reflejan un exceso de actividad de ciertas funciones metabólicas, o sea una reacción excesiva.

En general los bloqueos del tercer chakra pueden producirse tanto por defecto como por exceso de energía. La adicción a las sustancias que comunican una ilusión de energía, como la cafeína, los azúcares, las anfetaminas o la cocaína, son consecuencia de una debilidad esencial en cuanto al sentimiento del propio poder y a la vitalidad. Estas sustancias aportan un alivio temporal, pero luego dejan como saldo un déficit todavía mayor por cuanto roban al cuerpo su salud y su descanso. La fatiga crónica, una deficiencia obvia del tercer chakra, puede ser consecuencia de una adicción o de una enfermedad. El sistema inmune débil no tiene energía para «luchar» contra los gérmenes. El reposo y la atención a la dieta son útiles para restaurar las energías físicas deficientes.

También la obesidad puede considerarse como una deficiencia del tercer chakra, porque el cuerpo no consigue metabolizar adecuadamente lo que come para convertirlo en energía. (Sin embargo la obesidad es una cuestión compleja, y muchas veces significa que está afectado más de un chakra.) A veces el simple hecho de resolver los bloqueos del tercer chakra permitiendo la manifestación de la cólera y la recuperación del poder hace maravillas para los obesos, permitiéndoles retornar a un peso corporal equilibrado.

El estado del centro del poder también se revela por la vía de otras características físicas. Un estómago contraído, duro, indica (excepto si eres culturista o levantador de pesos) que el flujo energético no circula bien por la región central de tu cuerpo: hay una tensión permanente, o una actitud defensiva. Los diafragmas faltos de tono, la incapacidad para respirar profundamente con el abdomen o el «colapso» del tercer chakra sugieren el temor a asumir el poder, a defender las propias posturas o quizás a cargar con responsabilidades. Todas estas son características de un chakra deficiente.

Los afligidos por un tercer chakra excesivo quizá sean adictos a sustancias de efecto sedante como el alcohol, los tranquilizantes o los opiáceos, movidos por el afán de apaciguar su propio sistema nervioso hiperactivo y disfrutar un rato de relajación. El exceso del tercer chakra se observa en los «barrigones», es decir los que presentan un perímetro abdominal excesivo sin que ello guarde proporción con una gordura comparable en otras regiones del cuerpo (salvo factores genéticos que lo expliquen, naturalmente). Los que muestran un afán exagerado de mando, de dominar a los demás o de parecer siempre superiores, sin duda están compensando por exceso una percepción incorrecta de su propio poder verdadero.

La falta de autoestima, o un sentido oculto de vergüenza, se hallan a menudo en la raíz de las conductas que remiten a un tercer chakra deficiente o excesivo. Cobrar conciencia de nuestras raíces, de nuestro pasado, y trabajar en la revisión de nuestra emotividad son los métodos que permiten eliminar esa vergüenza y devolver al tercer chakra su pleno funcionamiento dentro del Sistema como crisol en donde la materia y la conciencia se funden y combinan para dar la verdadera fuerza interior.

Trabajo de movimiento

Para el tercer chakra, el objetivo consiste en dirigir la atención al plexo solar, la fuente de nuestra energía. Algunos de estos ejercicios ponen en juego los músculos que proporcionan sustentación a esta región del organismo, otros se encaminar a utilizar el plexo solar como iniciador, como fuente de los movimientos que irradian hacia otras partes del cuerpo. Ya que este chakra activa y comunica potencia no sólo al plexo solar sino al sistema entero, es decir que trabajamos con el cuerpo en conjunto, proponemos que camines y te muevas dentro de una amplia gama de niveles de energía y estilos. Que los ejercicios de deambulación sirvan como experimento que te permita adquirir conciencia de las pautas (hábitos) de movimiento que te resultan más familiares. Muchos de estos ejercicios te revelarán maneras para ti nuevas y desconocidas de percibir tu propia fuerza y potencia. Al incorporarlas de manera que pasen a formar parte de tu vida, bien sea como prácticas de movimiento o integrándolas en tus actividades habituales, experimentarás esa fuerza y ese poder por diferentes modos que van más allá de lo meramente físico y te verás en la necesidad de revisar algunas de tus nociones acerca de lo que creías posible y alcanzable en tu existencia.

Deambulación

1 Practica una toma de tierra procurando permanecer consciente de tu cuerpo entero, desde la conexión de los pies con el suelo, pasando por las piernas, las caderas, el torso, notando cómo inyecta energía en tu cuerpo cada inhalación. Una vez consolidada esta toma de fundamento, echa a andar utilizando en ello todo el espacio disponible. Camina a tu paso normal y fija tu atención en las sensaciones, en los movimientos de la energía, en el modo con que ésta se expresa a sí misma mientras caminas. Observa en especial las sensaciones que ello suscita en la región corporal correspondiente al tercer chakra.

2 Ahora camina como si tuvieras muchas prisa, como si alguien estuviera dándote prisa, tal como se hace durante las jornadas muy atareadas, cuando hay mucho quehacer. Todavía te quedan tres recados y no tienes la seguridad de poder atenderlos todos. Y las compras del día, y varias visitas. Y todo eso es demasiado, te abruma. Observa los cambios de tu cuerpo mientras lo haces, las zonas de tu organismo que se agarrotan, las sensaciones de tu tercer chakra. Por último deja eso y relájate.

3 A continuación, camina al azar. No sabes muy bien lo que vas a hacer hoy y, si bien se mira, ni siquiera sabes para qué estás en este mundo. Por eso paseas sin ton ni son, sin un propósito determinado. De nuevo, fíjate en las sensaciones de tu cuerpo y tu tercer chakra. Observa los cambios, ¿en qué difieren estas sensaciones de las que produce el paso rápido y ajetreado? Ahora cambia el ritmo de nuevo, esta vez adoptando una dirección determinada; ahora sabes

adónde vas y tienes la seguridad de llegar, de que todo saldrá bien. Tienes una intención y una finalidad. Nota lo que te dice tu cuerpo, tu tercer chakra. Retorna al paso normal.

4 Ahora ensayaremos otras deambulaciones sin fijarnos tanto en las sensaciones corporales sino en las condiciones espaciales y gravitacionales. Para empezar, imagina que tu cuerpo se hubiese vuelto muy pesado, como el doble de los kilos normales. La gravedad te agobia a cada paso. Notas ese tirón en todo tu cuerpo. Eres un elefante, un mastodonte. ¿Cómo afecta eso a tu organismo? ¿Qué sientes en tu tercer chakra mientras caminas de esa manera?

5 En la fase siguiente, el exceso de peso desaparece y notas una ligereza extraordinaria, casi te resulta difícil no salir volando como un globo lleno de aire, o una pluma arrastrada por el viento, como si la fuerza de la gravedad hubiese desaparecido. ¿Qué sientes en tu cuerpo? ¿Qué sientes en tu tercer chakra?

6 Busca un punto de equilibrio entre el peso excesivo y la ligereza inhabitual y flotante. Fíjate en las sensaciones corporales mientras caminas de manera equilibrada. Fíjate en el estado de tu tercer chakra.

7 Detente ahora, y observa la energía corporal en el estado de inmovilidad. Lleva una mano, o ambas, a la región del tercer chakra, para enfocar la atención sobre ella. Observa en qué sentido se mueve la energía, qué partes de tu organismo te parecen cargadas de energía y qué otras acusan un estado de fatiga o depleción energética.

Postura de la barca

1 Siéntate sobre tu hueso coxígeo, las rodillas flexionadas y los pies plantados en el suelo delante de ti.

2 Estira la columna vertebral, permitiendo al mismo tiempo que el torso se incline hacia atrás, lo necesario para evitar que la espalda quede arqueada.

3 Exhala el aire y estira una pierna al mismo tiempo, procurando que el muslo quede a la misma altura que el otro, todavía flexionado. Observa cómo trabajan los músculos abdominales para evitar que el torso caiga hacia atrás. Flexiona esa pierna y repite el ejercicio con la otra. Estas extensiones con una sola pierna preparan la postura completa dando tono a los músculos que van a ponerse en juego. Practica procurando que la columna vertebral se mantenga recta en contra de la tendencia a caer hacia atrás, lo cual va a resultar más difícil cuando realicemos la extensión de ambas piernas.

4 Para alcanzar la postura completa de la barca, extiende las piernas hacia delan-.te, como antes, pero con ambas al mismo tiempo; extiende en seguida los brazos, paralelos al suelo, las palmas de las manos mirando la una a la otra y bajando los hombros como si quisieras alejarlos de las orejas.

La postura de la barca fortalece los músculos que rodean el tercer chakra y los habitúa a mantener un esfuerzo intento mientras permanecen relajados todos los demás grupos musculares que no intervienen en la ejecución de la postura.

Estiramiento frontal

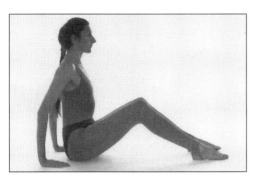

1 Comienza en la misma postura prelimi-
nar, las rodillas flexionadas delante, los
pies plantados en el suelo. Coloca las manos un poco por detrás de ti, con los dedos
apuntando hacia los pies.

2 Exhala el aire y estira los brazos y las
piernas al tiempo que levantas las caderas hacia el techo. Imagina que las caderas quieren elevarse hacia la cabeza mientras el coxis baja hacia los pies, contrae los
glúteos y estira la columna vertebral cuadran-
do al mismo tiempo los hombros para alejarlos de las orejas. En esta postura el esfuerzo muscular se combina con la apertura de la parte frontal del cuerpo, afectando
sobre todo al plexo solar.

Cambio de postura a través de la sentadilla

Para deshacer la postura de estiramiento frontal, descansa las nalgas en el suelo,
flexiona las rodillas y encoge los pies. Apoya
las manos en el suelo para llevar tu centro
de gravedad hacia los pies, equilibrándolo
sobre las puntas, e incorpórate como lo hiciste durante los ejercicios para el primer chakra (pág. 61).

Vibración

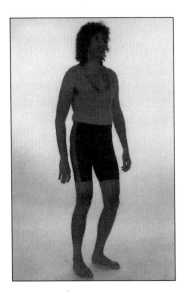

gan del suelo. Respira con soltura, con profundidad, notando cómo el aliento satura los pulmones de aire. El cuerpo y en particular el pecho, el cuello, la cabeza y los brazos permanecen sueltos, relajados, dejando que circule por ellos la respiración. La vibración se transmite por tus piernas hacia arriba, invade la región pélvica, se propaga por la raquis (y con esto, a través de tus chakras), despertando todas las células, poniendo en juego todos los músculos sacudidos por el movimiento y la energía que elevas mediante la acción de las rodillas y los pies.

Para inspirar este movimiento energético puedes recurrir a una música de mucho ritmo, con abundancia de instrumentos de percusión. Adapta los movimientos de las rodillas al compás de la música. Es aconsejable elegirla de manera que la sincronización con su ritmo sea fácil y cómoda.

Ahora incluirás en el movimiento el resto de tu cuerpo, permitiendo que las sacudidas y vibraciones que recorren tus piernas e invaden el tronco vayan a centrarse en otras regiones. Imagina que estás moviendo interiormente una bola de energía y que progresivamente las vibraciones van poniendo en movimiento las distintas partes del organismo. Juega con ella, conviértela en unas llamas que danzan en el espacio ocupado por tu cuerpo, imaginando que esas llamas brotan de un sol brillante, resplandeciente, chisporroteante, que tiene su centro en tu plexo solar.

Clava tus pies en el suelo e imagina que forman parte de la tierra, que brotan de la tierra. Nota cómo se prolongan tus raíces pies abajo y deja que esas raíces inicien una danza en el subsuelo. Fija tu atención en el movimiento de las raicillas entre la tierra húmeda, en la danza profunda, vibrante, de la energía telúrica de este planeta que es un ser vivo, que se mueve. Mientras prosigue la danza de las raíces, la energía empieza a penetrar en tus pies y tus piernas, y tus músculos reaccionan a ella flexionando rítmicamente las rodillas, alternando una pierna y la otra para crear una sensación de bombeo, todo ello sin flexionar demasiado las rodillas ni estirarlas nunca por completo. Sin rigidez, tus talones apenas se despe-

Movimiento de la raquis

Continúa la vibración energética a través de tus piernas y pelvis, al tiempo que llevas las manos hacia el plexo solar. Nota la vibración bajo las palmas y visualiza una esfera creciente, una masa de luz amarilla bajo tus manos, un pequeño sol que genera energía y la irradia desde ese centro hacia el resto del cuerpo. En particular presta atención al flujo de la energía a través del torso y hacia los hombros y los brazos.

Ahora, y mientras desplazas tu plexo solar en el espacio (con el resto del cuerpo), dirige el flujo de este movimiento hacia los brazos como un río incandescente de energía que sale de tu centro e irradia finalmente por las manos y los dedos hacia el remolino del espacio que te rodea.

Empieza a abarcar más espacio con este movimiento; muévete a través de la habitación haciendo que el tercer chakra conduzca el movimiento, siempre sin dejar de generar esa energía que irradia de dicho centro columna vertebral arriba. No dobles la columna vertebral pero tolera una torsión lateral para dar continuidad a ese flujo que recorre los brazos hacia las manos; o dicho en términos más corrientes, mantén la espalda erguida mientras dejas que el torso y los brazos volteen alrededor. Por último, ralentiza el movimiento poco a poco hasta culminar en la inmovilidad, siempre con la atención fija en los movimientos de la energía mientras tanto.

El leñador

Con este ejercicio se practica el arte de acumular la energía en el organismo y relajarla luego súbitamente. Mientras aplicas todo tu ser al movimiento y al sonido, tal vez te sorprenderás al comprobar la enorme fuerza y energía que eres capaz de movilizar; por eso se recomienda esta práctica, sobre todo, a las personas reservadas o tímidas, es decir a quienes tienen dificultad para afirmarse en el mundo con energía visible.

1 Plántate firmemente con ambos pies separados a unos sesenta centímetros de distancia, las rodillas ligeramente flexionadas. Eleva los brazos por encima de la cabeza, las manos unidas, estíralos e inclínalos un poco hacia atrás mientras inhalas.

2 Exhala el aire al tiempo que te inclinas con rapidez, exhalando un «¡aah!» fuerte mientras doblas el torso y descargas el imaginario hachazo entre las piernas. Repítelo varias veces, procurando conferir la máxima intensidad posible tanto al movimiento corporal como al sonido exhalado.

Haciendo de Sol

1 De pie, con los pies se-parados aproximadamen-te a la anchura de las cade-ras y los brazos colgando a los costados. Imagina que te elevas, que creces a partir de las raíces profundas que tus pies han echado en el suelo. Descansando suave-mente la pelvis sobre las arti-culaciones de los fémures, vi-sualiza tu columna vertebral cómo crece hacia el cielo. Tus hombros caen alejándose de tus orejas y tu cuello se alar-ga conforme se eleva la co-rona o parte superior del crá-neo. Tus brazos se alargan hacia el suelo, sin ponerlos en tensión.

2 Sigue alargándote y cre-ciendo al tiempo que le-vantas ambos brazos hacia los lados describiendo el arco más amplio que puedas.

3 Cuando llegues a la al-tura de los hombros, no olvides dejar caer éstos de nuevo si los habías le-vantado como consecuen-cia del movimiento ante-rior, y vuelve las palmas de las manos hacia arriba.

Haciendo de Sol (continuación)

4 Continúa el recorrido de los brazos hacia el cielo (una vez hayas captado la idea podrás trazar todo el arco desde lo más bajo hasta lo más alto en una sola inhalación respiratoria). Gira de nuevo las palmas de las manos, que ahora quedarán mirando hacia los lados, y mientras exhalas el aire bájalas poco a poco, abriendo con vigor el espacio que te rodea, al que llevas la energía de los rayos solares. Imagínate como el sol en persona mientras la energía circula a través de ti e irradia de tus brazos. Cuando éstos hayan completado el arco descendente, notarás el resplandor solar que has creado en derredor de ti.

La postura del guerrero

En pie, éstos paralelos y separados como un metro veinte o un metro cincuenta, la rodilla derecha vuelta hacia fuera unos 90 grados de manera que ella y los dedos del pie apuntan a la derecha, la pierna izquierda algo vuelta hacia el interior, hacia el centro. Extiende los brazos a los costados y elévalos luego poco a poco hasta la altura de los hombros, tendidos a ambos lados de manera que los hombros se alejen de las orejas y se estire el cuello. Mantén la postura de tu pierna derecha y, al mismo tiempo, gira el torso procurando mirar hacia el frente. Vuelve luego la cabeza mirando a lo largo del brazo derecho. Inhala profundamente, y mientras exhalas el aire poco a poco flexiona la rodilla derecha intentando situar la pierna en vertical y el muslo formando ángulo recto con la pierna, hasta don-

de sea posible teniendo en cuenta que el torso debe permanecer centrado y erguido, sin inclinarlo hacia la pierna derecha ni echarlo hacia atrás sobre la izquierda. Que ésta permanezca estirada, con la musculatura del muslo contraída para elevar la rótula. Cuando te parezca que has mantenido la postura un rato suficiente, estira poco a poco la pierna derecha mientras inhalas, a fin de pasar a la postura de «en su lugar descansen» y repetir luego la práctica al otro lado.

La práctica de la postura del guerrero, además de desarrollar fuerza y resistencia corporal, nos enseña a buscar el equilibrio entre agresividad (cargar demasiado hacia delante, sobre la pierna derecha flexionada) y retraimiento frente a un desafío (cargar hacia atrás, sobre la pierna izquierda, abandonando la derecha): el guerrero permanece dispuesto, centrado, gastando únicamente la energía indispensable para mantener ese estado de disposición, y sin desperdiciarla en una agresividad inútil.

La danza

Los movimientos de la danza del tercer chakra son una expresión de tu fuerza y tu poder, de tu derecho a ocupar un lugar en el mundo. Podríamos calificarle de afirmativa, con movimientos que anuncian tu presencia y tu derecho a estar aquí. A menudo la danza es también expansiva, por lo cual conviene que nos aseguremos de que vamos a disponer de espacio suficiente para movernos sin sentirnos limitados. Deja que tus movimientos expresen tu amplitud de criterio, tu aplomo, tu energía. Podrías comenzar con el movimiento ardiente del ejercicio de vibración, para permitir que la energía generada asuma vida propia en tu cuerpo; o también la danza podría empezar por la

postura firme, vigorosa, del guerrero, seguida de movimientos amplios y lentos que expresen al mismo tiempo contención y seguridad. Si prefieres hacerlo con el ejercicio del leñador, llena tu espacio de sonido y de los movimientos rápidos que afirman con énfasis la presencia de tu cuerpo, pasando a moverte luego en otras direcciones conforme la energía se apodera de ti. Quizá quieras empezar con los conceptos y las imágenes que se asocian mentalmente con el tercer chakra y permitir que vayan tomando forma en tu cuerpo sin ninguna idea preconcebida en cuanto al aspecto que deberían cobrar: esa danza es tuya, ¡interprétala con todas tus fuerzas!

Trabajo de pareja: Invasión del espacio

De pie frente a tu pareja, separados unos cincuenta o sesenta centímetros. Uno de los dos intenta invadir el espacio del otro, mientras que el invadido trata de evitarlo. Permutad los roles de manera que ambos tengáis oportunidad de invadir y ser invadidos. ¿Qué tal se te da esto de afirmar tu poder mientras defiendes tus propios límites?

Trabajo de pareja: Tirando de la toalla

De pie, separados unos sesenta centímetros y sujetando una toalla por los extremos. Sin mover los pies, tirad como en el juego de tirar de la maroma tratando de quitarle la toalla al otro. Jugad como criaturas, incluso hasta el punto de gritar interjecciones como «¡mía!» o «¡suelta!». Este juego nos sirve para conectar con la etapa de «egocentrismo infantil» de nuestra niñez para acceder a las sensaciones que experimentábamos entonces.

Trabajo de pareja: Estatuas

Uno de los dos será el escultor, mientras el otro se mantiene en una postura pasiva, dispuesto a ser esculpido. El escultor manipula y mueve ese cuerpo pasivo para obligarle a adoptar cualquier postura que le parezca interesante, mientras que la estatua se limita a mantener la postura una vez el escultor la haya colocado. Cuando el escultor considere que la obra está terminada, la estatua continuará en esa postura el rato necesario para apreciar completamente las diferentes sensaciones que ella suscita; luego la modificará para hacerla suya, reivindicando el control de su cuerpo y de su postura. Ensayad varias posiciones diferentes antes de permutar roles.

Este ejercicio suele plantear los diversos aspectos del control, puesto que exige que uno de los dos se someta a los caprichos del otro. Las decisiones que adoptamos en el decurso de nuestra vida muchas veces se hallan dictadas por otras personas sin que nosotros ni siquiera nos demos cuenta; de esta manera nos sometemos a la voluntad de los medios de comunicación de masas, a la de nuestros padres o a la del grupo de nuestros iguales o colegas, para no citar más que algunas de las muchas influencias exteriores que nos afectan. El permitir que nos moldee otra persona de una manera tan ostensible nos permite observar ese proceso para después afirmarnos a nosotros mismos y reclamar el derecho a adoptar la postura que nosotros consideremos la mejor.

Cómo ponerlo en práctica

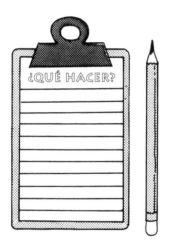

¿QUÉ HACER?

Asumir riesgos

El poder y la voluntad son como los músculos: no se fortalecen teniéndolos ociosos. Si nos atenemos siempre a lo seguro y experimentado (funciones del primer chakra), nunca alcanzaremos la experiencia de progresar, de superar dificultades y triunfar sobre ellas, de modo que no conoceremos nuestra propia fuerza. No cobra aplomo el que nunca está dispuesto a correr ningún riesgo. No obstante, los riesgo en que incurramos debe calibrarlos la razón, ya que la experiencia del fracaso tampoco es lo más recomendable para adquirir confianza en uno mismo o en una misma.

El riesgo puede asumir muchas formas; algunos prefieren el peligro físico y experimentan con el paracaidismo, el vuelo en ala delta, la escalada libre o cualquier otra actividad que les comunique la sensación de estar tocando los límites de su poca o su mucha capacidad física. Pero también es un riesgo, por ejemplo, cantarle las verdades a uno que siempre nos había inspirado temor, o atreverse a solicitar lo que uno quiere arriesgando la negativa.

¿Qué riesgos podrías asumir, que hasta la fecha venías evitando? Experimenta lo que sucede en tu plexo solar mientras imaginas que te aproximas al peligro, lo encaras y peleas con él. ¿Qué te impide hacerlo al presente? ¿Cuáles son los temores y demás sensaciones que surgen con sólo imaginarlo? Puedes ayudarte a imaginarlo tratando de visualizar cómo reaccionarías ante las supuestas consecuencias. Repite mentalmente lo que le dirías a esa persona con quien has procurado siempre no enfrentarte; imagina lo que contestaría ella, y cómo reaccionarías tú. Tal vez querrías ensayar esta escena con una persona amiga que haga el papel de tu adversario. Mientras lo haces, fíjate en las sensaciones de tu plexo solar. Compara las sensaciones simuladas con las del hecho auténtico.

Romper la inercia

Liberar la energía es cuestión de romper inercias. La rutina es una causa primordial de los bloqueos. Si tienes la sensación de hallarte en un callejón sin salida, corre, haz ver que te abandonas a un acceso de furor, muévete, haz algo, aunque sea inofensivo, con tal de abandonar la inmovilidad. Una vez hayas acumulado un poco de impulso, y puesta en movimiento la energía, te resultará más fácil el emprender lo que juzgues verdaderamente importante. Algunas de las prácticas de movimiento que describimos en este capítulo son muy indicadas para conseguirlo. *Haz algo muy activo una vez al día por lo menos.*

Examinar los sistemas energéticos

Tú eres un completo sistema energético, pero al mismo tiempo formas parte de otros sistemas energéticos más amplios: una familia, un trabajo, una comunidad, una cultura, un país. Como el tercer chakra rige los aspectos dinámicos de la energía, conviene que examinemos con detenimiento estos diversos sistemas por si les afecta alguna disfunción. Ejemplos típicos de disfuncionalidad:

- Desequilibrios del poder, como el afán de mandar o la tendencia invencible a la sumisión. ¿Alguien, dentro de tus redes energéticas más inmediatas, padece algún trastorno de ese tipo, y en qué modo te afecta a ti tal circunstancia?
- Los desequilibrios en la carga de trabajo, como es el caso de quien asume más de lo que le corresponde en un sistema determinado: trabajo emocional, trabajo de comunicación, trabajo de iniciativa (encargarse de que se hagan las cosas), trabajo en el sentido material (horas extraordinarias, exceso de responsabilidades), trabajo asistencial, social o doméstico.
- Bloqueos del sistema. ¿En qué puntos se atasca típicamente la energía que debería recorrerlo? ¿Qué fuerzas actúan sobre esa persona o elemento del sistema? ¿Qué podría hacerse para facilitar el flujo de la energía?

Tú puedes hacer algo para modificar estos sistemas en caso necesario, empezando por cambiar el propio planteamiento energético.

Resistencias

Para ello consideraremos los lugares de máxima resistencia en nuestro propio campo energético, sea que experimentemos más dificultad a la hora de emprender algo, o que tengamos el hábito de rehuir los enfrentamientos, o que no sepamos abordar la intimidad. Al examinar una resistencia es fundamental plantearnos las razones de que exista; no se puede pasar sobre ellas como si condujéramos una apisonadora. Las resistencias desaparecen cuando conocemos sus motivos, los admitimos y buscamos una manera más sana de solventar esa necesidad que, al fin y al cabo, es real.

¿Son frecuentes en ti esas resistencias? ¿Acaso tienes miedo de algo? ¿De dónde proceden esos temores? ¿Qué podrías hacer para reducir la sensación de peligro o cómo podrías armarte de valor para enfrentar ese riesgo?

Toma alguna medida para eliminar la resistencia, por ejemplo tratando de llevar a cabo la tarea sin ceder a ella (ejercer la voluntad).

La pasión, la voluntad y la ruptura de las ataduras

Al parecer hemos mencionado unos términos incompatibles entre sí, pero todos ellos pertenecen a la jurisdicción del segundo chakra. Nuestra pasión comunica fuego y entusiasmo a la voluntad. Cuando los sentimientos están atenuados la voluntad carece de impulso, deja de ser energía concentrada para convertirse en una estructura rígida. Es así que el segundo chakra se pone al servicio del tercero por cuanto se revelan los sentimientos, los deseos y las pasiones.

No obstante, cuando las pasiones se fijan en algo que no quiere manifestarse, o en algo que no nos conviene (como puede ser el caso de una relación destructiva, por ejemplo), liberaremos una cantidad tremenda de energía si logramos prescindir de tal atadura. Ahí es donde interviene el examen de los sistemas energéticos que mencionábamos en un apartado anterior. Si la atadura en cuestión no favorece nuestro sistema energético de una manera positiva, estamos despilfarrando poder y perjudicando el desarrollo de nuestro tercer chakra. Haz lo necesario para romper las vinculaciones que no sean favorables a tu sistema de energía.

Potencia superior

En todo programa de recuperación rige un principio importante, el de entregarse a una «potencia superior». En términos chákricos, cuando nos abrimos a una potencia «más alta» estamos nos hacemos accesibles al poder de los chakras que están por encima de nosotros. Cuando nos abrimos a nuestro yo superior, la conciencia desciende a través del chakra corona para alimentar a todos los chakras de orden más bajo y conferirles energía.

También podemos abrirnos a una potencia «más profunda», como sería el caso si nos abrimos al poder de la tierra, al de nuestro cuerpo, o al de nuestros sentimientos. En la combinación de lo uno y lo otro se tiende un puente sobre una polaridad y se enriquecen las posibilidades vitales.

Haz una meditación sobre cada uno de estos poderes y cómo te ayudarán en tu vida cotidiana. Ensáyalos uno a uno, o en diferentes combinaciones, para comparar las sensaciones que evocan en ti y cómo te ayudan a resolver tus problemas.

Movilización de la energía

Estamos hechos de energía. Al tercer chakra se le considera el generador y el distribuidor de esa energía.

Una buena meditación, cuya práctica cotidiana se aconseja, es la que consiste en sentarse tranquilamente y limitarse a sentir esa energía. Fíjate en sus puntos fuertes y sus puntos débiles, y procura imaginar cinestésicamente la sensación que produce la energía en su flujo descendente desde lo alto de la corona, pues debes representarte que la recibes del sol, el cielo y los astros que están por encima de nosotros. Envíala en sentido descendente por todo tu cuerpo, recorriendo los chakras hasta desembocar en el tercero, y de éste nuevamente hacia los chakras inferiores y hacia la tierra que te sustenta. Cuando haya pasado toda en sentido descendente, elévate de nuevo, y así una y otra vez hasta que fluya con facilidad y se lleve todas las tensiones evacuándolas hacia el fondo.

Una vez conseguida la fluidez de la corriente descendente haremos lo mismo con la ascendente, para lo cual tomamos la energía de la tierra y la enviamos a través de las piernas al primer chakra, y luego sucesivamente a través de todos los chakras hasta emitirla por la corona o cima del cráneo.

Este proceso podría describirse como «pasar un peine» por el aura, más o menos como pasarse el peine por el cabello sirve para deshacer los enredos. Al hacer que todo fluya en una sola dirección magnetizamos nuestro campo energético, de manera similar a como se magnetiza un clavo de hierro pasándole un imán repetidas veces y siempre en el mismo sentido.

Imagina que la corriente descendente circula por la parte anterior de tu cuerpo, y la ascendente por la columna vertebral. Aunque ésta no es, en absoluto, una norma invariable, la energía circula mejor cuando la canalizamos a través de un circuito en vez de hacer que se entrecrucen los caminos.

Sitúate en el mundo

Escribe cartas con tus opiniones sobre los asuntos políticos concretos que te preocupan, destinadas a tus representantes parlamentarios, o bien a las compañías cuya conducta pública desapruebas. Escribe cartas a la sección de lectores de tu periódico sobre las cuestiones que sientes con fuerza. Que tu voluntad se extienda hacia el mundo. Emprende una acción, por sencilla que sea.

Intenta cambiar experimentalmente tus actitudes en relación con el liderazgo de los grupos que frecuentas. Si tienes el hábito de ser la persona que manda, anima a otros para que asuman ellos ese rol, mientras tú te sitúas en el de seguidor aunque sólo sea por una vez. Si, por el contrario, tiendes a obedecer las iniciativas de los demás, intenta dar un paso adelante para afirmarte y tomar las riendas.

Cólera

La cólera es desahogo y expresión del poder. Utilizado con prudencia y precaución, un buen acceso de cólera desahogado en condiciones controladas puede resultar inmensamente beneficioso por lo que concierne al desbloqueo del chakra del poder. Lo haremos a solas o con ayuda de una persona amiga o terapeuta.

Ante todo practica una toma de fundamento, y hazlo en proximidad de algún objeto blando que puedas golpear o empujar. Usa un bate grande de plástico para golpear una colchoneta puesta en el suelo. También puede colgarse ésta verticalmente, plegada, para utilizarla como hacen los boxeadores con el saco de arena.

Estrujar la servilleta

Toma una servilleta plegada de manera que se pueda formar una especie de cilindro con ella, y retuércela. Piensa en algo que te dé mucha rabia y sigue retorciendo la servilleta, proyectando en esa actividad toda tu cólera. Cuenta hasta diez, y detente. Recobra la compostura y luego vuelve a empezar. Alterna entre esos dos estados hasta que sobrevenga la sensación de haber alcanzado un equilibrio entre el autodominio y la necesidad de desahogar el furor contenido.

A algunas personas les parece excesivamente mecánico el empleo de un bastón, sobre todo al comienzo. Pero si lo haces, verás cómo empieza a emerger una energía distinta por completo. Al proporcionarle un desahogo controlado será menos probable que la descarguemos inadvertidamente sobre nuestras amistades o nuestros seres queridos. (No se recomienda este ejercicio a las personas propensas de por sí a los accesos de furor; si te parece que la práctica está abriendo zonas que luego va a resultarte difícil controlar, recurre a un terapeuta en quien confíes para que te ayude a actuar despacio; un buen remedio sería el ejercicio descrito en el ladillo.)

Risas

Así como las lágrimas son una de las expresiones emocionales del segundo chakra, la risa brota directamente del plexo solar. Cuando nos reímos de algo, ese algo ha dejado de tener poder sobre nosotros.

Elige un aspecto de tu propia personalidad que te cueste aceptar. Cierra los ojos e imagina que estás observando esa conducta como lo haría una persona situada en otro plano, preferiblemente superior. Intenta modificar tus sensaciones pasando de la censura a una actitud humorística mientras contemplas tu comportamiento. En una palabra, aprende a burlarte de ti mismo, o de ti misma.

Cuando lo hayas logrado con tus rasgos propios, ensaya lo mismo con alguna característica de una persona amiga o compañera, con ese hábito o rasgo de carácter que siempre te pareció especialmente irritante. Una vez más, mira si puedes pasar de la postura crítica a la indulgencia divertida mientras observas esos comportamientos.

Juegos

Los niños son aficionados a desahogar su energía en los juegos físicos. Cuando te halles en compañía de un niño o de una persona amiga dispuesta a deponer un rato la seriedad de los adultos, deja que asome tu lado infantil y juguetón. Busca una cancha deportiva o un prado en donde sea posible correr, atraparse, luchar. En casa, y dentro de las limitaciones que impone el mobiliario, podéis hacer lo mismo sobre la alfombra, revolcaros, haceros cosquillas.

Ejercicios para el Diario

1. Poder

El tema dominante del tercer chakra es el examen y el desarrollo de tu poder personal. Las preguntas siguientes te servirán para enfocarlo:

- A tu modo de ver, ¿en qué consiste el poder?

- ¿Cómo se sabe si lo tienes o no?

- ¿Cómo se sabe cuándo lo tiene otra persona?

- ¿En qué situaciones te sientes más potente?

- ¿En qué otras situaciones te sientes menos potente?

- Si te has propuesto desarrollar tu poder personal, ¿en qué piensas utilizarlo? ¿Para qué va a servirte?

- En tu vida pasada o presente, ¿existe alguna persona que te sirva de modelo de poder, que merezca por ello tu respeto? ¿Qué rasgos de esa persona justifican tal apreciación?

- ¿En qué sentido te afecta esa influencia?

- ¿Qué hace esa persona para comunicar tal sensación?

2. Voluntad y objetivos

El primer paso para desarrollar una voluntad más fuerte consiste en validar la voluntad actual; observarás que con ella se ha creado todo lo que tú eres en la actualidad y lo que tienes. Lo cual es cierto incluso aunque subsistan insatisfacciones en diversos puntos; el caso es que tu voluntad te ha llevado al punto actual y sólo si admitimos su operatividad podremos aprender a redirigirla.

Difícilmente se activa la voluntad sin un propósito o meta concreta, a falta de los cuales sería como un impulso sin dirección, un movimiento caprichoso. La relevancia en relación con un objetivo general es un criterio valioso para distinguir entre voluntad y arbitrariedad.

Elabora una lista de tus propósitos y tus objetivos para la semana. Transcurrida ésta verás cuáles de ellos has realizado y cuáles has pasado por alto.

- ¿Qué fue lo que te detuvo o te distrajo?

- ¿Quizá te has propuestos demasiadas cosas al mismo tiempo? ¿Eran realmente prioritarias para ti?

Ejercicios para el Diario

Redacta una lista de tus propósitos y tus metas para los próximos cinco años.

- ¿En qué medida tus actividades cotidianas guardan coherencia con esos objetivos a largo plazo?

- ¿En qué puntos notas que estás apartándote de tu camino?

- ¿Qué partes te parecen más difíciles de cumplimentar?

- ¿Qué mensajes actúan como impedimentos?

- ¿Qué otros factores bloquean tu voluntad?

Piensa en las cosas que te gustaría conseguir en el decurso de tu vida. Escribe una relación de esos objetivos generales.

- Tus metas quinquenales, ¿son coherentes con esos objetivos generales?

- Tus propósitos para la semana, ¿están en línea con los objetivos generales?

3. Valoración

- ¿Qué has aprendido acerca de ti mientras desarrollabas las actividades del tercer chakra?

- ¿Qué áreas de dicho chakra requieren todavía un perfeccionamiento ulterior? ¿Cómo piensas conseguirlo?

- ¿Qué otras áreas te parecen satisfactorias? ¿Cómo aprovecharás esos puntos fuertes?

Entrando en el espacio de lo sagrado

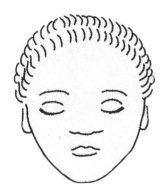

Meditación a la luz de las velas

Dado que el elemento de este chakra es el fuego, la llama de una vela puede considerarse como ayuda visual apropiada para centrar la meditación. Elige una hora nocturna para meditar en la oscuridad bajo la única luz de esa vela (pero no es indispensable). Busca un asiento cómodo frente a la llama y deja que tu mirada descanse en ella. Dirige tu atención hacia el plexo solar e imagina que la llama exterior tiene su correspondencia en otra interna; nota su calor y deja que la imagen del fuego «arda» hasta abrirse paso hacia tu conciencia, en cuyo momento podrás cerrar los ojos y seguir viendo, sin embargo, una imagen nítida de esa llama. Evoca ahora con el pensamiento la palabra o palabras que habrás escrito en la vela (véase la descripción del ritual de grupo) e imagínala escrita en letras de fuego que arden delante de ti. Deja que el fuego de esa intención penetre dentro de ti e imagina cómo la llama que enciende tu voluntad inicia y lleva a efecto el propósito declarado. Lleva todo eso a tu tercer chakra y deja que la energía se difunda desde allí a todo tu cuerpo. Para facilitarlo quizá quieras realizar el ejercicio de respiración ígnea que se describe seguidamente.

Respiración ígnea

Es una respiración diafragmática rápida, tomada de la tradición yóguica de pranayama. Siéntate en postura cómoda, con la espalda recta, e inhala profundamente. Cuando notes llenos los pulmones, tira con el diafragma hacia dentro de manera que el aire se expulse súbitamente, de una sola vez, a través de la nariz. Relaja entonces el diafragma y notarás que los pulmones vuelven a llenarse de una manera espontánea. Cuando estén repletos de nuevo, suelta otra vez el diafragma. Repítelo muchas veces. Al principio tal vez preferirás hacerlo despacio, hasta familiarizarte con la técnica; una vez dominada ésta, empieza a practicar respirando cada vez más deprisa, aunque la velocidad no es tan importante como la ejecución correcta de los movimientos respiratorios.

Ritual de grupo

Materiales necesarios

Una vela y un portavelas para cada participante
Recado de escribir para cada participante
Un fogón, o la chimenea de la habitación
Comidas y bebidas picantes

Preparación

Con ayuda de un punzón o instrumento similar, escribe en la vela una palabra o dos que condensen un objetivo esencial para ti en este momento, por ejemplo una curación, o perder peso, o llevar a término un proyecto.

Crear el espacio sagrado

Todos los participantes entran en el espacio ritual imbuidos del sentido de su fuerza, entonando la sílaba del tercer chakra, ram, mientras ocupan y delimitan sus posiciones respectivas. Las velas se depositan sobre el altar situado en el centro y los participantes forman en círculo alrededor de éste.

Invocación de los puntos cardinales

Se invocan citando los nombres de los animales siguientes, símbolos del poder, o de otros que te parezcan más representativos:

Sur	*El león*
Oeste	*La ballena*
Norte	*El toro*
Este	*El halcón*

Reivindicación del poder

Escribe en el papel el nombre de la persona, cosa o situación que consideres responsable de algún suceso en tu vida durante el cual dimitiste de tu poder en alguna manera. Uno a uno, los participantes se adelantan hacia el fogón o la chimenea y queman el papel mientras dicen en voz alta, o para sus adentros, a quién o a qué eximen de esa responsabilidad. Luego toman su vela y la alumbran en la llama del papel, al tiempo que declaran que retiran el poder de esa persona o cosa para aplicarlo ahora a la consecución de sus objetivos.

Letanía

Puede entonarse en voz baja mientras arden los papeles, o luego, mientras hacemos el Sol.

Fuego, fuego, fuego (véase arriba).

Hacer el Sol

Permanecemos formando círculo mientras visualizamos nuestro propio sol individual y otro más grande y poderoso, formado por las energías combinadas del grupo, las cuales prestarán su apoyo y su fuerza al trabajo realizado.

Comunión

Todos comparten los alimentos y bebidas picantes (que simbolizan asimismo el fuego).

Toma de fundamento

Derivad la energía a tierra y romped el círculo. Cada participante se lleva a casa su propia vela para utilizarla a fines de meditación.

Recursos

Libros

Harvey, Bill, *Mind Magic,* Unlimited Pub.
Macy, Joanna, *Despair & Personal Power in the Nuclear Age,* New Society Pub.
Starhawk, *Dreaming the Dark,* Beacon; *Truth or Dare,* Harper & Row.
Von Oech, Roger, *Creative Whack Pack,* una baraja de U.S. Games Systems.

Música

Isham, Mark, *Vapor Drawings.*
Olatunji, *Drums of Passion.*
Reich, Steve, *Drumming.*
Roach, Steve, *Traveler.*

Chakra cuarto
Corazón

Para empezar

Estado de situación

Dedica un poco de tiempo a reflexionar sobre los conceptos siguientes, y toma nota de los pensamientos o frases que aquéllos te sugieran en relación con tu vida.

Equilibrio	*Recibir*
Amor	*Aliento*
Compasión	*Afinidad*
Relación	*Gracia*
Llaneza	*Equilibrio*
Dar	*Paz*

Este chakra interesa al corazón, así como a la parte superior del tórax y de la espalda. ¿Qué sentimientos te inspiran esas partes de tu cuerpo? ¿Has sufrido alguna dificultad con ellas en algún momento de tu vida?

Disposición del altar

El cuarto chakra está centrado en los temas del amor y la compasión, así como en el elemento aire. Las plumas y los abanicos son símbolos apropiados de dicho elemento, lo mismo que las figuras de seres voladores. Perfuma el altar con incienso o quema fragancias para crear esa conciencia aérea. Combina los retratos de tus seres queridos con fotografías adecuadas de temas aéreos. Cualquier símbolo que tú asocies con el amor, o el retrato de un personaje que, a tu entender, haya destacado por su compasión, tendrán su lugar en este altar. El mantel y las velas serán de color verde, acompañados tal vez de una imagen de Quan Yin u otra deidad cuyo atributo sea la compasión.

Correspondencias

Nombre sánscrito	Anahata
Significado	Indemne; literalmente, un sonido que se obtiene sin necesidad de entrechocar dos objetos.
Localización	Corazón
Elemento	Aire
Tema principal	El amor, las relaciones
Finalidades	Equilibrio en las relaciones con los demás y con uno mismo, compasión, aceptación de sí mismo
Afecciones, deficiencias	*Por defecto:* Soledad, baja autoestima, pecho hundido, respiración superficial, melancolía. *Por exceso:* Situaciones de co-dependencia, apego excesivo
Color	Verde
Cuerpo celeste	Venus
Alimentos	Los vegetales
Derechos	Amar
Piedras	Esmeralda, cuarzo rosado
Animales	Antílope, paloma
Principio eficaz	Equilibrio
Camino yóguico	Bhakti Yoga (yoga devocional)
Arquetipos	Afrodita, Quan Yin, Cristo

Compartiendo la experiencia

«El mes pasado estaba atrapada en mi primer chakra, pero ahora ha mejorado un poco. Últimamente, en cambio, he padecido mucho dolor en mi chakra cordial. Es menester que resuelva esos antiguos asuntos pendientes de la infancia, aunque hasta ahora he logrado ir trampeando sin pelear con mi novio. Creo que estoy progresando hacia la curación de mi criatura interior, y eso tiene mucho que ver con mi corazón. Empiezo a sentirme un poco más contenta, como si estuviese más ligera. No es exactamente lo que deseo pero ayuda bastante y me indica que estoy progresando en la dirección correcta.»

•

«Mi cuerpo hacía algunas cosas raras. A comienzos del mes me dolía tanto el pecho como si se hubiera sentado sobre mí una persona extraña. Era la parte de mi propia personalidad que yo no había aceptado y a la que no querido nunca. Empezamos a trabajar sobre el tema y me sentí sofocada, casi a punto de ahogarme, pero luego se produjo como una explosión y mi corazón se abrió, por decirlo de alguna manera. Desde entonces la energía de mi organismo ha empezado a circular a través de mis pies, puedo notarla, y mis sensaciones se han intensificado en todos los sentidos, pero sobre todo en la parte baja del cuerpo, que hasta entonces la tenía como entumecida. También la visión ha mejorado... y he tenido algunas percepciones extrasensoriales. Como

si todo estuviese abriéndose al mismo tiempo. Ha ocurrido con mucha rapidez. Supongo que sucede porque se abre mi energía kundalini.»

•

«Pues bien, ha sido un mes muy interesante. Las circunstancias me llevaron a considerar los asuntos centrales del cuarto chakra, y surgieron muchos contenidos reprimidos. Ha sido bastante doloroso el sacar a relucir toda esa negatividad y esa confusión. Sentí como una opresión en el corazón, y luego lo noté como vacío, como si no ocurriese nada ahí. Creo que he aprendido a comunicarme conmigo mismo, a escuchar mi fuero interno.»

•

«A comienzos del mes cobré conciencia de una división entre mi corazón y mi alma y me di cuenta de que ésa era una separación real en mi caso. Creo que este mes he adquirido conciencia de esos espacios vacíos en mi corazón. Ahora están colmados, he superado la sensación de estar sola.»

•

«Al finalizar la sesión anterior creía que esto del cuarto chakra iba a resultar más fácil. Pero he descubierto que no es tan fácil. En esto de las relaciones entre las personas se ocultan muchos problemas. Mi antiguo novio quiso volver pero le dije que no. Estamos muy ocupadas con este trabajo y en dar y recibir amor con otras personas, y todavía no me hallo preparada para plantearme las relaciones anteriores. Sin embargo nos sentimos más cerca que nunca el uno del otro, y creo que dado un tiempo suficiente llegaremos a entendernos.»

•

«Para mí el trabajo sobre el cuarto chakra ha sido como descubrir la fuente del amor a mí mismo. En esta fase me parece que estoy aprendiendo una de las grandes enseñanzas de la vida. Y he descubierto que cuando hago algo por amor a mí mismo, eso no significa codicia ni ningún otro de esos impulsos parciales, lo hago cien por cien para mí. Entonces me siento fuerte, lo veo todo con claridad, me limito a quedarme tranquilo, sentado, y al hacerlo todos los demás chakras se alinean automáticamente. El primero me ha aportado la abundancia en todos los sentidos, el segundo inauguró una vibración increíble, y los viejos amores regresaron. Y he sido capaz de decir todo cuando necesitaba expresar y me sale de ese centro del amor a mí mismo, sin agresividad alguna. También he dejado de fumar... en lo que había fracasado muchas veces, pero esta vez me aceptaba a mí mismo y no tenía necesidad de fumar. Sencillamente, no tienes deseo alguno, ni te falta nada, y es un estado permanente. Todo ha cambiado, mi respiración se ha abierto, mi corazón se ha abierto.»

•

«Mi novia y yo hemos celebrado nuestro primer mes de relaciones, y nos ocupamos de los siete chakras; ahora estamos con el cuarto. El otoño pasado sentí la necesidad de abrir mi corazón. Lo que he averiguado por medio de esta nueva relación es que hay una parte agradable y una parte que da miedo. La parte agradable es la que cualquiera puede figurarse. Lo que daba miedo eran las pesadillas que me asaltaban de vez en cuando, temiendo que fuese a arruinarse la relación. Ahora sé que sólo son temores míos,

consecuencias de otras relaciones anteriores que acabaron mal. Pero esta vez todo va bien, o así me lo parece, y sé que no voy a dejarlo, y he conseguido mantener abierto el chakra cordial a pesar del miedo.»

•

«Creí que este mes todo iba a ser dulce y luminoso, pero me equivocaba. He llorado mucho. Ha descubierto que me resulta mucho más difícil que a otras personas el decir "te quiero". Me he dado cuenta de mi propia tendencia a juzgar, y ahora sé que eso no es muy amable y he aprendido a reemplazar el juicio por la compasión. He procurado arreglar los asuntos con mi familia y mi marido, restablecer el equilibrio, porque cuando una recorre un camino así, todos los equilibrios se modifican una y otra vez.»

•

«El trabajo del cuarto chakra ha sido una diferencia muy difícil para mí, muy en el plano físico. Me dolía el corazón, y tuve muchas arritmias y ahogos. Eso fue al principio del mes, pero al cabo de una semana tuve muchas experiencias emotivas con las viejas amistades que venían a hablarme y decían que me habían echado en falta y que me querían. Fue algo abrumador y aprendí lo que es la compasión. Me fijaba en la irregularidad de los latidos de mi corazón y la puse en relación con el primer chakra, con la pesadez de mi cuerpo, y por último conseguí superar la negatividad y comprender que era preciso hacer algo para volverme más ligera, echar lastre en todos los sentidos: amor, poder, energía, etc. Con el cuarto chakra me di cuenta de que faltaba mucho quehacer con los demás chakras. Pero eso de ver que unas personas desconocidas te traen flores y se portan bien contigo, es de agradecer, y sentí con humildad que el universo se había abierto para mí, que podía aceptarme a mí misma y aceptar el amor de otras personas.»

Para entender el concepto

Entramos ahora en el propio centro del Sistema de los Chakras. Con los tres chakras inferiores y los tres chakras superiores, el cuarto se sitúa, literalmente, en el corazón del conjunto. Llamado el chakra «cordial» por hallarse localizado en la región de ese órgano esencial, este centro es también el núcleo de nuestro espíritu, en correspondencia con los significados tradicionalmente atribuidos al corazón por gran número de culturas. Una de las muchas vías energéticas que recorren los chakras es una espiral que nace en el corazón, en tanto que núcleo, y visita sucesivamente todos los chakras describiendo arcos cada vez más amplios (véase la figura de la página 193).

El cuarto chakra es el techo del mundo inferior y la raíz del mundo superior. Por esta razón, es un punto de equilibrio, o factor de integración entre los mundos de lo espiritual y lo material. El símbolo del chakra cordial es un loto de doce pétalos, en el que se inscribe una estrella de seis puntas. La forman el *trikona* (triángulo de energía) de lo espiritual que desciende hacia lo material, y el trikona de lo material que se eleva hacia lo espiritual. La estrella de seis puntas expresa la interpenetración de ambos y su equilibrio perfecto.

Aire

El chakra del corazón es el centro del *amor,* la *compasión,* el *equilibrio* y la *paz.* Su elemento es·*el aire,* el más ligero de todos. El aire es el elemento de la respiración, del oxígeno inyectado en nuestra corriente sanguínea con cada latido de nuestro corazón. Los pulmones, conforme se llenan de aire y se vacían, son como las ramificaciones y los brotes del chakra cordial. Las células del corazón laten al unísono y lo hacen sin cesar desde el seno materno y durante toda la vida. Al trabajar con el aire, en nuestra interacción con el aire mediante la respiración, adquirimos acceso a los aspectos físicos y espirituales del chakra cordial. Esta práctica recibe el nombre de *pranayama*, de la palabra hindú que designa el aliento como prana o primera unidad. Pranayama es el yoga de los ejercicios respiratorios, mediante el cual se disciplina el proceso que nutre el cuerpo y la mente con la energía vital de la respiración. Al expandir el aliento, relajar los músculos del pecho y escuchar los latidos del corazón, nos ayudamos a entrar en el recinto sagrado del chakra cordial.

El aire se dilata, acaricia, vivifica. Llena todo el espacio en donde penetra, pero es blando y suave. Como el agua, el aire adopta la forma del recipiente, pero es más ligero, menos sujeto a la fuerza de la gravedad. Dada la vecindad del tercer chakra con su calor, incluso es posible que ascienda. Si encendemos en la habitación una varilla de incienso, el perfume se repartirá más o menos por igual en el espacio al cabo de un rato, en demostración del sentido de equidad, del equilibrio que es una de las cualidades del aire. Lo mismo sucede con el amor.

Amor

El amor es el principio básico que se asocia con el chakra cordial. El amor es el estado expansivo del espíritu, el que trasciende las fronteras y las limitaciones, el de la interconexión y punto de reunión de los planos interpenetrados. El amor del cuarto chakra se vivencia como un estado del ser, que emana del centro e irradia hacia todo lo que encuentra. No depende de un objeto determinado, como podría ser el caso de la naturaleza apasionada del segundo chakra, sino que existe dentro del individuo a manera de estado independiente y se difunde hacia todo lo que encuentra. Caldeado por los fuegos de la pasión y la voluntad procedentes del chakra anterior, es una energía ascendente que nos abre a la expansión de espíritu característica de los centros localizados más arriba.

El nombre sánscrito de este chakra es *anahata*, que significa *un sonido que se obtiene sin entrechocar dos objetos,* es decir lo incólume, lo no golpeado. Es el equilibrio pacífico del corazón, el que trasciende las luchas del tercer chakra y las convierte en aceptación graciosa. Si la voluntad ha cumplido como debe, entonces tenemos la vida arreglada y estamos «situados en el lugar que nos corresponde», con lo cual podemos descansar y aceptar, admitir, abrirnos, recibir. Tal es el sentido implícito en la máxima mágica de Aleister Crowley: «El Amor es la Ley, el Amor bajo la Voluntad.» Sólo cuando la voluntad ha realizado su misión puede auténticamente reposar y permitirnos entrar en ese estado de confianza y equilibrio que caracteriza el chakra cordial.

Equilibrio y equidad

Cada chakra tiene un principio básico que rige su pauta energética; el principio del *equilibrio* gobierna el chakra cordial. Lo que está equilibrado tiene longevidad; las relaciones equilibradas son las duraderas. Cuando verdaderamente hemos entrado en equilibrio con nosotros mismos, nuestras relaciones y nuestro ambiente adquieren una tónica de serenidad y paz profundas. Con esto nos referimos a un equilibrio *diná-mico,* es decir que se modifica a sí mismo continuamente a lo largo del tiempo, permitiendo mientras tanto que la persona se mueva libremente dentro de su relación. Una de las misiones del chakra cordial estriba en crear dicho estado de equilibrio a nuestro alrededor y sincronizar el latido de nuestro corazón con el ritmo interior de la extensa red de la vida, en cuyas mallas estamos íntimamente conectados. De este modo, el equilibrio del universo nos acompaña y nos ayuda y orienta en todo lo que hacemos.

El amor es una interpenetración de cambios de energía, muy bien descrita por la intersección de los dos triángulos del símbolo. Lo cual implica una relación, es decir estar en una relación entre diferentes aspectos de nosotros mismos: espíritu y materia, madre e hijo, cultura y medio ambiente, o entre dos amantes, por ejemplo. La relación, sin embargo, se rompe cuando no está presidida por un sentido general del equilibrio. El amor sólo tiene duración entre sujetos equivalentes.

Esto es particularmente cierto en nuestras relaciones con otras personas. Cuando María se ve siempre obligada a llevar la iniciativa, a poner las cosas en claro, a sostener emocionalmente el proceso de la relación, hay un desequilibrio evidente; andando el tiempo ella se hartará y buscará otra relación que le permita verse correspondida. Es decir, equilibrada. En toda relación duradera hallaremos siempre algún tipo de equilibrio, por más opresiva que aquélla parezca. A lo mejor sucede que María persevera en esa relación porque valora la compensación económica que le supone, o porque recibe alguna otra cosa a cambio que ella no sería capaz de encontrar por sí sola.

Ahora bien, normalmente las relaciones sanas buscan un equilibrio sano, lo cual viene a ser como decir un equilibrio voluntario. El sonido que se obtiene sin entrechocar dos objetos proviene de una mutua y voluntaria cesión de energía, simultaneada con la mutua y voluntaria recepción. La persona que se ve en situación de tener que dar más de lo que recibe acaba por concebir resentimiento y sólo mantiene las relaciones por obligación; éste es un estado de ánimo contrario al amor. Verdad es que las circunstancias externas pueden o deben obligar en algunas relaciones, como puede ser el caso de la presencia de hijos o la dificultad para hallar vivienda, pero el verdadero compromiso cordial no es eso, sino el resultado de una combinación equilibrada de las necesidades con los deseos y las demandas.

Para lograr ese equilibrio, el amor propio es un elemento importante. El que carece de autoestima difícilmente llegará a establecer una relación amorosa con otros. O dicho de otro modo, se precisa un cierto equilibrio interno, basado en el entendimiento y la aceptación de nuestras dualidades personales: equilibrio entre luces y sombras, entre lo interno y lo externo, entre dar y recibir, entre el adulto y el niño interior. Es preciso hacer caso de nuestras necesidades y responder a ellas. Cuando nos hallamos en equilibrio, es como si estuviéramos en estado de gracia. A veces nos resulta más fácil el amarnos a nosotros mismos cuando otra persona nos ama, pero si la estima depende de una apreciación ajena el equilibrio queda nuevamente comprometido.

Conciencia reflexiva

En los dominios del chakra cordial entramos en la conciencia «autorreflexiva». En buena parte los chakras inferiores se rigen por los instintos y su orientación consciente no está en nuestras manos, como sucede con los mecanismos de supervivencia que intervienen automáticamente cuando nos sentimos amenazados o con los sentimientos que nos abruman en determinadas situaciones sin poderlo evitar.

En el centro cordial somos menos reactivos y más contemplativos. Experimentamos los hechos en términos de relaciones, de cómo unas cosas dependen de otras. Nuestra experiencia de las relaciones *entre* las cosas cobra más importancia que las cosas mismas.

Exceso y deficiencia

Cuando el chakra cordial se halla en estado de deficiencia notaremos una presión sobre el esternón y tal vez la respiración profunda resulte difícil y forzada. El tórax presenta un aspecto hundido y de ahí la tendencia a la depresión anímica. La persona que se encuentra en esta situación quizá tenderá a aislarse, rehuyendo las relaciones interpersonales, o simplemente padecerá falta de autoestima. Al cerrarse el chakra cordial se deprime el propio núcleo del sistema chákrico y la energía circula con dificultad entre la región inferior del cuerpo y la superior. Incluso es posible que se instaure una profunda división cuerpo-mente. Los estados de ese tipo pueden ser consecuencia de abandonos, malos tratos emocionales o vivencias vergonzosas en edad infantil. Más adelante las penas de la vida suelen echar su fardo sobre el chakra cordial del adulto, imposibilitando a veces la respiración natural y la dilatación torácica.

En la condición excesiva o de apertura ilimitada del chakra cordial se registra la tendencia al desprendimiento exagerado. Es el caso de la persona que se entrega por completo a otra, con tal abnegación que se olvida de sí misma: el perfil típico de una personalidad codependiente. El que vive a través de los demás no está operando desde su propio centro. Las causas de tal estado pueden ser muy similares a las que originan la deficiencia del chakra cordial. El mecanismo de defensa puede ser una reacción de reticencia y aislamiento, o de hiperactividad, lo cual depende de la manera en que haya transitado la energía a través del chakra cordial para manifestarse en el mundo exterior de las relaciones interpersonales. Como siempre, el objetivo ha de ser la consecución de un equilibrio saludable.

Amor universal

El concepto del amor universal es el valor espiritual que aporta este chakra del corazón, entendiendo por aquél la capacidad para entrar en una relación adecuada y significativa con nuestro medio ambiente y compadecer y congeniar con todo lo que nos rodea; es cuestión de permanecer abiertos y conectados pero sin renunciar al propio control. La compasión deriva de la comprensión de las pautas, la capacidad para ver las fuerzas que actúan sobre una persona y su circunstancia determinando sus patrones de comportamiento. Cuando estamos centrados y al tanto de nuestras propias pautas de conducta, nos resulta más fácil comprender a los demás.

En resumen, la misión del chakra cordial consiste en establecer un estado de equilibrio dentro de nosotros mismos así como en nuestras relaciones, y en abrirnos a la compasión y al amor. El tránsito de la energía a través del corazón conecta la mente y el cuerpo, lo interno y lo externo, el yo y los demás, y nos recompensa con una profunda sensación de paz y plenitud.

Trabajo de movimiento

Llevar el equilibrio a la vida de uno y mantenerlo no es cuestión de permanecer inmóviles. Para equilibrar una balanza, por ejemplo, hay que ir corrigiendo los pesos puestos en uno de los platillos a fin de contrarrestar el peso del objeto, cualquiera que sea, puesto en el otro platillo. De una manera similar, el equilibrio en la vida requiere los ajustes apropiados en respuesta a los nuevos retos o las nuevas informaciones. Si además aprendemos a realizar esos ajustes con suavidad, sin reacciones exageradas que luego requerirán nuevas medidas correctoras, se habrá facilitado mucho el mantenimiento de un equilibrio saludable.

Al ejecutar cualquiera de las posturas o los movimientos descritos en este libro, es importante darse cuenta de que el trabajo no reside únicamente en la posición «final» o postura estática en que culmina el ejercicio. Los procesos consistentes en abrirse y cerrarse forman parte de la práctica lo mismo que la postura indicada. Para terminarla, por ejemplo, hay que retornar despacio a la postura de descanso, evitando la tentación de dejarnos caer bruscamente como si nos dijéramos «muy bien, ya está hecho, ya lo he conseguido y ahora voy a tumbarme un rato». Si así hiciéramos nos perderíamos más de la mitad del ejercicio, que consiste precisamente en aprender a realizar las transiciones con suavidad, entrando en las diferentes posturas y saliendo de ellas de una manera fluida.

Existe una jerarquía de los estiramientos, en el sentido de que ciertos músculos constituyen el primer nivel por el cual accedemos a una determinada postura, y éstos deben estirarse antes de que podamos proceder a estirar el nivel siguiente. A menudo se elige determinado ejercicio para un chakra, no tanto por su acción directa sobre la región corporal concretamente vinculada con aquél, sino por su utilidad para abrir otras regiones vecinas, porque éstas pueden haberse anquilosado alrededor del chakra en cuestión impidiendo que los estímulos lleguen a ella.

Postura del arbotante

1 De pie frente a la pared, a unos quince centímetros de distancia, apoyamos las manos en paralelo y de palmas contra la pared, separadas más o menos a la anchura y altura de los hombros.

2 Retrocede un paso, posicionando los pies en paralelo y separados más o menos a la anchura de las caderas y eligiendo la distancia en función de tu estatura y tu flexibilidad. A más altura y mayor anquilosamiento, mayor separación; a menos estatura y/o más flexibilidad, mayor proximidad con respecto a la pared.

Visualiza tu cuerpo como si estuviese constituido por dos piezas diferentes: las piernas y los pies, desde los muslos abajo, y el torso, la cabeza y los brazos, desde el coxis arriba. Inclina la pelvis hacia delante y saca el coxis tendiendo hacia arriba, alejándolo de la pared.

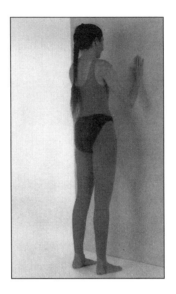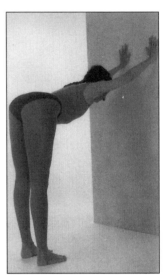

Para lo que concierne a los efectos sobre el cuarto chakra fijaremos la atención en la región superior, pero no sin atender a las sensaciones que origina esta postura en la parte posterior de las piernas, debido a la tracción que ejerce sobre la musculatura. El efecto fundamental que se persigue, sin embargo, es la apertura de la parte superior del tórax y de las axilas. Relájate en esta postura abierta, procurando respirar con soltura mientras imaginas que tu columna vertebral se alarga y se abre la región cardíaca.

Estiramiento sobre el sofá

Siéntate en un sofá de manera que la parte superior de la espalda vaya a apoyarse sobre el brazo, levanta los brazos y llévalos hacia atrás, colgando fuera del sofá. Concéntrate en la fase de relajación, dejando colgar la cabeza y los brazos por su propio peso mientras se estira y abre la región cordial.

Estiramiento por encima de la cabeza

1 Sujeta una correa con ambas manos, éstas separadas como un metro o metro veinte, y luego tensa la correa.

2 Manteniendo los codos bien rectos, levanta los brazos primero hacia delante y después por encima de la cabeza.

3 Deja que las manos continúen separándose, pero sólo lo estrictamente necesario para poder llevar los brazos atrás, la correa a la espalda. Déjalas en esa postura mientras elevas otra vez los brazos para llevarlos luego hacia delante.

Aperturas de tórax boca abajo

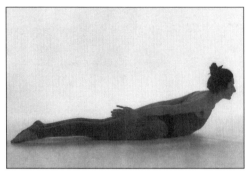

En el suelo, en la postura del decúbito prono, con los brazos a lo largo de los costados y las palmas de las manos vueltas hacia el cuerpo. En la práctica de esta postura utilizaremos tres posiciones de los brazos. Aprovecharemos una inhalación para cambiar de una variante a otra, sin olvidar que hay que seguir respirando mientras mantenemos la postura. Los descansos en el suelo se sincronizan con la exhalación del aire.

1 Inhala e imagina que alguien ha atado los dedos de tus manos con unas cuerdas y está tirando por detrás para levantar del suelo la parte superior de tu cuerpo. Los brazos se dirigen hacia atrás y el cuello se estira, pero no sólo la parte anterior sino también la nuca y los lados.

Aperturas de tórax boca abajo (continuación)

2 Partiendo nuevamente de la postura inicial, pero esta vez con los brazos extendidos lateralmente a la altura de los hombros. Eleva la parte superior del cuerpo mientras imaginas que los brazos son unas alas extendidas lateralmente. Abre tu corazón y la parte superior del tórax; ofrece el corazón al espacio libre que tienes delante. Cuadra los hombros alejándolos de las orejas para despejar el espacio alrededor de tu cuello. Imagina que los omóplatos descienden por tu espalda permitiendo así el alargamiento del cuello.

3 Por último extenderemos los brazos rectos hacia delante, sobre la cabeza. Eleva la parte superior del cuerpo como si quisieras emular a Supermán. Esta variante tiene superior dificultad ya que la postura de los brazos no colabora a la apertura de la región cordial. Visualiza y practica para conseguirla; quizá te resulte más fácil si elevas simultáneamente las piernas para que equilibren el peso de la parte superior del cuerpo. Experimenta para ver de qué manera se obtiene la sensación más nítida de apertura cordial.

Cabeza de vaca

1 Busca una postura estable para empezar, sedente sobre las piernas o en el suelo con las piernas cruzadas. Levanta un brazo y flexiónalo por el codo, buscando con la mano detrás de la cabeza y espalda abajo.

2 La otra mano va hacia la espalda por debajo, el codo flexionado, hasta que las dos manos se encuentren. La idea del ejercicio no consiste solamente en lograr la unión de las manos sino asimismo en rectificar la espalda y abrir la región cordial. Fija la atención procurando abrir la parte superior del pecho y no solamente los costados. La postura implica una tracción intensa en la región de las axilas y un cierto esfuerzo para llevar los codos hacia atrás y no permitir que los hombros se hundan hacia delante. La cabeza permanece erguida, levantada, combatiendo la tendencia a inclinarla hacia delante.

3 A muchas personas les cuesta lograr esta postura las primeras veces que la intentan. Es aconsejable recurrir a la ayuda de una correa o una servilleta. Sujeta un extremo con la mano de arriba para que cuelgue la correa y pueda ser alcanzada por la otra mano.

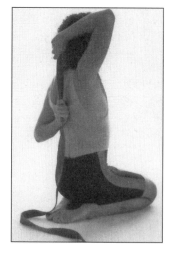

Pranayama: Técnicas de respiración

Es muy común la idea de que los ejercicios de respiración encierran poca o ninguna dificultad, que sólo se trata de controlarla un poco. Sin embargo, las disciplinas de *pranayama* incluyen algunas técnicas muy potentes y no sería aconsejable comenzar sin una cierta preparación. El cuerpo debe adecuarse previamente a los esfuerzos que van a exigirnos esas técnicas. Si has practicado los ejercicios descritos hasta aquí, de hecho puedes considerar que ha principiado ya esa preparación. Y aunque parezca que algunas de esas prácticas son más fatigosas que limitarse a permanecer sentado respirando tranquilamente, pronto echarás de ver que el pranayama puede resultar todavía más fatigoso, aunque de otra manera.

Alineación

Al iniciar los ejercicios de pranayama es fundamental la colocación estable del cuerpo en alineación correcta, en una postura equilibrada y relajada que pueda mantenerse largo rato sin que sea necesario prestarle demasiada atención. Ésta debe reservarse a los movimientos respiratorios, los cuales deben poder realizarse bajo un mínimo de tensión. La mejor para empezar es la que se muestra en la figura de esta página, por cuanto permite dilatar los pulmones sin distorsionar la postura ni poner en tensión los músculos. Dobla una manta hasta obtener una especie de colchoneta de unos noventa centímetros de largo y veinte de ancho, y colócate sobre ella de manera que descanse sobre dicho soporte desde la región lumbar de la columna vertebral hasta la cabeza. Enrolla otra pieza más pequeña y posiciónala bajo la nuca de manera que la barbilla se incline un poco hacia el pecho. Descansa los brazos tendidos cómodamente hacia los lados, las manos en cualquier lugar comprendido entre el nivel de los hombros y el de las caderas. Cuando vayas a colocarte en esta postura, empieza por alinear las piernas en busca de la mejor simetría posible, las nalgas en el suelo y la colchoneta justo detrás; hecho esto, tiéndete y ajusta la colocación de los soportes en caso necesario.

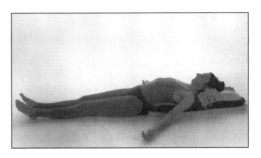

Respiración abdominal y respiración torácica

Para conferir más amplitud a la respiración disponemos de dos vías principales. La primera es la más frecuentemente aludida en relación con las técnicas respiratorias de relajación, y consiste en bajar el diafragma al inhalar, con lo que aumenta el volumen del tórax y los pulmones se llenan más. Ésta es la llamada respiración diafragmática o respiración abdominal. La otra técnica es la respiración torácica, que no moviliza el diafragma sino que abre y dilata la caja torácica con el fin de crear ese mayor volumen respiratorio. Ésta es una respiración energizante y una técnica más avanzada. El libro de B. K. S. Iyengar *Light on Pranayama: The Yogic Art of Breathing*, publicado por Crossroad Publishing Company, constituye un recurso excelente para el aprendizaje de estas y otras técnicas.

Pranayama: Técnicas de respiración (continuación)

Respiración diafragmática

Inspira por la nariz, permitiendo que se dilate tu abdomen al inhalar el aire. Exhala notando como se contrae de nuevo tu abdomen a medida que el aliento va saliendo de tu cuerpo. Haz que la respiración sea cada vez más profunda, pero sin que llegue a resultar incómoda, expulsando plenamente el aire a cada exhalación.

Cómo regular la respiración

Cuenta los tiempos al respirar, empleando el mismo número de segundos al inhalar que al exhalar. Cuando hayas establecido un ritmo equilibrado de inspiración y espiración, intenta prolongarlo aumentando ambas cuentas, de manera que la respiración se haga más lenta y profunda.

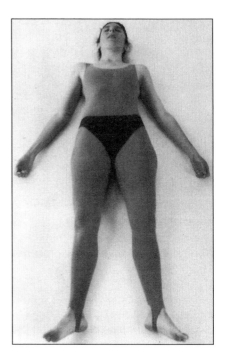

Postura del muerto (savasana)

Al término de cada práctica de pranayama, retira las piezas que te han servido de soporte y descansa un rato en el suelo, en la postura del cuerpo muerto, respirando normalmente.

La danza

Los ejercicios para el cuarto chakra se concentran en la apertura de la región cordial. Cuando hayas trabajado con ellos tendrás una experiencia directa de la sensación que produce este tipo de apertura física del cuerpo. Deja que la respiración inicie los movimientos, de manera que el cuerpo siga los ritmos que marca la dilatación de los pulmones. Entonces la sucesión de movimientos puede convertirse en una danza de expresión corporal conforme exhalamos e inhalamos, y que no tiene por qué limitarse a los ejercicios respiratorios obvios, sino que puede ir mucho más allá si dejas que el aliento marque la inspiración de toda esa danza.

Con frecuencia la danza del cuarto chakra incluye gestos de dar y recibir, cuyo medio de expresión principal son los brazos. Recuerda los movimientos de brazos y tórax que utilizamos normalmente para demostrar amor, los abrazos, las caricias, para incluirlos en la danza del corazón.

Trabajo de pareja: Respiración de espalda

Cuando se nos dice que dilatemos los pulmones al inhalar el aire, imaginamos por lo general una expansión hacia delante, basada en la apertura frontal de la caja torácica. El caso es que los pulmones también se dilatan hacia los costados y hacia atrás, y es preciso que seamos capaces de hacerlo si queremos practicar correctamente pranayama. Con la ayuda de un compañero o compañera podremos cobrar conciencia de estos movimientos de espalda y luego practicarlos deliberadamente. Uno de los dos se situará acurrucado en postura fetal; el otro se coloca detrás, sentado, y apoya con suavidad las manos sobre la espalda de su oponente, empezando por los hombros y bajando luego hacia la parte media y por fin hacia la región inferior. En cada una de estas posiciones, el practicante acurrucado dirigirá mentalmente la respiración hacia el lugar en donde nota el contacto de las manos de su ayudante, lo cual servirá para dilatar esa región durante varios ciclos respiratorios.

Trabajo de pareja: Conexión cordial

De pie o cómodamente sentados, cara a cara, mira a los ojos de la otra persona y alarga el brazo derecho para apoyar la mano sobre el pecho de tu oponente, más o menos en coincidencia con la localización del corazón. Cubre con la mano izquierda la derecha de tu oponente apoyada sobre tu corazón. Nota la conexión con el latido vital, el flujo rítmico que circula a través del cuerpo del otro. Imagina que has pasado a formar parte de ese circuito, que dispensas energía a través de tu mano derecha y la recibes a través de la mano de tu oponente. Permaneced ambos en estado relajado mientras os apetezca y no suscite incomodidad. Observad las tensiones que se insinúan en el cuerpo y expulsadlas con el aliento; notad asimismo la tensión facial y relajad el rostro sin preocuparos por mantener una expresión sonriente, y sin pretensiones de comunicar amor ni compenetración. Limitaos a estar cada uno consigo mismo y al mismo tiempo con el oponente.

Trabajo de pareja: Espejos

De pie y cara a cara, ambos imaginaréis que estáis mirándoos en un espejo, asumiendo por turnos el rol de líder. Entonces el uno se mira en el espejo mientras el otro reacciona procurando parecer la imagen. Lo cual significa que cuando el líder levante la mano derecha la imagen debe levantar la mano izquierda, etc. La idea que inspira este ejercicio es desarrollar la sensibilidad mutua; el líder debe «telegrafiar» sus movimientos, y que no sean tan rápidos que no puedan seguirse. Si ves que tu oponente queda retrasado, debes ralentizar el ritmo; si te toca actuar como imagen, procura captar tantos detalles como sea posible, incluyendo las expresiones faciales y tratando de ser sutil. La inversión de roles permite que ambos protagonistas conozcan todos los matices de esta experiencia.

Trabajo de pareja: Toca y sigue

Uno de los dos dirige los movimientos de su oponente tocando distintas partes de su cuerpo con el dedo; el otro debe seguir el movimiento con la parte señalada hasta que su pareja toque una parte diferente. Por ejemplo, si mi compañera ha tocado el hombro, ese hombro precederá a todos mis movimientos hasta que ella señale otra parte del cuerpo que pasará entonces a ser el nuevo foco.

Cómo ponerlo en práctica

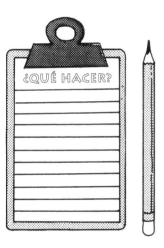

¿QUÉ HACER?

Dar

Dale unas monedas a un mendigo que encuentres en la calle. Regala una sonrisa a una persona desconocida que te parezca triste. Dona dinero para una causa humanitaria. Dedica alguna tarde a actividades de voluntariado, por ejemplo en un hospital, una residencia de la tercera edad u otra organización por el estilo.

Fíjate en que a veces te cierras y el dar no sobreviene como una cosa natural, aunque sólo sea una sonrisa o una limosna.

Observa cuándo das por obligación o por compromiso. ¿Cómo reaccionas interiormente en estas ocasiones?

Presta atención a tus límites, dónde sueles situarlos y lo que haces para que sean observados por ti mismo, o por ti misma, así como por los demás.

Aire

Fíjate en los olores, en la calidad del aire, en las nubes, y en tu propio aliento. Practica ejercicios respiratorios cinco minutos al día por lo menos, aunque un cuarto de hora sería mejor. Cuando no puedas practicarlos, al menos acuérdate de observar conscientemente tu propio aliento: ¿en qué situaciones el aliento se vuelve superficial y en qué otras respiras profundamente?

Cuando trabajes con el elemento aire, procura crear una sensación vital de ligereza, de dilatación. Evita la «pesadez» incluso en el sentido metafórico. No seas demasiado insistente. El chakra del corazón no es el lugar de las satisfacciones del amor propio (recordemos que éste era el tercer chakra), sino precisamente el lugar en donde hacemos cesión y entrega de él. Practica esa entrega en las cosas pequeñas, que es donde resulta más fácil, y verás cómo se instaura por sí misma la sensación de ligereza que mencionamos.

El aire guarda relación con el sentido del olfato, y aunque las interpretaciones tradicionales asignan dicho sentido al primer chakra (porque los animales que reptan o caminan más cerca de la tierra que nosotros tienen más desarrollado el olfato y se fían más en él), nos parece que la correspondencia con el aire y la respiración es más exacta. Presta atención a los olores, perfúmate, observa la calidad del aire, practica el excursionismo para disfrutar del aire puro, pilota un avión, participa en acciones de protesta contra la contaminación atmosférica.

El aire significa también espacio, dilatación. Para abrir verdaderamente el chakra cordial necesitamos espacio en donde expandirnos, espacios para nosotros mismos, espacio para nuestros sentimientos, espacio para estar callados, espacio para recibir. Es también un ingrediente crucial para el trabajo de los chakras superiores, los cuales requieren más reflexión y meditación. Busca maneras de crear más espacio para ti.

Relaciones

Estamos en el momento idóneo para una revisión y un reequilibrio de nuestras relaciones. Es menester prestar atención tanto a los afectos como a los desafectos importantes de nuestra vida. Examina esas relaciones en función de su dinamismo energético, del equilibrio entre dar y recibir, de las necesidades que implican. ¿Por qué son importantes para ti esas relaciones? ¿Cuáles de ellas convendría mejorar?

En esta fase debes examinar más detenidamente tus relaciones positivas. Contrata una canguro o pide una excedencia. Aprovecha el fin de semana para emprender una excursión con tu pareja. Organiza una cena para restablecer el contacto con las antiguas amistades. Dedica más tiempo a tus hijos, a mejorar tu relación con ellos, a estudiar con más detenimiento las pautas de interacción en el seno de la familia. Si ofendiste a alguien, intenta presentarle tus excusas.

Pon especial interés en la relación con todas las personas, aunque los contactos sean circunstanciales. Saluda a la cajera del supermercado y deja que te cuente las novedades de su vida. Practica el hábito de mirar cara a cara al personal del restaurante, o al cajero del banco.

Cuando las circunstancias te obliguen a tratar con una persona que te resulte desagradable, sea un compañero del trabajo o un vecino, procura observar tus reacciones íntimas ante esas cualidades que te molestan (véase la explicación más adelante en el apartado «el yo rechazado»). Pregúntate si puedes aprender algo de esa persona o situación. Formúlate el propósito de hacer algo todos los días para tratar de mejorar esa relación, bien sea hablando con la persona mencionando aquello que te desagrada, o prodigándole alguna muestra de buena voluntad.

Examina tus relaciones con la comida, los objetos, el trabajo, la naturaleza o el estudio. ¿Qué es lo que te ata a prácticas contraproducentes o te separa de unas relaciones positivas que te agradaría tener? Haz algo por mejorar esas relaciones teniendo en cuenta las necesidades subyacentes, que deben ser atendidas de una manera más sana.

Ejercicios para el Diario

1. Amor

¿A quiénes amas?

Elabora una relación de las personas a quienes amas o has amado intensamente en tu vida? ¿Se aprecia alguna característica común? ¿Qué sensaciones evoca en ti el recordarlas?

2. Autoaceptación

Escribe una lista de todos los defectos que te reprochas, de todas las opiniones que sustentas acerca de tu propia persona. Detalla todos aquellos casos en que no te mostraste a la altura de tus propias expectativas. Relee esa lista tratando de recordar el origen de cada uno de los artículos que la componen, e incluso de dónde sacaste la idea de que tal o cual característica debía juzgarse como un punto negativo, o si se trata sólo de que otras personas opinaron desfavorablemente acerca de ella, ya que tus juicios acerca de esos rasgos, al igual que los rasgos mismos, provienen de las experiencias de la infancia, del condicionamiento cultural, de las circunstancias situacionales, o de las distintas estrategias de supervivencia.

Revive las situaciones adversas que los crearon, las fuerzas a las cuales reaccionabas entonces. Repasa la lista y perdónate cada uno de esos rasgos. Lo cual no significa necesariamente que los aceptes, sólo que reconoces que lo tienes y te perdonas por ello.

Escribe ahora una lista de lo que quizá necesitarías para cambiar algunas de esas características. Por ejemplo, si tu defecto principal es la precipitación, la falta de cuidado, tal vez te convendría adoptar un ritmo más pausado y dedicarte un poco más de tiempo. Para ser menos irritable, pongamos por caso, deberías acostumbrarte a pedir con más claridad lo que quieres, etc.

3. El yo rechazado

Continuando el ejercicio del apartado anterior, pero con algo más de profundidad. El yo rechazado es el aspecto o la suma de aspectos de la personalidad que nos hemos visto precisados a superar con tal de sobrevivir, es decir que hemos tenido que rechazar. En algunos, la cólera es su yo rechazado; en otros podría ser la pereza, la timidez o su contrario, la fanfarronería. La clave para distinguir el yo rechazado es nuestra tendencia a criticar la presencia de ese rasgo en otras personas, y además la frecuente asociación con amistades o compañeros de trabajo que lo presentan. De tal manera que, por ejemplo, un adic-

Ejercicios para el Diario

to al trabajo oculta un yo rechazado perezoso y suele censurar en términos muy duros a los perezosos, pese a lo cual se le halla a menudo en compañía o incluso emparejado con personas propensas a dejar los asuntos para otro día y tomarse las cosas con calma. Al colérico reprimido le hallaremos a menudo en relación con personas de mal genio, y así sucesivamente.

La reivindicación del yo rechazado no significa necesariamente que vayamos a exteriorizar ese rasgo negativo en adelante, sino que uno asume esa parte de sí mismo en la convicción de que tal vez le vendría bien exhibir un poco de dicha cualidad. Siguiendo con nuestros ejemplos, tal vez el adicto al trabajo comprenderá la utilidad de unas ocasionales vacaciones. O el ama de casa dócil y sumisa echará de ver que le conviene sacar el genio de vez en cuando, y no ponerse tanto como felpudo para los pies de otros.

La reivindicación del yo rechazado nos ayuda a equilibrarnos mejor, y además de ser menos críticos con los demás, no nos expondremos tanto a tropezarnos con el epítome de nuestros más íntimos temores sentado frente a nosotros, al otro lado de la mesa del desayuno o del escritorio de la oficina. Una vez hemos aceptado ese rasgo negativo en nosotros mismos, disminuye la tendencia a buscar sus manifestaciones en otros.

- ¿Qué programación has sufrido en relación con esos rasgos?

- ¿Qué te habría hecho tu familia si te hubieses permitido tal comportamiento?

- ¿Qué precio estás pagando por ser incapaz de manifestar ese tipo de comportamiento ahora?

- ¿Qué parte de ti mismo o de ti misma se ocupa continuamente en mantener reprimido ese yo rechazado (ese censor, o ese negrero, o ese dubitativo que se esconde en tu interior)?

- ¿Qué ocurriría si se relajase un poco dicho control interno y desarrollaras un poco ese rasgo?

- ¿Cómo podrías cambiar tu conducta para permitir que esa parte de ti asomara de vez en cuando?

4. Ejercicio ante el espejo

Es sencillo, pero profundo. Mírate en el espejo, tiende las manos hacia tu imagen y di «te quiero». ¿Qué ocurre cuando lo haces? ¿Qué voces interiores se dejan oír entonces? ¿Serías capaz de hacerlo en presencia de otra persona? ¿Te parece que hablas con sinceridad?

Ejercicios para el Diario

5. Equilibrio

La consecución del equilibrio dentro de nosotros mismos es el primer paso para ser capaces de tener relaciones equilibradas con los demás. Damos a continuación una lista de dualidades; la línea que separa los extremos opuestos indica que la gama es continua. Copia la lista y marca con una «X» el punto que, a tu juicio, describe más exactamente tu propia posición en esa gama.

Pasividad ——————————————————— Agresividad
Feminidad ——————————————————— Masculinidad
Prefiere recibir ——————————————— Prefiere dar
Iniciativa——————————————————— Sumisión
Actividad mental ———————————— Actividad física
Reserva ——————————————————— Sociabilidad
Introversión ———————————————— Extraversión
Mente ordenada ——————————————— Mente caótica
Actitud positiva ———————————————— Actitud negativa
Lógica ——————————————————— Inventiva
Ser ——————————————————————— Actuar
Raciocinio ——————————————————— Intuición
Calma ——————————————————— Actividad
Éxito——————————————————— Fracaso
Trascendencia ——————————————— Inmanencia
Resistencia ——————————————————— Flexibilidad
Felicidad ——————————————————— Tristeza

¿Se parece la serie de «X» a una recta vertical centrada? ¿Dónde se sitúan los desequilibrios más llamativos? ¿Cuáles son las causas y qué podría hacerse para reconducirlos hacia un mayor equilibrio?

6. Evaluación

- ¿Qué has aprendido acerca de tu propio modo de ser mientras trabajabas en las actividades del cuarto chakra?

- ¿Qué áreas de ese chakra precisan todavía mayor dedicación? ¿Cómo piensas abordarlas?

- ¿Qué áreas de ese chakra te dan satisfacción? ¿Cómo aprovecharás esos puntos fuertes?

Entrando en el espacio de lo sagrado

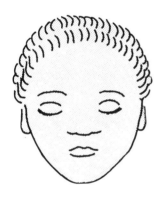

Meditación curativa

La curación es parte integrante del chakra cordial. Los canales sanadores irradian del corazón y discurren a lo largo de la cara interior de los brazos, siguiendo la trayectoria de los meridianos yin que conectan con el corazón, los pulmones y el pericardio, hasta las manos. Cierra los ojos, céntrate en el corazón y entra en régimen de respiración profunda. Visualiza un resplandor verde que inunda tu corazón, una intensa vibración curativa que procedente de todo cuanto te rodea va a llenarlo hasta que rebosa e inunda tu cuerpo, y fluye a lo largo de tus brazos, y llena tus manos hasta desbordar de éstas también.

Cuando notes que la corriente de energía curativa ha alcanzado el máximo, imagina un aspecto de tu propio ser, o de una persona amiga (con el consentimiento de ésta), sobre el cual desearías dirigir esa energía. Imagina que la luz verde desborda hacia allá y colma con toda su abundancia esos puntos que más necesitan la curación. Deja que continúa mientras no te cause incomodidad ni haga que pierdas tu propio centro; por último harás que el caudal de energía vaya cesando poco a poco. Vuelve a establecerte en tus propios límites y realiza una toma de fundamento (según hemos descrito entre los ejercicios para el chakra primero) con objeto de evacuar cualquier exceso de energía que todavía hayas retenido. Si, por el contrario, notas que te has prodigado en exceso, imagina que esa luz verde vuelve a penetrar por la parte superior del cráneo y por los pies.

Es aconsejable realizar esta meditación antes de administrar un masaje, para que la energía fluya a través de las manos mientras entras en conexión con la otra persona.

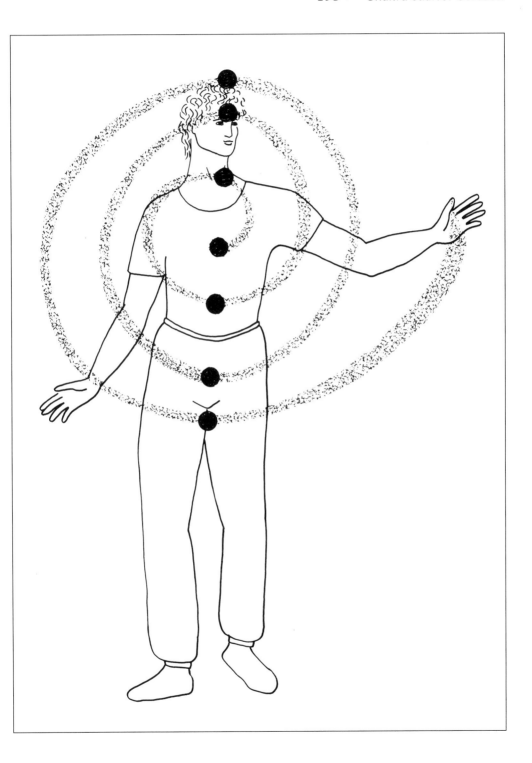

194 ▼ *Guía práctica de los chakras*

Meditación de la espiral

Examina la pauta energética en espiral de la página anterior. Siéntate en postura de meditación e imagina la energía espiral de tu propio organismo, que se origina en el corazón. Haz que salte abajo, hacia el tercer chakra, y arriba, hacia el quinto (en el sentido de las agujas del reloj según contemplas tu propio cuerpo), luego abajo hacia el segundo chakra y arriba al sexto, abajo al primero y arriba al séptimo, por donde se emite. Repite el proceso en orden inverso, para canalizar la energía del exterior hacia·el centro de tu corazón.

Ritual de apreciación

Si tú y tu pareja estáis en un momento difícil de vuestra relación, este pequeño ritual puede hacer maravillas para restablecer la sensación de amar y ser amados. Naturalmente, no reemplaza a una discusión franca de las dificultades que os separan, pero sirve al menos para crear un fundamento a partir del cual dialogar en un ambiente de cariño y respeto mutuo.

Sentaos cara a cara, en el suelo o en sillas de igual altura. Dedicad unos momentos a miraros mutuamente a los ojos, en silencio, y mientras pensáis en lo que os agrada o amáis en esa persona.

Luego os diréis mutuamente qué es lo que os gusta del otro, hablando por turnos una frase cada uno, y prosiguiendo hasta que no sepáis qué más decir o notéis el cambio de energía. Se puede hablar de cualidades o de acciones, por ejemplo «me gusta que te acuerdes de llamarme para avisarme de que volverás tarde a casa». No omitas nada, aunque te parezcan pequeñeces.

La única regla de este rito es que no se admiten críticas ni alabanzas condicionales. No digas «me gusta cómo cocinas pero preferiría que lo hicieras más a menudo»; limítate a decir «me gusta cómo cocinas».

Este ritual también puede utilizarse en situaciones de grupo. Formando corro, a su turno cada miembro del grupo pasa a ocupar el centro y los demás se turnan dirigiéndole elogios a esa persona.

Ritual de autobendición

Es parecido al anterior, salvo que no se necesita la presencia de otra persona para realizarlo. Toma un poco de agua, perfume, aceite esencial o cualquier otra sustancia que te agrade en particular para ungirte con ella.

Como preparación, toma un baño y busca tiempo y lugar donde puedas permanecer sin ropa y en privado. Quizá desees hacerlo frente a un espejo, o quizá no.

Toma un poco del líquido que hayas elegido y toca los pies con él diciendo algo por el estilo de:

«Benditos sean mis pies que me llevan por mi camino. Os doy gracias por sustentarme en esta travesía.»

A continuación, haz lo mismo con las rodillas diciendo:

«Benditas sean mis rodillas que flexionan para permitirme andar. Que, como ellas, sea yo capaz de mostrar firmeza y flexibilidad en todos mis actos.»

Continúa hacia la entrepierna y di:

«Benditos sean mis genitales por el placer que me dan. Que nunca les falte protección ni satisfacción.»

Y así sucesivamente iremos bendiciendo nuestro vientre, nuestro pecho, cuello, boca, ojos, etc. Incluye cualquier parte del cuerpo que consideres digna de atención. Quizá quieras bendecir también cada uno de tus chakras por la importancia que tienen para tu vida. Las fórmulas citadas anteriormente son sólo sugerencias; por tu parte usarás, como es natural, palabras propias y que se te ocurran de una manera espontánea.

Este ritual puede realizarse asimismo en compañía de un ser querido, bendiciéndoos mutuamente y por turnos.

Ritual de grupo

Materiales necesarios

Plumas
Música

Respiración y toma de fundamento

Formad un círculo, las manos unidas. Cerrad los ojos y sintonizad cada uno con vuestro cuerpo individual, notando el peso, la fuerza de la gravedad que os mantiene unidos a la tierra, las raíces profundas. A esta fase le dedicaremos el tiempo necesario mientras un participante (o varios) orientan la visualización, a fin de que todos trabajen con la misma imaginería mientras efectúan la toma de fundamento. La respiración, profunda y relajada, al tiempo que llevamos la atención sucesivamente a todas las partes del cuerpo hasta poner en movimiento el flujo de la energía.

Circulación del aliento

Cuando uno de los presentes nota que la energía ha comenzado a fluir, la concentra en el aliento y tras inhalar a fondo, sopla energía con la boca sobre el cuerpo de su vecino de la izquierda, el cual la inhala y la transmite a su vez del mismo modo. Así harán que circule el aliento tres veces, despacio la primera y luego cada vez más deprisa. De este modo se infunde en la rueda el aliento, que es el elemento del chakra cordial.

Recorrido de los tres primeros chakras

Este ejercicio puede practicarse de una manera formalizada, eligiendo uno o dos movimientos de cada uno de los tres primeros chakras y haciendo que una persona (o tal vez un participante distinto para cada chakra) dirija los movimientos del grupo, al tiempo que todos visualizan la elevación de la energía a través de cada chakra. Si trabajas a solas haz que esas imágenes se vayan turnando en tu mente a medida que realizas los ejercicios. En un planteamiento menos rígido se preferiría improvisar los movimientos para cada chakra dejando que la visualización concrete los atributos o las cualidades de cada uno. Cuanto más te hayas familiarizado con los movimientos de cada chakra (por medio de una práctica asidua), más fácil te resultará este planteamiento libre. En todo caso terminaremos con el chakra del corazón.

Evocación de los tres chakras superiores

Imagina que te elevas mucho más de lo que podrías alcanzar con la cabeza, trascendiendo la frontera física de la epidermis, hacia el universo, es decir hacia ese espacio más amplio que tú como individuo. Procura alcanzar la energía de la esfera espiritual y atráela hacia ti llevándola, a través de la parte superior del cráneo, o chakra corona, a través de tu tercer ojo y tu garganta hasta el centro cordial, donde irá a fundirse con la energía telúrica que has absorbido por tus raíces y llevado a través de los chakras inferiores hasta el corazón.

Movimiento inspirado por el aliento

A partir de ese foco cordial, empieza por fijarte en tu respiración y en los movimientos que se producen de manera espontánea al dilatar y contraer los pulmones. Deja que tu cuerpo vaya amplificando estos movimientos, y que la actividad se contagie a las regiones vecinas del organismo. Por ejemplo, al inhalar el tórax se dilata y esta acción hará que tu cabeza se levante un poco y se incline hacia atrás, o hacia un lado. Al exhalar es posible que la cabeza caiga un poco hacia delante y que el movimiento se transmita al abdomen y a la pelvis, incitándote quizás a menear las caderas y arquear la espalda. Cuando vuelva a penetrar el aire tal vez te incitará a levantar un brazo, a moverte en el espacio. Toma unas plumas (de plumón ligero, mejor, del que sirve para rellenar edredones) y transmite tu movimiento a los demás participantes rozándolos ligeramente con la suavidad aérea de esas plumas, para estimularlos a tomar parte en los movimientos, a su vez modulados por la actividad respiratoria de cada protagonista.

Música: *Lullaby for the Hearts of Space*
(la emplearemos también para la práctica siguiente).

Tacto de corazón

Elige pareja y seguid las instrucciones para la conexión cordial de la página 184. Si la postura os parece demasiado íntima para el caso, limitaos a indicarla simbólicamente y compartid la visualización de los latidos sincronizados en vez de la sensación física; esto puede hacerse cerrando los ojos o fijándolos en los del oponente.

Si se dispone de tiempo suficiente puedes dejar esta pareja y elegir otra, a fin de experimentar el tacto cordial con varios participantes antes de pasar a formar la rueda de corazones.

Rueda de corazones

Formando corro, cada participante se vuelve hacia la izquierda y apoya la mano izquierda sobre el corazón del compañero cuya espalda está mirando. Entonad juntos la letanía mientras formáis un círculo conectado a través de los corazones.

Compartir lo que amáis

Dejad que las manos abandonen los corazones y mantened el círculo con la mano puesta en la cintura del compañero, o uniendo las manos, las caras vueltas hacia el centro de la rueda. Turnaos mientras haya energía disponible compartiendo las imágenes de las cosas que preferís, y que pueden ser personas, lugares, objetos, acciones, ideas, lo primero que se os ocurra y que nazca directamente de vuestro corazón.

Rueda a tierra

Fijando ahora la atención en la unión del grupo, contempla a estas personas con quienes has compartido tu corazón y derivad a tierra la energía, entonando un sonido si así os parece.

Soy una rueda

Soy   una   rue - da,   con   ella   te   sano.
Eres   la   rue - da,   con   ella   me   sanas.

To -------------- dos   unidos,   somos   uno.

To -------------- dos   unidos,   somos   uno ------------------.

Recursos

Libros

Hendrix, Harville, *Getting the Love You Want,* Harper & Row.

Iyengar, B.K.S., *Light on Pranayama: The Yogic Art of Breathing,* Crossroad Publishing Company.

Johnson, Sonia, *The Ship that Sailed into the Living Room,* Wildfire Press.

Malone, Thomas Patrick, *The Art of Intimacy,* Prentice Hall.

Ram, Dass, y Paul Gorman, *How Can I Help? Stories and Reflections on Service,* Knopf.

Rama Swami, Rudolph Ballentine y Alan Hymes, *Science of Breath: A Practical Guide,* Himalayan International Institute.

Shandler, Michael, y Nina, *Ways of Being Together,* Schocken.

Welwood, John, *Challenge of the Heart,* Shambhala.

Música

Braheny, Kevin, *Lullaby from the Hearts of Space.*

Halpern, Steven, *Spectrum Suite* (y otras muchas del mismo autor).

Ojas, *Lotusongs II.*

Roach, Steve, *Structures from Silence.*

Chakra quinto
Sonido

Para empezar

Estado de situación

Anota tus pensamientos o sensaciones en relación con los conceptos siguientes, todos ellos vinculados al chakra quinto:

Vibración   *Comunicación*
Ritmo   *Creatividad*
Sonido   *Cántico/Recitativo*
Armonía   *Escribir*
Conectar   *Hablar en público*
Telepatía

Este chakra rige el cuello, la garganta, la boca y la mandíbula. ¿Qué te parecen estas regiones de tu cuerpo? ¿Has tenido alguna dificultad con ellas en alguna época de tu vida?

Disposición del altar

El color principal de este chakra es un azul turquesa brillante, a elegir de preferencia para las velas, el paño del altar y demás símbolos que deseemos utilizar en el mismo. Es el chakra de la comunicación y la creación artística, con que dispones de posibilidades ilimitadas si deseas simbolizar estas cualidades. Como ahora tienes ya bastante experiencia en decorar altares, deja que florezca aquí tu creatividad.

Si deseas comunicarte con alguna personas y experimentas dificultad en conseguirlo, coloca sobre el altar un retrato de esa persona y háblale todos los días. A falta de retrato, utiliza otro objeto que te la recuerde o pueda representarla para ti.

Las palabras son vehículo de la comunicación, entre otros. Redacta una afirmación clara o una declaración de intenciones; te servirán para recordar tu propósito cada vez que contemples tu altar. Quizá desees releerlas en voz alta cada vez que las veas; pero incluso el mero acto de buscar una formulación concisa sirve para enfocar mentalmente los aspectos esenciales de la intención.

Otros objetos idóneos para este altar pueden ser los instrumentos musicales o sonoros de cualquier tipo, campanillas, cencerros, sonajeros, timbres, etc.

Correspondencias

Nombre sánscrito	Visuddha
Significado	Purificación
Localización	Garganta
Elemento	Éter, sonido
Tema principal	Comunicación
Finalidades	Expresarse, armonía con los demás, creatividad, buena comunicación, resonancia con uno mismo, o con una misma, y con los demás
Afecciones, deficiencias	Incapacidad para expresarse o para «soltarse», creatividad bloqueada, irritación de garganta, tortícolis y agarrotamiento de hombros
Color	Azul claro
Cuerpo celeste	Mercurio
Alimentos	Fruta
Derechos	Hablar
Piedras	Turquesa
Animales	Elefante, toro
Principio eficaz	Vibración simpática
Camino yóguico	Mantra Yoga
Arquetipo	Hermes, Sarasvati el Mensajero

Compartiendo la experiencia

«He puesto un cirio muy grande a la comunicación y he reflexionado sobre las cosas que deseaba comunicar, y por fin tuve la oportunidad de manifestarme con las personas que me interesaban, lo cual sirvió de mucha ayuda. Además me ha ayudado a desahogar parte del peso que me oprimía el corazón, porque muchas de estas cuestiones tenían que ver con el corazón. Además, he empezado a tomar lecciones de declamación y eso me ayuda a abrir mi chakra de la garganta. He practicado mucho y creo que incluso he conseguido cambiar la impostación de la voz.»

•

«Este mes mis comunicaciones han consistido principalmente en repartir propaganda y hablar con muchas personas para informar acerca de ese acontecimiento en el que estoy colaborando. Por otra parte, tuve una fuerte pelea con mi novio y eso es algo que tendremos que aclarar más adelante. Pero al menos sirvió para abrir vías a la comunicación.»

•

«La comunicación me es indispensable para mi trabajo diario, que consiste en hablar con la gente sobre conservación de la energía. Es una ocupación vocacional, porque me parece que así contribuyo un poco a la salvación de este planeta. Mi marido acaba de regresar de una gira por el extranjero y necesita mucha comunicación para adaptarse de nuevo a la vida cotidiana en el seno de la familia.»

•

«He escrito muchas cartas a destinatarios del extranjero, sobre asuntos pendientes que tenía callados. Y he hecho algo parecido con algunas personas que hasta ahora me intimidaban porque me parecía que tenían más categoría que yo, en la empresa y en otros aspectos. Normalmente me mantengo punto en boca, pero esta vez no quise hacerlo y como resultó que tampoco no pasaba nada malo, pues... todavía me queda mucho que aprender en este aspecto. ¡Ah!, y otra cosa que me ha ocurrido un par de veces con unas personas que no estaban diciéndome nada, sólo pensando, y yo les contestaba como si me hubiesen preguntado de viva voz. Y ni siquiera me daba cuenta de lo que hacía, hasta que esas personas me dijeron que no habían hablado, y me preguntaban que cómo había adivinado sus pensamientos. Pero no era que yo los hubiese adivinado, sino que los había oído fuerte y claro lo mismo que si se hubiesen dirigido a mí de palabra. Creo que mi canal telepático empieza a abrirse por haber movilizado mucha energía kundalini últimamente.»

●

«Creo que he progresado mucho en cuanto a comunicación este mes. Pude comunicarme con mi marido y llegar a un acuerdo sobre las condiciones de nuestro divorcio. Creo que he progresado hasta el punto en que ya no necesito pelear. Ahora mis comunicaciones con un montón de gente, por ejemplo mis hijos, son mucho más claras por lo que se refiere a los límites de cada cual. He conseguido expresarme con más espontaneidad, cosa que siempre me había resultado difícil.»

●

«Para mí también ha sido un mes dedicado a la comunicación. He viajado por cuenta de la empresa y he asistido a gran número de ferias comerciales, donde hemos conseguido cerrar muchas operaciones. Probablemente ha sido el primer mes que me he tomado en serio los ejercicios físicos. El año pasado tuve un accidente de automóvil y me quedó una lesión de cuello que ha necesitado tratamiento quiropráctico. La semana pasada me sometí a una revisión y resultó que había mejorado mucho, en lo que se echan de ver los resultados de este trabajo. Y me alegré porque lo he pasado muy mal físicamente. También me daba mucha fatiga la necesidad de llevar un diario. Me costaba escribir algo en un papel. Pero luego, después de la última clase, salí a comprarme un diario y lo he llevado conmigo durante los viajes, hasta que por último comencé a escribir y ha sido un caudal incontenible.»

●

«Yo también he tenido una pelea con mi novio. Pero además hice otra cosa todavía más importante. Le escribí una carta a mi padre auténtico. Nunca le había confiado mis sensaciones del pasado, de cuando mis padres se divorciaron y como consecuencia él dejó de desempeñar ningún papel en mi vida. Y luego la eché al correo, para lo cual me fue preciso armarme de valor, y después me sentí la mar de bien. Esta misma mañana él llamó por teléfono y hemos hablado un rato, y él dijo que sentía mucho lo ocurrido. Dijo que escribiría y que deseaba seguir en contacto conmigo. No sé lo que va a resultar de todo esto pero, de momento, es bueno saber que hay alguien que la escucha a una.»

Para entender el concepto

Al abandonar el punto de equilibrio del chakra cuarto, recurrimos a nuestra voluntad con objeto de impulsar el aliento hacia arriba, forzando el paso del mismo por el chakra de la garganta, donde se convierte en *sonido, comunicación y creatividad*. Ahí penetramos en el azul brillante del quinto chakra, cuyo nombre sánscrito *visuddha* significa «purificación». En este plano nuestro loto cuenta dieciséis pétalos, en los cuales se hallan escritas todas las vocales del idioma sánscrito. Los sonidos vocales comprenden la energía de lo espiritual, mientras que las consonantes, inscritas en todos los pétalos de los chakras inferiores, conforman el espíritu en el mundo material. Conforme entramos en las dimensiones más etéreas de los chakras superiores, nos encontramos en los dominios del espíritu que satura toda materia. La comunicación es un vínculo capaz de describir lo mismo el espíritu que la materia.

Sonido

El elemento asociado a este chakra es *el sonido*. Los hindúes creen que el universo entero se creó por el sonido. Además la mitología hindú describe cómo al final de los tiempos la Madre Kali, en su aspecto de Destructora, vendrá a quitar las letras de los pétalos de los chakras, con lo cual desaparecerá todo sonido y el universo recaerá en su vacío originario. Es mediante el sonido y la comunicación como creamos continuamente nuestro mundo, le insuflamos el espíritu y lo mantenemos vivo y en marcha. El sonido confiere forma al espíritu. De ahí que el sonido y la comunicación se vinculen con la creatividad, la expresión exclusiva de nuestro espíritu.

Purificación

El refinamiento de nuestras vibraciones físicas, necesario para posibilitar la penetración en los niveles superiores, exige un cierto grado de purificación corporal, es decir prestar atención a la dieta, al consumo de excitantes, al ejercicio y a las técnicas de meditación. Mediante este proceso de purificación entramos en sintonía con los niveles más sutiles de la percepción en lo áurico, lo visual y lo psíquico, y ello nos permite recibir más informaciones con lo cual progresa nuestro nivel de conciencia.

También el sonido genera una purificación a través de su efecto ordenador, tanto en el plano material como en el de lo consciente. Purificar una cosa es devolverle su naturaleza esencial, reconducirla a su orden natural, el que emana de su propio centro. En segundo lugar, y si espolvoreamos arenilla sobre el parche de un tambor, al tocarlo veremos cómo la arenilla baila y va formando una pauta ordenada, un dibujo parecido a un mandala y cuya simetría proviene de un centro. La comunicación equivale a la posibilidad de ordenar nuestro mundo, bien sea que solicitemos una mudanza en nuestra vida, o simplemente participemos a otra persona nuestra percepción del orden. De manera similar, la entonación de las notas musicales puede ejercer un efecto ordenador y purificador sobre nuestro propio centro, tanto en lo físico como en lo mental. De ahí que el empleo de los ritmos, las letanías y las entonaciones en las técnicas de meditación nos ayude a central y «purificar» nuestro foco.

Vibración

El sonido es la vibración rítmica de las moléculas del aire. Conforme entramos en los dominios del quinto chakra, el sonido y la comunicación, vivenciamos el mundo en términos de la vibración, que es el principio eficaz de dicho chakra. La materia, el movimiento y la energía, principios de nuestros primeros tres chakras, se hallan ahora en una pauta de interrelación estable (cuarto chakra). Al incorporar el nivel siguiente, experimentamos estas interrelaciones en forma de vibración. Es como abrir el compartimiento del motor de nuestro coche mientras funciona al ralentí; aunque sepamos que la combustión está moviendo los pistones en el interior de los cilindros miles de veces por minuto, exteriormente sólo podemos experimentar *la vibración* del motor si prestamos atención. Pero no vemos ni oímos el detalle de las interacciones, excepto un ronroneo suave que nos permite saber si el motor está bien ajustado. De manera similar, cuando conocemos a una persona o tomamos parte en un acontecimiento, nuestra conciencia no puede captar el detalle de los intrincados procesos que ocurren dentro de esa persona o en el seno de ese acontecimiento, sino únicamente la calidad vibracional general.

Éste es el marco de percepción que corresponde al quinto chakra: el sonido y la vibración. Nuestro trabajo sobre el mismo va a consistir en un ajuste de las propias energías vibracionales a fin de alcanzar una expresión más clara de nosotros mismos, una mejor comunicación con los demás y una armonía general con el entorno.

Resonancia

Toda vibración es un movimiento ondulatorio armónico, una oscilación rítmica a lo largo del tiempo, y la pauta de ese ritmo constituye propiamente la comunicación. En la vida, todo es ritmo, desde el latido cardíaco hasta el ciclo sueño/vigilia y las vibraciones de las ondas cerebrales y los impulsos nerviosos. Cuando estas vibraciones entran en un estado de armonía entre sí, alcanzamos un estado profundo de trabazón, profundización y expansión, el cual puede percibirse, y se produce de la manera siguiente:

Todos los ritmos están sujetos a un principio llamado de *resonancia* o también *vibración por simpatía* o *sintonía*. La resonancia se produce cuando unos ritmos o formas de onda de parecida frecuencia (vibraciones por unidad de tiempo) entran en fase. Entonces los ritmos se sincronizan, y ocurre así con el tic-tac de los relojes de péndulo en la tienda de antigüedades, o con el período menstrual de las mujeres que llevan muchos años de convivencia, por ejemplo. Dos personas que han llegado a sincronizar el ritmo de su diálogo, vivo o perezoso, quizá se sorprendan al enunciar simultáneamente la misma frase, y el batería que se ha puesto en fase con el ritmo de la música entra en un estado de éxtasis, «vive» la música de tal manera que difícilmente pierde el compás por mucho que se complique la línea melódica.

Cuando entran en fase dos formas de onda, las amplitudes se suman (véase el diagrama) y estamos en el caso llamado de interferencia constructiva. Puede definirse la amplitud como aquello que da el volumen o la intensidad de la vibración. Por consiguiente, cuando estamos en resonancia con algo, sea una música, una conversación con otra persona o una verdad esencial que escuchamos por primera vez, aumenta la intensidad de la experiencia. Tenemos la sensación de algo que se dilata hacia fuera y luego nos impacta hacia dentro, rítmicamente, en una armonía que arrastra el cuerpo, la mente y el espíritu sometiéndolos a una pulsación unificadora central. Esta unificación hacia dentro y expansión hacia fuera equivale a combinar la trascendencia de los chakras superiores y la inmanencia de los chakras inferiores en una sola experiencia.

Las formas de onda sincronizadas tienden a permanecer en fase, como entretejidas por la sintonía. Cuando estamos en resonancia con otra persona queremos permanecer todo el tiempo con ella y, en efecto, la separación puede llegar a resultar incluso dolorosa. Una pieza musical que nos guste sigue resonando en nuestra mente mucho tiempo después de haber dejado de escucharla. (Por esta misma razón los *jingles* publicitarios se componen expresamente para que entren en resonancia con determinadas frecuencias humanas básicas.) Y podríamos considerar el sueño como un proceso durante el cual los pensamientos, los ritmos respiratorios, la frecuencia cardíaca y los demás ritmos del organismo entran en un estado de mutua resonancia. De él nos arranca, por lo general, un sonido discordante, y en ese momento sentimos intensamente la necesidad de retornar a aquel estado de armonía profunda... ¡a menos que se imponga otra resonancia más fuerte, la de los quehaceres que nos aguardan durante la jornada!

Incluso un instrumento silencioso tiene la propiedad de «resonar» con una frecuencia determinada, y es posible «despertarlo» haciendo sonar cerca de él dicha frecuencia o alguno de sus armónicos. Así, por ejemplo, si tenemos dos violines de igual afina-

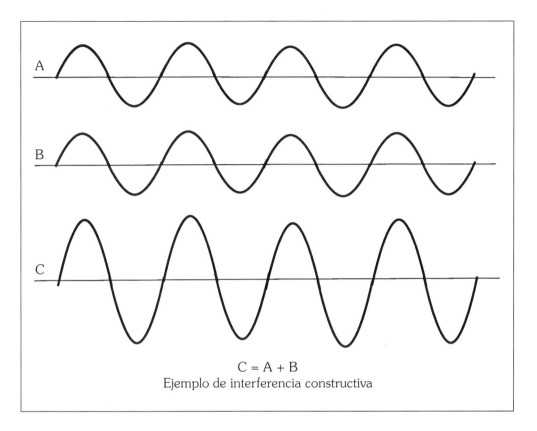

C = A + B
Ejemplo de interferencia constructiva

ción puedo hacer que vibre uno de ellos sin tocarlo, simplemente tocando una nota determinada en el otro violín. Si aplicamos este principio a las conciencias, resulta que podemos activar un cierto estado de conciencia en una persona mediante la simple expresión de nuestras propias vibraciones, siempre y cuando exista una cierta sintonía básica entre esa persona y nosotros. Se encuentran demostraciones de este principio en los casos de comunicación telepática, sanación vibracional, despertar de la energía kundalini al simple contacto con un maestro, y asimismo en el poder de la música para inspirar estados de conciencia bastante profundos. Durante los conciertos de rock, es decir de un género de música con fuerte acentuación del ritmo y presencia de un gran número de personas que lo escuchan simultáneamente, se registran muchos de estos casos de sintonía en el plano de la conciencia. Algunas personas los vivencian como un estado de exaltación colectiva e incluso se alude a la formación de una mente grupal.

Por experiencia propia todos sabemos que muchas veces uno sólo entiende lo que estaba predispuesto a oír. En una escala más amplia, los cambios de paradigmas de la conciencia colectiva se producen a partir del momento en que una proporción suficiente de la población (masa crítica) adopta ciertos ideales, los cuales se trasfunden luego al resto en lo que suele calificarse de «despertar» colectivo.

Comunicación

La comunicación a su vez también es una actividad rítmica. Las observaciones de los psicólogos han demostrado que oyentes y hablantes entran en una sintonía y que la comprensión de las informaciones transmitidas durante la comunicación depende en buena medida de la capacidad individual para participar en dicha sintonía. Cuanto mejor entramos en resonancia con nuestros propios ritmos internos, más fácilmente suscitaremos la resonancia en otras personas, lo cual conferirá claridad y profundidad a la comunicación. La próxima vez que te veas en dificultades de comunicación, fíjate en los ritmos de la expresión hablada y compara los tuyos con los de tu oponente, para ver la posibilidad de desarrollar una resonancia que mejore el proceso. El flujo de la comunicación puede intensificarse, por ejemplo, mediante la entonación en común de unas frases musicales, himnos o letanías, como puede observarse en toda clase de ritos religiosos y patrióticos.

Mediante la comunicación armoniosa elevamos el espíritu así como los contenidos, y podemos trascender limitaciones físicas de tiempo y espacio: una llamada telefónica permite abarcar una gran distancia geográfica; una carta o un mensaje grabado conservan la comunicación para el futuro. Conforme pasamos de los chakras inferiores a los superiores, las pautas dominantes pasan a ser las de expansión y trascendencia. En el plano del chakra quinto empezamos a trabajar con el mundo en símbolos, ya que no otra cosa son las palabras mediante las cuales representamos el mundo físico al tiempo que nos permiten superar las limitaciones de éste.

Cánticos

Como queda dicho, el canto es una manera de armonizar nuestras vibraciones mediante el empleo deliberado del sonido, y puede servir también como actividad de grupo para mejorar la resonancia y la comunicación en el seno de ese grupo como un todo. Es un instrumento potente para crear una conciencia colectiva coherente. Los cánticos y la recitación de letanías en grupo son recursos tradicionales utilizados por las técnicas chamánicas para crear una vibración curativa, o una conciencia grupal, o para acceder al mundo espiritual a través de estados alterados de la conciencia.

Creatividad

En tanto que canal de la expresión, el chakra quinto en su aspecto más elevado guarda vinculación con la creatividad, ya que toda creatividad es una forma de la comunicación. Mediante ésta creamos nuestra vida y nuestras circunstancias. Las bellas artes, en sus múltiples manifestaciones, son formas complejas de la comunicación. Cuando trabajes sobre este chakra concédete el entrar en un estado infantil de creatividad para jugar con la voz, escribir, pintar con colores, danzar o cualquier otra forma de expresión que más te agrade.

Exceso y deficiencia

El quinto chakra puede hallarse en estado de exceso energético, como sería el caso de la persona que habla mucho y dice poco, como si tuviera necesidad de tener la boca ocupada, pero las palabras no encuentran ninguna resonancia corporal, ni con las partes más profundas de nuestro espíritu. Acumulamos el estrés como una «carga» que pesa sobre el organismo y se percibe en forma de tensión. El chakra quinto, junto con las manos y los pies, son zonas privilegiadas del organismo para lo que se refiere a descargar energías y relajar tensiones. Cuando la carga es excesiva predomina la tendencia a desahogarse a través del chakra de la garganta, por ejemplo hablando a gritos, o con verborrea incontenible. Es mejor concederse un desahogo consciente mediante la emisión de sonidos potentes, sacados de tus adentros, pero en un contexto controlado, a fin de evitar posibles perjuicios o efectos contraproducentes. Así se relaja la tensión y se facilita la apertura y el funcionamiento normal del quinto chakra.

Si éste se halla en estado de deficiencia energética veremos dificultada nuestra comunicación. Las gargantas afónicas, los hombros agarrotados y las voces sin ritmo ni resonancia indican la presencia de bloqueos en este quinto chakra. Lo cual puede ser debido a una baja autoestima, o a la persistencia de pautas familiares que desincentivan la comunicación («ni ver, ni oír, ni hablar», «en boca cerrada no entran moscas», «el hombre es esclavo de sus palabras y dueño de sus silencios», etc.), o simplemente a la falta de un fundamento suficiente, es decir de un sustento adecuado para la voluntad, el aliento y la voz.

La apertura del quinto chakra demanda una purificación corporal, el ejercicio cotidiano de la entonación vocal, así como atención a nuestros ritmos vitales y nuestras pautas de comunicación. El resultado obtenido es una comunicación más eficiente, estados de conciencia más profundos, y mayor creatividad, definida como capacidad para la expresión original.

Trabajo de movimiento y sonido

Rodillos de cuello

Éste es un tema algo controvertido ya que muchos quiroprácticos y otros especialistas en ejercicios de la raquis afirman que no es prudente hacer rodar el cráneo sobre su soporte vertebral. Desde luego el punto más importante de este ejercicio estriba en mantener estirado el cuello sin permitir que el peso del cráneo «aplaste» las vértebras durante el giro. Principia por levantar la cabeza como si alguien tirase de una cuerda atada a la parte superior del cráneo, levantando el peso de la cabeza y descargando la parte superior de la columna vertebral. Siempre consciente de esta postura alargada del cuello, deja caer la cabeza hacia delante pero sin doblar el cuello, de manera que la tensión actúe sobre los músculos de la nuca. Cambia entonces poco a poco la postura de la cabeza, pasando a estirar la musculatura lateral del cuello. Recuerda siempre esa tracción que tiende a levantar la cabeza en el momento de inclinarla hacia atrás, sin dejar que caiga sino más bien alargándola hacia atrás y estirando la musculatura anterior del cuello. Siempre con cuidado, completa el círculo llevando la cabeza hacia el otro lado y luego nuevamente hacia delante. En caso de experimentar alguna incomodidad con este ejercicio, limítate a estirar el cuello y llevar la cabeza adelante, atrás y, por turnos, hacia los lados, practicando el estiramiento en cada posición y retornando al centro antes de pasar a la siguiente, sin describir círculos.

Así

Así no

Rodamientos de hombros

Describe círculos con los hombros, primero el uno y luego el otro, en ambos sentidos, y seguidamente con ambos hombros a la vez. En apariencia no existe una relación directa con la región de la garganta, pero el hecho de liberar la tensión acumulada en los hombros despeja considerablemente el área correspondiente a este chakra.

Postura del pez

En decúbito supino, estira el cuerpo en línea recta con las caderas y las piernas, los brazos descansando en el suelo, las palmas de las manos hacia abajo. Inhala y arquea la espalda de manera que se eleve del suelo la parte superior de ésta y la nuca; la parte superior del cráneo descansa ligeramente en el suelo. Utiliza la fuerza de los brazos para ayudarte a mantener la postura, descargando en parte el esfuerzo de la espalda y, sobre todo, que el peso de la parte superior del cuerpo no vaya a sustentarse en la cabeza. Cuadra los hombros para alejarlos de las orejas, alarga el cuello y presta atención a la apertura de esa zona. Respira mientras man-

tienes la postura. Para terminar, relaja la columna vertebral de abajo arriba, hasta permitir que la cabeza retorne a la postura de reposo, bajando poco a poco la espalda y la nuca hacia el suelo.

Calentamiento vocal

Comienza abriendo la boca al máximo posible, incluso forzando un bostezo si puedes. Nota la apertura y deja que broten sonidos mientras abres la mandíbula y la remueves de un lado a otro, o efectúas movimientos masticatorios, todo ello con el fin de ejercitar la musculatura de la boca, la mandíbula y la parte inferior del rostro. En la vida normal ésta es una región que permanece en una relativa inmovilidad, o movilidad limitada, por lo cual aprovecharemos la ocasión para ejercitar a fondo todos los músculos que normalmente ponemos en juego al hablar, incluso ensayando posturas y configuraciones que nos parecerían ridículas en el contexto social corriente. Trabaja moviendo no sólo la mandíbula y los labios sino también la parte interior de la boca, la lengua y los carrillos, efectuando todos los movimientos de soplar, chupar, chasquear la lengua, y emitiendo todos los sonidos que se te ocurran. Esto relajará el aparato físico de la fonación liberando tus vocalizaciones y quitándoles tensión.

Vocales chákricas

Respira hondo y entona con fuerza las vocales correspondientes a cada uno de los chakras. Procura notar la vibración de cada chakra en simultaneidad con la emisión sonora. La pronunciación de las vocales debe ser franca, llena y sonora.

1	*O*		*5*	*I*
2	*U*		*6*	*MMM, NN*
3	*A*		*7*	*NG, ene nasal*
4	*E*			

Sonorización grupal como práctica meditativa

Este ejercicio es una adaptación de otro recomendado por Emily Conrad Da'oud, maestra destacada en el campo de la meditación acompañada de movimiento. Los participantes se disponen en alineación que puede ser circular o cualquier otra que prefieran y que consienta el espacio disponible. Durante el tiempo destinado al ejercicio (de 10 minutos como mínimo, aunque sería mejor dedicarle media hora o más), cada participante tiene cuatro opciones en cuanto a lo que puede hacer:

1. Un zumbido emitido desde el fondo de la garganta (entonar «hum» con la boca cerrada todo el tiempo que exhalemos el aire).

2. Emisión intermitente (consiste en la misma entonación «hum» de la modalidad anterior, pero interrumpida, lo mismo que la espiración, siguiendo el ritmo que prefiera el participante, y que puede variar desde ráfagas rápidas de zumbido intermitente hasta un «hum» sostenido con sólo una o dos interrupciones, o cualquier otra combinación que uno guste).

3. Batido labial en forma de emisión «ma-ma-mo-mo-me-me-ma».

4. Silencio, consciente de nuestra presencia en el propio cuerpo, en esta habitación, abiertos al sonido emitido a nuestro alrededor (o al silencio de los demás).

El ejercicio consiste en experimentar la creación, la sensación y la recepción del sonido, prescindiendo de toda intención o finalidad actual para centrarnos exclusivamente en la creación de ese entorno sonoro.

Movimiento al compás de la música

Experimenta con una variedad de estilos musicales y muévete en expresión corporal libre, para ver cómo responde tu organismo a cada uno de los estilos musicales. No te preocupes por si bailas «correctamente» o no; aquí no se trata de seguir unos pasos preconcebidos sino de explorar las reacciones del cuerpo ante los diferentes sonidos y ritmos. Prueba con músicas de otras culturas y de otras partes del mundo, lo mismo que con toda la variedad de estilos musicales disponibles en tu propio país.

Danza

La danza del quinto chakra es de garganta, por tanto hace hincapié en los movimientos de garganta, boca y hombros, acompañada de creaciones sonoras espontáneas al tiempo que te mueves; que los sonidos te induzcan a moverte y a jugar con la voz y con los pasos según te sugiera la inspiración.

Cómo ponerlo en práctica

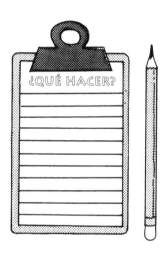

¿QUÉ HACER?

Purificación

La palabra visuddha significa purificación y esto puede interpretarse de dos maneras: la primera, que necesitamos purificar nuestro cuerpo para refinar las vibraciones físicas en general y alcanzar así el acceso a los chakras superiores. Como puerta de comunicación entre la mente y el cuerpo, el chakra de la garganta perfecciona las vibraciones groseras de la materialidad dando lugar a las vibraciones sutiles de la luz y el pensamiento. Con esto no queremos decir que los chakras superiores sean mejores que los físicos e inferiores, sino sólo que su naturaleza es diferente.

Los problemas del chakra de la garganta en el plano físico, por ejemplo las afonías, las tortícolis y los anquilosamientos, pueden exacerbarse debido al consumo de ciertas sustancias, desde el alcohol y el tabaco hasta determinados aditivos alimentarios. El purificarnos de esas sustancias puede ayudar a relajar el cuello y los hombros, a despejar la garganta y a curar irritaciones y otras afecciones similares de esa región. Aunque la curación completa, evidentemente, es asunto más complicado.

El trabajo sobre el quinto chakra implica, pues, cierto grado de purificación, sea mediante un programa de abstinencia o desintoxicación que contrarreste los hábitos perjudiciales, o restringiendo temporalmente el consumo de algunos alimentos.

Entonación

El sonido puede ordenar y purificar el estado de la conciencia. Como hemos descrito antes, el sonido tiene la propiedad de organizar las partículas materiales, por ejemplo granos de arena o de sal, los líquidos o el humo, en intrincadas figuras semejantes a los mandalas. Un sonido coherente y rítmico es capaz de crear una resonancia con los pensamientos, la respiración, el ritmo cardíaco y las ondas cerebrales, lo cual es el principio inspirador de los mantras.

De todo esto se deduce también que podemos adoptar la costumbre de purificar nuestro propio espacio sagrado mediante el sonido, a través de los cánticos o de la entonación. Uno de los mantras clásicamente utilizados a este fin es *Om Ah Hum,* aunque una serie de *Om* prolongados y bien vocalizados también puede ser suficiente.

Ello debe realizarse de manera centrada y enfocada, preferiblemente sentados con la espalda bien recta y seguros de no sufrir interrupciones. Para empezar efectuaremos una fase de concentración interior, durante la cual estaremos atentos a la respiración y a los sonidos que nos rodean. Luego, poco a poco y muy tenuemente al principio, dejaremos que brote de nuestra garganta un sonido, cualquier sílaba y con cualquier altura sonora que nos parezca bien. Abre la garganta, la respiración y el corazón, y deja que el sonido salga tan plenamente como sea posible. Una vez establecida la emisión hay que afinarla de oído para conseguir un sonido claro, tal que resuene a través de todo nuestro ser. Es aconsejable probar notas diferentes porque cada persona tiene una constitución corporal diferente y unas frecuencias de resonancia propias. Por ejemplo, los sonidos semilla o vocales correspondientes a cada chakra.

Cuanto más prolongada la entonación más clara será la nota obtenida, aunque sólo hasta cierto punto, pues no conviene cantar hasta enronquecer o perjudicarse las cuerdas vocales. No existe una fórmula universal que diga cuánto rato debe durar la entonación para que se instaure la sensación de haber purificado el espacio circundante. Muchas personas se limitan a cantar dos o tres Om y se quedan esperando el cambio, pero por regla general se necesita mucho más que eso. Para un efecto de intensidad apreciable intenta prolongar la entonación durante media hora o más, o hasta que notes una sensación interior de claridad y de calma. Observa seguidamente el desarrollo de tus actividades. ¿Notas que haya mejorado tu meditación o tu comunicación con otras personas? ¿Se siente algún cambio corporal?

Ritmo

Para la puesta en sintonía del quinto chakra hay que prestar atención a los ritmos y a la manera en que nos afectan. Considera tu vida desde el punto de vista de los ritmos: tu trabajo, tus diversiones, tu sexualidad, tu productividad. Pide que te hagan un diagrama de tus biorritmos e investiga las posibles correlaciones vitales (el diagrama de los biorritmos señala los momentos «altos» y «bajos» de los tres ciclos básicos, el emocional, el físico y el mental).

Por tu parte, intenta establecer el diagrama de tus ciclos altos y bajos de energía. Considera los ciclos de la alimentación y del sueño, y compáralos. Una atención a los ciclos vitales sostenida durante varios años, en busca de períodos de actividad y períodos deprimidos, puede suministrarte una comprensión más amplia de tu manera de ser.

En el caso de la mujer, el ciclo menstrual es uno de los ritmos naturales a los que conviene prestar atención. Muchas culturas incorporaron actividades concretas en función del ciclo femenino. En tu caso, puede ser una oportunidad para descubrir lo que mejor funciona para ti. ¿Cuándo te sientes más propensa a la introspección y la meditación? ¿En qué punto del ciclo se estimulan con más facilidad tus reacciones sexuales? ¿Qué correlaciones has observado entre aquél y las maneras en que organizas tu vida?

Presta atención a los ritmos al caminar, bailar, hablar, cocinar o hacer el amor. Entrégate a la experiencia del ritmo subyacente que rige todas las actividades a las cuales te dedicas.

Canto

La canción es una actividad del chakra de la garganta, así que concédete permiso para cantar siempre que te sea posible mientras trabajas sobre dicho chakra. Si te parece que no cantas bien y no deseas ser escuchada cantando con otras personas, hazlo a solas en tu coche, en la ducha o delante del equipo de música, con la ayuda de cualquier grabación que prefieras. La idea consiste en abrir la voz y conseguir que reverbere un poco de energía a través del quinto chakra. Tomar unas cuantas lecciones de canto también contribuye a la apertura de la garganta.

Letanías y percusión

La entonación que hemos descrito como rito de purificación en un apartado anterior utilizaba notas puras. Otro tipo de entonación que produce resultados distintos es la repetición de sonidos rítmicos, frases o melodías con ayuda de la percusión, ya que en este caso el ritmo importa más que la nota o tono musical. Se trata de una técnica chamánica tradicional para obtener acceso a ciertos estados alterados de la conciencia; puede practicarse a solas o en grupo, aunque por lo general es más poderosa la práctica colectiva.

Inténtalo y hazte con unas tumbaderas (y lo creas o no, el fondo de un bidón de plástico de veinte litros sirve tan bien como cualquier instrumento profesional) para ensayar ritmos de tu propia invención. Déjate llevar por el ritmo para inducir un estado de trance. También puede obtenerse pidiendo a otra persona que marque el ritmo para ti mientras tú profundizas en dicho trance. Compara tu disposición de ánimo antes y después de la práctica. (Encontrarás grabaciones de percusión chamánica en muchas librerías especializadas en temas metafísicos.)

Escuchar y asimilar

Es el otro lado de la comunicación. Alimenta tu quinto chakra con el silencio y con la asimilación de los sonidos exteriores. Practica el silencio durante períodos determinados: un día, algunas horas, o lo que dure una reunión y mientras escuchas al orador.

Escucha música, experimentando con diversos estilos para ver en qué modos te afectan. Asiste a un concierto y absorbe los sonidos que hallarás a tu alrededor.

Lee un libro. Presta atención al ritmo de las palabras que lees, y no sólo al contenido, sobre todo si son poesías.

Escucha activa

La escucha activa es una técnica de comunicación, mediante la cual el que habla recibe la confirmación de que se le está escuchando. El fundamento es muy sencillo. Mientras uno permanece tranquilamente sentado y escucha, el otro habla sin interrupción de algo que preocupa a ambos. Cuando concluye, el oyente se limita a repetir lo que ha escuchado, absteniéndose de interpretaciones, juicios, polémicas ni comentarios, con independencia de si está de acuerdo con lo que se ha dicho o no. Así el oyente emitiría una declaración del tipo: «Me parece que has dicho que estás cansado de tener que ser siempre el que inicia la aproximación sexual, y que eso te mueve a sospechar que no eres atractivo para mí, ¿no es eso?» De esta manera el oyente ofrece la demostración de que ha entendido correctamente lo que quiso decir el hablante; luego puede pasar a ofrecer su propia versión del asunto y recibirá del primer hablante similar confirmación de escucha activa. A veces esta técnica hace maravillas por lo que se refiere a despejar dificultades de comunicación.

Creatividad

Procura mejorar tu capacidad para escribir, cantar, tocar un instrumento, bailar, actuar, pintar o, sencillamente, vivir la vida con arreglo a tu originalidad. Cualquier cosa que hagas, intenta hacerla de un modo creativo. Concéntrate en tu quinto chakra antes de poner manos a la obra, movilizando la energía y confiriendo a ésta un bello color azul turquesa, cuyo flujo pasará del chakra de la garganta a la obra en curso. Olvida todo compromiso previo en cuanto al resultado y deja que te guíe el puro impulso creador que brota del fuero interno. Deja que el niño que todos llevamos dentro juegue e intervenga en el proceso de la creación, y no permitas que hable el crítico interior hasta que la obra esté acabada.

No limites tu creatividad a las formas artísticas convencionales. Se puede ser creativo en la manera de vestir, en la elección del recorrido para ir cada día al trabajo, en la organización de las habitaciones donde vives.

Comunicación en general

Tu trabajo sobre este chakra debe incluir un esfuerzo por comunicarte con claridad siempre que sea posible. Si notas que estás reprimiendo un deseo de decir algo a alguien, haz alto unos instantes e interrógate acerca de tus motivos. Si callas, que sea por una buena razón, pero debes comprender con claridad cuál es. Si decides hablar, procura reforzar tu tercer chakra, el del poder personal, respira hondo y di lo que sea. En seguida notarás los efectos purificadores de una buena comunicación.

Ejercicios para el Diario

1. Comunicación

- ¿Qué pautas de comunicación regían en tu familia? ¿Tuviste oportunidad de manifestar tus verdades, o te la negaron, y en este caso, de qué manera?

- ¿Se te escuchaba habitualmente? ¿Tuviste la sensación de que hacían caso de ti?

- ¿Te cuesta conseguir que los demás hagan caso de ti ahora? ¿Qué clase de reacción por parte del oyente suscita en ti la sensación de que así es?

- ¿Qué temores te impiden decir lo que piensas? ¿En qué lugar del cuerpo notas esa aprensión?

- La reacción de timidez que te impide decir lo que piensas, ¿qué músculos y qué asociaciones mentales pone en juego? ¿Cuál es el chakra que inhibes al hacerlo?

- Escribe una lista de las personas importantes para ti con quienes, sin embargo, te parece que no logras comunicarte plenamente. Repasa mentalmente lo que desearías decirles. Observa si existen paralelismos entre los diferentes casos. ¿Hay algún tema concreto que generalmente prefieras evitar? ¿Qué temores suscita en ti ese tema? Procura completar esas comunicaciones en la primera oportunidad.

- La escucha de la voz interior también forma parte de las comunicaciones, y no la menos importante. ¿Sueles escuchar tus voces interiores y prestas atención al diálogo que se establece entre ellas?

2. El cuento de hadas

Escribe uno: este ejercicio puede resultar divertido y nos proporciona una visión arquetípica de las dificultades padecidas en la infancia como resultado de las circunstancias de nuestro nacimiento, los traumas infantiles, las actitudes de los padres y las dificultades materiales.

El héroe o la heroína del cuento eres tú, pero se escribe en tercera persona. Por ejemplo:

> *Érase una vez en un lejano país una niñita que no tenía ninguna amiga, pues vivía en una casita del bosque. Y no tenía hermanos ni hermanas con quienes jugar, sino sólo una madre que estaba siempre enferma y un padre muy severo. Todo el día lo pasaba cuidando de su madre enferma y las noches antes de acostarse la obligaban a hacer la cena para su padre.*
>
> *Un día la niñita se sintió tan triste y sola, que pensó que no lo resistiría más...*

Ejercicios para el Diario

No es necesario que todo el cuento sea real, de manera que puedes inventar personajes y situaciones, y dar soluciones mágicas a los problemas que sufriste entonces. El resultado puede estimular tu creatividad para la resolución de los problemas pasados y presentes.

3. Redacción de una carta

Las comunicaciones no concluidas pueden crear bloqueos en el chakra de la garganta. Digamos como que es como una información que ha quedado en el disco del chakra y ocupa espacio. Si el disco está demasiado lleno, quedará menos espacio para grabar nuevas informaciones. ¿Has notado cómo la preocupación te hace dialogar a veces con un interlocutor invisible que está en tu cabeza, y apenas escuchas lo que sucede a tu alrededor?

Si te es posible, habla directamente con la persona y despeja o completa la comunicación. Por desgracia, esto no siempre puede realizarse. A veces la persona no está dispuesta a escuchar, vive demasiado lejos, o ya no vive. Otras veces tenemos miedo de hablar. En todos estos casos, el poner nuestros sentimientos sobre papel puede ayudarnos a organizar lo que querríamos decir.

La redacción de la carta es un proceso en dos fases, aunque en ocasiones puede omitirse la segunda.

La primera fase consiste en escribirla a manera de soliloquio, a lo que salga de la conciencia, sin cortar ni censurar nada. Esta versión no es para echarla al correo, sino para despejar aquello que obstaculiza la comunicación. Puedes decir lo que quieras, y dar salida a todos los temores y resentimientos que hayan quedado dentro de ti.

Como queda dicho, a veces basta con esa fase y no hace falta echar la carta al correo. Puede ser suficiente, por ejemplo, cuando el interlocutor es una persona ya fallecida. En cambio, cuando las circunstancias, a tu juicio, sean propicias para llegar a completar la comunicación, escribe una segunda carta que será una versión revisada de la primera, tal que sea posible enviarla realmente, pero procurando que contenga lo siguiente, al menos:

- Por qué has elegido ese sistema de comunicación.

- Lo que necesitas decir y por qué te resulta difícil decirlo (aquí tienen cabida tus sentimientos y, en general, todas aquellas declaraciones que habitualmente requieren el uso de la primera persona, «yo»).

- El resultado que esperas obtener de esa comunicación, sea una respuesta, o un cambio en la conducta de alguien, o sencillamente un acuse de recibo.

Ejercicios para el Diario

Coloca esa carta en tu altar durante toda una noche, como mínimo, mientras tú lo consultas con la almohada. Aunque no recibas ninguna respuesta a tu petición, el simple hecho de haber cumplido con tu parte del esfuerzo comunicador puede ser útil y salutífero para ti.

4. Escritura automática

Es un procedimiento idóneo para liberar la creatividad y quitar impedimentos para la comunicación, por cuanto permite acceder a niveles más profundos de nuestra conciencia, normalmente suprimidos por la mente vigil consciente. La técnica consiste en escribir un relato, unos pensamientos, la descripción de unas sensaciones o, sencillamente, practicar la «asociación libre» y apuntar cualesquiera palabras que se nos ocurran espontáneamente, aunque sean inconexas, después de haber centrado la mente sobre un tema determinado. El procedimiento resulta particularmente útil para acceder a la interpretación de los sueños.

En efecto es útil, aunque no imprescindiblemente necesario, partir de un tema básico para la escritura automática: conflictos en el trabajo, o en una relación, como podría ser el caso. Entonces empezarías por anotar una breve descripción de ese trabajo o de esa relación, dejando espacio para continuar luego con tus ocurrencias.

Hecho esto volvemos atrás y escribimos libremente, junto a la descripción anterior, lo primero que ésta sugiera a nuestra mente. Escribe tan rápido como puedas (puedes utilizar una grabadora si el proceso de la escritura te parece demasiado lento). Al día siguiente lo releemos y notaremos cómo se perfilan ciertas ideas nuevas; quizá quieras tomar nota de ellas y volver a escribir sobre lo que te hayan sugerido.

5. Comunicación con el niño interior

En tanto que adultos, hemos desarrollado una personalidad capaz de enfrentarse al mundo y proveer a las necesidades cotidianas. A veces, sin embargo, ese proceso relega al trasfondo ciertos aspectos de nuestra manera de ser que no entran en la rutina diaria; estos aspectos son múltiples pero una de las partes más a menudo sacrificadas es lo que llamamos el niño interior. Entendemos por niño interior el conjunto de los rasgos cuya evolución quedó interrumpida en una fase temprana de la vida por los traumas o los malos tratos, y también la inocencia y el instinto del juego. Todos estos rasgos, si permanecen reprimidos, pueden llegar a trastornar nuestro comportamiento, por ejemplo mediante súbitos episodios de conducta infantil en una relación, como antojos, cambios inopinados de

Ejercicios para el Diario

humor o manifestaciones de una dependencia excesiva. Por el contrario, si acertamos a incluir la criatura interior en nuestras decisiones, nuestros actos de adulto podrán beneficiarse del entusiasmo, la creatividad y la inocencia propios de la edad infantil, lo cual confiere mayor energía a nuestras iniciativas.

Muchas personas han sufrido infancias traumáticas, por lo que experimentan gran dificultad en comunicar con esa criatura interior (o poca voluntad de hacerlo). En tales situaciones cabe recurrir a un ejercicio que consiste en tomar una hoja de papel y dividirla por la mitad mediante una línea vertical. Entonces escribimos con un lápiz en cada mano; con la mano dominante, escribe las preguntas que desearías dirigirle a tu niño interior. Con la otra, anota las respuestas, procurando situarte en la perspectiva mental de una criatura. Un ejemplo típico de este diálogo podría ser el siguiente:

El adulto	*El niño*
1. ¿Cómo estás?	1. Asustado.
2. ¿De qué tienes miedo?	2. De que nadie me quiera.
3. Creo que eres maravilloso.	3. ¡Mentira!
4. ¿Por qué dices eso?	4. Porque me tratas mal.
5. ¿Te sientes abandonado cuando estoy trabajando?	5. Sí.
6. ¿Qué podría hacer para que te sintieras mejor?	6. Jugar conmigo
7. Está bien, pues jugaremos esta noche, ¿quieres?	7. A ver si es verdad.

Si practicamos varias veces este ejercicio y se llega a establecer el contacto, podremos reanudar el diálogo mentalmente y todas las veces que lo deseemos.

6. Evaluación

- ¿Qué has aprendido acerca de ti mismo o de ti misma mientras realizabas las actividades para el quinto chakra?

- ¿Qué áreas de este chakra necesitan todavía mayor dedicación? ¿Cómo piensas hacerlo?

- ¿Qué áreas de este chakra te satisfacen? ¿Cómo sacarás partido de estos puntos fuertes?

Entrando en el espacio de lo sagrado

Ritual de grupo

Materiales necesarios

Sonajeros y tambores

Círculo para la potenciación de la palabra

Haced corro e iniciad la entonación. Cada participante emite el sonido que mejor le plazca. Escuchad vuestras propias entonaciones y buscad, poco a poco, la manera de armonizar los sonidos, lo cual surtirá el efecto de consolidar energías en el seno del grupo al tiempo que se confunden las voces. Una vez alcanzado el estado de armonía, concededle algún tiempo y retornad luego, progresivamente, al silencio, hasta que se escuche la respiración tranquila del grupo.

Ahora los participantes irán a ocupar el centro del corro, por turnos y uno a uno, para decirle al grupo lo que éste quiere que sea dicho, lo que todos desean recordar. Hacedlo en los términos más sencillos para que el grupo pueda repetir las palabras del corifeo. Ejemplos: Se os quiere, sois bellos, la vida es una cosa maravillosa. Los miembros del grupo tocan la percusión y repiten la letanía, mientras que el portavoz elige las palabras empapándose de su significado y de la energía que éste transporta.

Círculo coral

En los trabajos de grupo se utiliza con frecuencia esta modalidad, en la que el corifeo elige un himno o una letanía para la entonación colectiva, y dicha función se turna entre todos con objeto de dar a cada uno su oportunidad. Para ello, sin embargo, es preciso un repertorio, o un himnario, por ejemplo el llamado *The Green Earth Spirituality Songbook,* por J. E. Shoup, que puede solicitarse a las señas 2804 Hillegas, Berkeley (CA 94705); también hay grabaciones con piezas cantables de este género (véase el apartado de «Recursos»).

Recursos

Libros

Bonny, Helen, y Louis Savary, *Music and your Mind,* Station Hill.

Drury, Nevill, *Music for Inner Space,* Prism Press.

Gardner-Gordon, Joy, *The Healing Voice,* The Crossing Press.

Goldberg, Nathalie, *Writing Down the Bones,* Shambhala.

Goodman, Gerald, y Glenn Esterly, *The Talk Book,* Rodale Press.

Halpern, Steven, *Tuning the Human Instrument,* Spectrum Research.

Hamel, Peter Michael, *Through Music to the Self,* Shambhala.

Kealoha, Anna, *Songs of the Earth,* Celestial Arts.

McKay, Matthew, Martha Davis y Patrick Fanning, *Messages: The Communications Book,* New Harbinger.

Tannen, Deborah, *Your Just Don't Understand,* Ballentine.

Música

Foundation for Shamanic Studies: numerosas cintas chamánicas con gran variedad de instrumentos musicales.

Gyuto Monks, *Tibetan Tantric Choir.*

Halpern, Steven, *Hear to Eternity.*

Hamouris, Deborah y Rick, *Welcome to Annwfn,* Open Circle Distributors, PO Box 773, Laytonville (California 95454).

Hart, Mickey, *Planet Drum;* del mismo, *At the Edge.*

Lewis, Brent, *Earth Tribe Rhythms,* Brent Lewis Productions, PO Box 461352, Los Ángeles (California 90046).

Libana, *A Circle is Cast y Fire Within.*

Prem Das & Muruga, *Journey of the Drum.*

Reclaiming Collective, *Chants: Ritual Music,* Reclaiming Collective, PO Box 14404, San Francisco (California 94114).

Riley, Terry, *A Rainbow in Curved Air.*

Urubamba, *Good News for Pan Pipes.*

Wolff & Henning, *Tibetan Bells I & II.*

Ztiworoh, Drahcir, *Eros in Arabia.*

Chakra sexto
Luz

Para empezar

Estado de situación

Dedica algún tiempo a reflexionar sobre los conceptos siguientes y toma nota de los pensamientos o frases que se te hayan ocurrido al ponerlos en relación con tu vida.

Luz	*Sueños*
Oscuridad	*Recuerdo*
Color	*Imaginación*
Visión	*Visualización*
Belleza	*Clarividencia*
Pauta	*Intuición*

Este chakra rige los ojos y la frente. ¿Qué te parecen esas regiones de tu cuerpo? ¿Has tenido alguna dificultad con ellas en cualquier época de tu vida?

Disposición del altar

Como el trabajo con este chakra requiere materiales principalmente visuales, procuraremos que esta vez el altar nos quede muy bonito. El color del chakra es el índigo pero no hay reglas que nos obliguen y podemos explorar toda la gama del arco iris. Coloca tus cristales en un dibujo tipo mandala con velas de todos los colores, chales, dibujos, flores o fotografías que te gusten. Coloca espejos y candelabros de modo que se refleje tanto la luz como tu propia persona, lo cual te recordará el poder de la imagen. ¡Diviértete y deja libre curso a tu imaginación!

Correspondencias

Nombre sánscrito	Ajna
Significado	Saber, percibir, disponer
Localización	La sede teórica del chakra es la llamada cueva de Brahma, o centro del cráneo situado a la altura horizontal del entrecejo. Llamado también tercer ojo o chakra frontal, queda situado entre los dos ojos corporales.
Elemento	Luz
Temas principales	Percepción visual, imaginación, intuición, clarividencia
Finalidades	La aptitud para distinguir las pautas, la «visión»
Afecciones	Jaquecas, pesadillas, alucinaciones, percepción visual débil
Color	Índigo
Cuerpo celeste	Neptuno
Alimentos	Ninguno. Las sustancias capaces de alterar el estado de la conciencia.
Derechos	Ver
Piedras	Lapislázuli y algunas variedades de cuarzo
Animales	Lechuza, mariposa
Principio eficaz	Formación de la imagen
Camino yóguico	Tantra yoga, el yoga de la meditación sobre objetos visuales
Arquetipos	El ermitaño, el visionario, el soñador

Compartiendo la experiencia

«Lo más interesante para mí durante este mes ha sido lo de prestar atención a mis sueños. Normalmente nunca recordaba mis sueños, de manera que tampoco les prestaba atención. Pero este mes, y de resultas de llevar un diario de los sueños, he logrado sintonizar mejor con ellos y puedo recordarlos. Gracias a eso he aprendido un montón de cosas acerca de mí misma.»

•

«He dedicado este mes a considerar la división entre lo que puedo ver y lo que puedo decir. Mi bloqueo está todavía en la comunicación...; veo muchas cosas pero no sé cómo expresarlas con palabras. De manera que lo hemos ensayado con el dibujo y otros métodos de expresión no verbales, lo cual me ha ayudado mucho.»

•

«Aproveché la oportunidad para trabajar sobre el sexto chakra con intención de hacer una cosa que me gusta y que tenía abandonada hace tiempo, y es la pintura. Saqué mis pinturas, me encerré con llave en mi habitación y me puse a pintar. Fue como sacar a relucir toda una parte de mí mismo que tenía completamente olvidada. En consecuencia he mejorado mi lucidez visual, miro con más atención las cosas y veo cómo se funden las formas y los colores.»

«Estoy en pleno período de cambio. No sé si sabré situar esto en el contexto del sexto chakra, pero diría que me veo superando las pautas caducas y deseando crear otras nuevas para mí, aunque todavía no sé muy bien cómo. Intento visualizar cómo va a funcionar esto, pero todavía me cuesta verlo, o quizá sería mejor decir que todavía me cuesta creerlo.»

•

«Este mes he tenido una gran visión. Tomaba parte en una gran ceremonia nocturna en busca de la visión, para lo cual me había preparado mediante la purificación, el ayuno y los baños de vapor la noche antes. Hacia el final de la celebración tuvo lugar un viaje al futuro, para solicitar orientación sobre cómo pasar del hoy al mañana. En ese futuro yo contemplé una visión de conciencia global, una especie de red de conciencias que abarcará todo el mundo y también estará conectada con la tierra misma. Fue impresionante y muy estimulante.»

Para entender el concepto

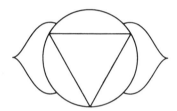 El chakra sexto, localizado detrás de la frente, recibe también el nombre de «tercer ojo». Su símbolo es un loto de sólo dos pétalos, el cual visualizaremos como de color índigo saturado. Es el centro de las facultades de *la percepción visual, la extrasensorial y la intuitiva,* el lugar en donde almacenamos nuestros recuerdos, percibimos nuestros sueños e imaginamos nuestro porvenir.

En el chakra quinto percibíamos la forma de onda, es decir la emisión sonora y su propiedad de transportar información, como palabras. En el chakra sexto experimentamos también la percepción de una forma de onda, pero perteneciente a una octava más alta, la de la luz, y su propiedad de aportar informaciones de *colores e imágenes.*

Visión

Este chakra es el de la visión. En tanto que pantalla mental interna donde se proyectan todas las imágenes visuales del recuerdo, de los sueños, de la clarividencia y de la imaginación, esta chakra es el centro que *recibe, almacena, interpreta, crea y proyecta información codificada visualmente.* Su nombre *Ajna* significa al mismo tiempo «percibir» y «disponer». Una visualización sólidamente sostenida es el primer paso para inducir la manifestación de una forma mental etérica. Y asumimos la disposición sobre nuestra vida por medio de las imágenes que tenemos en la mente.

Facultades extrasensoriales

El chakra *ajna* se relaciona con las facultades de la intuición y parapsicológicas, en particular la de *clarividencia.* Esta palabra derivada de la francesa *clairvoyance* significa, más allá de su sentido literal de «ver claro», la facultad de ver por encima de las limitaciones del espacio y el tiempo, y percibir pautas energéticas como las de los chakras y el aura, bien sea para recibir informaciones futuras (premonición) o procedentes de un lugar lejano (visión remota). Deriva de la capacidad para percibir e interpretar, de entre las imágenes que contiene nuestra mente, aquellas que portan una información válida sobre cierta persona, lugar o situación.

La intuición, otra facultad psicológica más sutil, es la facultad de ver o captar situaciones por vía no lógica, como en un «salto intuitivo» descrito a veces con bastante exactitud con frases coloquiales como «se me encendió una bombilla», aunque la intuición no siempre implica la percepción de una imagen visual interna. Todos nosotros ponemos en juego la intuición como parte de nuestra vida cotidiana. Muchas personas son al menos parcialmente clarividentes, y muchas de las facultades parapsicológicas básicas las puede desarrollar cualquiera que esté dispuesto a emplear en ello el tiempo y la energía que hagan falta.

Pautas

El aprender a ver implica la facultad de percibir y reconocer pautas, ya que éstas revelan el orden subyacente de las cosas, y la comprensión de una pauta vigente quizá nos permitirá predecir cuál debe ser la pieza siguiente del rompecabezas. Ver es reconocer, es decir re-conocer, identificar algo ya sabido. Cuando por fin comprendemos algo, exclamamos «¡ah!, ¡ahora lo veo!», con lo que damos a entender que hemos reconocido la pauta, y ésta ha entrado en resonancia con otras pautas anteriores recordadas conscientemente. Por consiguiente, la facultad de ver, bien sea el aquí y el ahora del mundo físico, o la clarividencia mediante la cual captamos un ceso futuro o lejano, depende de ese reconocimiento de las pautas. Cuando decimos, por ejemplo, «recuerdo lo que ocurrió la última vez que vi esto, y como sé lo que me conviene, será mejor que me ande con cuidado», estamos identificando una pauta y predecimos un futuro posible. En cambio la clarividencia es el reconocimiento de otras pautas más sutiles entretejidas en la trama de nuestra realidad.

La mayoría de nosotros, al encontrar una pauta, le prestamos atención hasta que conseguimos identificarla; es lo que sucede cuando, al andar por la calle y tropezarnos con una persona que nos resulta vagamente familiar, nos quedamos mirándola hasta que por fin la «reconocemos» y exclamamos «¡ah!, ¡pero si es Juanita!», y entonces nos detenemos en busca de más detalles que confirmen tal suposición. A partir de este momento dejamos de «ver», es decir que suspendemos la búsqueda de más informaciones. Pues bien, la apertura del tercer ojo implica desarrollar la facultad para seguir viendo más allá de ese punto en donde habitualmente se detiene la exploración normal. La profundidad de la «mirada» determina la cantidad de cosas que llegaremos a ver, pero para «mirar» de verdad hay que prescindir de las pautas preconcebidas, hacerlo con ojos nuevos, absorber nuevos detalles y abrirnos a la percepción de nuevas pautas. A tal efecto necesitaremos prácticas que nos ayuden a despejar la mente de pautas e imágenes viejas. Por ejemplo, mediante la meditación.

Memoria

Las experiencias del pasado se almacenan como pautas en nuestra *memoria*. Ésta acude a la conciencia a modo de proyección de las imágenes almacenadas (o las sensaciones) sobre la pantalla del tercer ojo. Si decides que vas a sentarte un rato para recordar cómo era tu primera vivienda, estarás evocando esa imagen para proyectarla sobre una especie de pantalla interior que te permite ver en tecnicolor y en tres dimensiones, y no sólo esto, sino incluso revivir también las sensaciones y los sentimientos asociados. En buena medida nuestra memoria funciona como un holograma: cualquier fragmento reproduce la imagen completa, pero la resolución mejora a medida que vamos añadiendo más fragmentos, como he explicado en mi libro anterior sobre los chakras y el funcionamiento del tercer ojo.

Visión interior

En nuestra pantalla interior proyectamos visiones de la imaginación, la fantasía, los sueños y la intuición. Cuando conocemos a una persona, a lo mejor proyectamos nuestras «películas» de pasadas relaciones procurando adaptarlas a la nueva situación, o bien el nuevo personaje queda directamente incorporado a nuestras fantasías. Importa observar que *con independencia de si estamos mirando algo imaginado o recordado, el proceso de visionado interior es fundamentalmente el mismo*. De ahí que muchas veces resulte difícil el distinguir entre recuerdos reales e imaginaciones, que se confunden. El lado positivo, en cambio, es que si tienes memoria visual probablemente puedes aprender a desarrollar facultades de clarividencia, ya que ésta requiere también la capacidad para visualizar, la facultad de invocar informaciones y proyectarlas en la pantalla interior. La diferencia estriba en saber si es un tema del pasado la galería de la memoria de donde extraemos la imagen, o si es del futuro, creada por la imaginación. Por supuesto, nada garantiza que una visión creada por la imaginación en respuesta a una consulta vaya a traernos realmente la solución buscada, pero no deja de ser un método para recabar información. Toda elaboración imaginaria debe someterse a la verificación empírica, y el *feedback* de información que aporta ese control, a su vez, nos servirá para captar la diferencia entre los datos creados por nosotros mismos mediante la imaginación y las premoniciones, clarividencias o telepatías verdaderas.

Por otra parte, las proyecciones sobre el futuro basadas en experiencias del pasado influyen sobre nuestro comportamiento. Por ejemplo, proyectamos la imagen de que esa relación no va a funcionar, de que ese empleo será una servidumbre insoportable. Si yo me presento a una entrevista laboral habiendo fijado en la mente la imagen de que no voy a conseguir el puesto, se me notará el nerviosismo y la actitud defensiva, y causaré una pobre impresión. Por el contrario, si albergo la imagen de que caigo bien, posiblemente me comportaré con más aplomo y suscitaré una impresión más favorable en los interlocutores. De este modo, el poder de nuestras percepciones determina en cierta medida nuestra realidad, respondiendo así al doble sentido de la palabra *ajna:* percibir y disponer.

Trascendencia

La perspectiva se ensancha conforme subimos en la jerarquía de los chakras. Nos apartamos del detalle concreto y vamos hacia meta-pautas. Vistas desde esa perspectiva, las pautas de los chakras inferiores parecen subrutinas. En los chakras superiores trascendemos las limitaciones habituales de tiempo y espacio. Somos tan capaces de recordar lo que hicimos la semana pasada, o hace diez años, como lo que nos gustaría hacer el verano que viene. El movimiento ascendente es el movimiento de la trascendencia, así como el descendente es el de la inmanencia. Mediante la trascendencia, aprendemos a dilatarnos por encima de nuestras limitaciones; al mismo tiempo, alcanzamos una especie de distanciamiento que nos permite considerarnos a nosotros mismos desde una perspectiva diferente.

Es en el chakra sexto, por tanto, donde podemos trascender las limitaciones que nos impone el mundo físico, y entramos en nuevos dominios de la imaginación. Así desarrollamos nuevas maneras de obtener información y la conciencia se extiende hacia más profundos y más amplios niveles de entendimiento, como el dominio de lo mítico, que es un mundo de rico simbolismo. Para entrar en ese dominio se necesita una «suspensión» temporal del caudal constante de imágenes y pensamientos de la mente consciente. Una de las maneras de conseguirlo es la meditación, y otras vías históricamente utilizadas con mucha frecuencia son los ritos, las sustancias psicoactivas y los sueños.

Sueños

Los sueños nos permiten acceder al mundo intemporal del simbolismo arquetípico. En la peripecia onírica realizamos un viaje simbólico, codificado visualmente, a través del inconsciente, de las emociones y de la vida espiritual. Cada imagen de un sueño abunda en significados. Cada una combina memoria e imaginación y pone en marcha una escenificación de relaciones entre pautas, de donde puede surgir un orden nuevo si logramos abrirnos a ellas. En los sueños el inconsciente realiza su catalogación de las pautas, las imágenes y las emociones. El trabajo sobre nuestros sueños nos permite desarrollar el ajna chakra y entramos en contacto con un rico mundo de simbolismo interior.

El nivel arquetípico-simbólico profundo revela muchos aspectos de la vida. Si logramos mantenernos en ese centro las pautas empezarán a perfilarse con claridad. Podemos utilizar la meditación como instrumento para penetrar en los sueños, lo mismo que sirve para centrar la mente y contemplar con algo de distanciamiento la carrera incesante de las imágenes que fluyen a través de nuestra conciencia en todo momento.

Luz y color

En el camino de la manifestación la creación de imágenes sacadas de los dominios abstractos del pensamiento es un primer paso descendente. Antes de poder crear algo, es preciso que tengamos en mente una imagen de lo que deseamos crear. Me gusta comparar el arco iris como la primera manifestación de la luz en su camino hacia la oscuridad, porque tan pronto como la luz incide en el plano material se descompone en colores. Luz y color son aspectos significativos del sexto chakra, pues son los medios a través de los cuales llegan las imágenes a la conciencia.

Tradicionalmente se establece una correspondencia entre los siete chakras y los siete colores del arco iris: rojo, anaranjado, amarillo, verde, azul, índigo, violeta. El primer chakra, cuya vibración es la más lenta, correlaciona con la luz roja, la de más baja frecuencia del espectro visible. El segundo chakra es el del anaranjado, y así va progresando la escala cromática hasta el chakra corona, al cual corresponde el violeta, la vibración más rápida del espectro. El visualizar estos colores durante la meditación para purificar estos chakras constituye un recurso sencillo que no sólo ayuda a entrar en contacto con ellos, sino que al mismo tiempo desarrolla la capacidad de visualización, además. En los ejercicios de este capítulo incluimos una práctica de meditación basada en esta idea.

Exceso y deficiencia

En los chakras superiores el diagnóstico sobre posibles excesos y deficiencias es más difícil. Como se hallan orientados hacia los estados mentales, las conductas correspondientes no son tan fácilmente observables como en los chakras inferiores. Teniendo en cuenta, además, el tradicional escepticismo de nuestra cultura ante los fenómenos «psíquicos» o de la «conciencia superior», será preciso dejar de lado algunos prejuicios culturales en cuanto a lo que consideremos excesivo o deficiente.

Hablando en términos generales, un exceso del sexto chakra explica algunas manifestaciones aberrantes del psiquismo: fantasías paranoides, pesadillas, alucinaciones, o la incapacidad para dar con las reacciones adecuadas ante el material intuitivo. Como ejemplo de esto último pongamos el caso de quien cree advertir el enfado de una persona amiga y, creyéndolo dirigido contra él, reacciona en consecuencia sin ocurrírsele la necesaria comprobación previa. El uso de la comunicación para verificar las intuiciones psíquicas es un paso imprescindible para no perder el fundamento en la realidad. Algunas personas experimentan un bombardeo de estímulos psíquicos y les resulta difícil «ver los árboles en medio del bosque» porque no consiguen clasificar todos los datos que están recibiendo. Esto puede considerarse como una incapacidad para filtrarlos; a estas personas se les recomendarían las técnicas de toma de fundamento por medio del primer chakra, para que sean recipientes algo más sólidos.

La insensibilidad puede ser consecuencia de un estado deficiente del sexto chakra. Es lo que sucede con la persona que no presta atención a los detalles más sutiles de su entorno, que no sabe «coger al vuelo» una insinuación y tal vez necesite que se le diga explícitamente lo que pasa, si se quiere suscitar en ella una reacción. Son los que manifiestan incapacidad para imaginar ideas nuevas, así como incredulidad ante la sintonía de otros con los sueños, las revelaciones intuitivas o la imaginación. La dificultad para ver más allá de lo mostrenco es un síntoma de deficiencia de la capacidad para visualizar y proyectar.

Imágenes

Con independencia de nuestra propia imaginación, las visiones que nos rodean son un factor muy influyente para la configuración de la conciencia de las masas. La televisión, los carteles publicitarios, la moda, el cine y otros medios visuales conectan directamente con nuestra conciencia y pasan a formar parte del acervo de imágenes recordadas, las cuales afectan a su vez, como hemos comentado, a nuestras maneras de pensar y de sentir. Para despejar el chakra es menester expulsar de la mente esas imágenes, lo cual nos permitirá mirar con ojos nuevos y con nitidez restablecida, única manera de ver claro en los planos psíquicos. Al hacerlo descubriremos un mundo fascinante de pautas y de colores, insospechado por quienes no ven otra cosa sino el dominio de lo material.

Trabajo de movimiento

Danzas arquetípicas

En nuestro grupo de trabajo llevamos muchas barajas del tarot y otros símbolos arquetípicos a cada sesión del sexto chakra. Escoge unos naipes con imágenes que te atraigan. Despliégalos de manera que se vean las figuras, para poder contemplarlas, y elige una carta que te atraiga.

Empieza por cerrar los ojos y fijarte en tu respiración, permitiendo que el cuerpo se relaje. Imagina que tu mente es una pantalla en blanco. Ahora abre los ojos y mira la carta que has elegido. No te preocupes por lo que «debe» significar esa imagen según los libros, limítate a «estar» con ella. ¿Qué impresiones obtienes mientras absorbes esa imagen? ¿Cuál ha sido tu estado de ánimo al contemplarla? ¿Cómo explicarías tu atracción hacia ella?

Coloca tu cuerpo en una postura estatuaria, que refleje algo de lo que has visto en esa imagen o sientes frente a ella. No se trata de repetir la actitud de la figura del naipe, aunque también sería posible. Pero importa más el tratar de representar tu interpretación de lo que sucede en la imagen. Una vez hayas encontrado una postura que te parezca lo bastante expresiva, deja que empiece a evolucionar en forma de movimiento. No importa si es un movimiento muy sutil, o un gesto muy amplio y lleno de fuerza. Puede ser reiterativo, rítmico, o como un estremecimiento o un sobresalto. Ponte a jugar con ese movimiento, síguelo mientras cambia de forma y se desplaza, mira adónde va, acompáñalo, procurando hacerte una idea de la imagen que está moviéndote a ti. Imagina que has asimilado esa imagen con tu cuerpo, y que ahora estás viendo lo que reverbera dentro de ti. Observa las sensaciones que acompañan a este movimiento, a la danza de esa imagen. ¿Se intensifican las sensaciones iniciales? O quizás aparezcan nuevas sensaciones mientras tú exploras la imagen, digamos, de dentro afuera. Deja que la danza cambie y fluya, y que se revele lo que sea.

Trabajo de grupo: Escenificación de sueños

Es una técnica para explorar los sueños en profundidad con ayuda del grupo, aunque también sería practicable entre sólo dos personas, acudiendo a una versión modificada. El foco es el sueño de uno de los presentes, de manera que la sesión comienza con la lectura en voz alta o narración del sueño para que lo escuchen los del grupo. Es el soñador quien reparte entre los demás miembros del grupo los papeles que han de interpretar como personajes del sueño, y éstos pueden ser incluso objetos, y no sólo personas. Si el grupo es numeroso y la representación del sueño no requiere más de uno o dos personajes, los demás podrían asumir funciones de entorno o decorado: el mar, un bosque, los muebles de la vieja mansión. Todo lo que haya aparecido en el sueño puede ser re-creado y puesto en escena.

Tal re-creación intentará repetir exactamente las peripecias del sueño, o bien el soñador puede cambiar el argumento y darle un desenlace totalmente distinto. Con frecuencia estos cambios se introducen la segunda vez, cuando el soñador y los demás han tenido tiempo para compartir sensaciones y reacciones tras re-crear la elaboración onírica tal como fue. Mientras desempeñan sus papeles, es posible que a los miembros del grupo se les ocurran ideas sobre cómo pudieron salir las cosas de otra manera, y entonces podrán incorporarlas a sus papeles.

Este ejercicio se realiza en beneficio del soñador principalmente, pero no de manera exclusiva, ya que muchas veces los demás participantes descubren temas parecidos en sus propios sueños y la escenificación de uno de éstos se convierte en una experiencia que todos sienten como propia.

Cómo ponerlo en práctica

Estamos en el chakra sexto, el de la luz, el color, la imagen, la imaginación, la intuición, la visión y los sueños. Al elevarnos sobre los dominios de lo corporal y profundizar en la mente, entramos en los dominios de lo psíquico, la intuición y la visualización.

Presta especial atención al *aspecto* de las cosas y a las maneras en que esos aspectos te afectan. Pueden ser muchas, en efecto, desde cómo afecta nuestro propio aspecto a nuestro estado de ánimo hasta la influencia de otras personas, de la vivienda, de una decoración, de un anuncio o de un objeto artístico. Observa también cómo reaccionan los demás ante tu aspecto y cómo reaccionas tú a la presencia física de otros.

Procura rodearte de armonía y belleza en tu entorno físico personal, porque el tercer ojo se cierra ante los ambientes feos o desagradables, y se abre frente a las vistas placenteras.

No regatees goces visuales a tus ojos. Emprende una excursión al campo, visita un museo, visiona una película bien realizada. Exponte con frecuencia a las luces, los colores y las imágenes. Pasa revista a tus colecciones de viejas fotografías y observa lo que evocan esas imágenes en ti.

Sueños

Dedica especial atención a tus sueños; quizá quieras iniciar un Diario, o por lo menos intenta tomar nota por escrito de lo que has soñado. En los sueños, la psique envía sus comunicaciones en forma de símbolos visuales. Éstos describen pautas que representan las relaciones entre diferentes aspectos de tu personalidad y tus metas personales. Ahí funciona el tercer ojo libre de los dictados de la mente consciente. Los símbolos que maneja son portadores de informaciones especiales que quiere transmitirte para el mejoramiento y el reconocimiento consciente de tu vida emotiva y espiritual. He aquí algunas proposiciones útiles para el trabajo con tus sueños.

Observa sobre todo los símbolos que aparezcan reiterados con más frecuencia; anótalos, fantasea acerca de ellos, dialoga con los personajes de tus sueños, o dibújalos. ¿Guardan alguna relación con los acontecimientos de tu vida vigil, especialmente con los de tipo conflictivo? ¿Qué energías arquetípicas representan? ¿Cómo se manifiestan en tu vida esas energías arquetípicas? ¿Cómo preferirías que se manifestasen? ¿Cómo podrías aprovechar mejor esas energías? ¿Cuáles son los temas emotivos predominantes? ¿Te espantan, te excitan, te tranquilizan, te inquietan o te sosiegan? Tu conducta en los sueños, ¿es muy diferente de tu comportamiento en la vida vigil, o te parece una prolongación del mismo? En caso de contraste muy marcado, es posible que el sueño haya intentado revelarte algunos aspectos reprimidos de tu propio carácter ofreciéndote la oportunidad de reivindicarlos.

Dificultades del onirismo

«Nunca recuerdo nada de mis sueños.» Ésta es una objeción muy corriente por parte de quienes no tienen una gran relación con su sexto chakra. No significa que no exista vida onírica, sino que los contenidos oníricos no pasan a la conciencia vigil. A veces el sueño parece a la mente consciente tan incomprensible como una película hablada en un idioma desconocido, y por eso lo descarta de manera automática. Otras veces la mente consciente no está preparada para enfrentarse con el material reprimido que el sueño revela. En algunos casos se trata simplemente de la falta de hábito, es decir que el sujeto no tiene costumbre de prestar atención a lo que sueña. He aquí algunas sugerencias.

Antes de acostarte, procura mentalizarte en el sentido de que recordarás al menos un aspecto del sueño, que puede ser una palabra, una imagen, un símbolo o una sensación. Cuando empieces a despertar, procura mantener la misma postura que tenías durante el sueño, mantén los ojos cerrados y procura no mover un dedo siquiera, si puedes evitarlo. Si te has movido para desconectar el despertador, retorna a la posición previa con la mayor prontitud posible. Fíjate en las imágenes que acuden a tu conciencia pero no intentes analizarlas. Sencillamente, préstales atención y cuando hayas pasado revista mental a cuanto consigas recordar, escribe o dibuja en tu diario todo lo que apareció en tu mente, siempre procurando reducir al mínimo tus movimientos. Y también antes de hablar con ninguna otra persona, antes de visitar el cuarto de baño y antes de empezar a vestirte. Si no se te ha ocurrido nada, limítate a tomar nota de tus sensaciones o estado de ánimo en el instante de despertar, pues podrían ser los vestigios de un sueño que no has logrado concretar todavía. Empezando poco a poco, según vayas recordando cosas mejorará la posibilidad de que logres evocar retazos largos de algún sueño.

Cuando la redacción de un diario onírico se convierte en un hábito gracias a la práctica cotidiana, verás que gradualmente comienzas a recordar fragmentos más largos y además la misma vida onírica se enriquece. Es útil establecer una clasificación diaria de las imágenes y los símbolos que han aparecido y releerla con frecuencia, a ver si podemos provocar la recurrencia de pautas y símbolos determinados.

Análisis de los sueños

Se han publicado muchos libros sobre la interpretación de los sueños y muchos de ellos contienen tablas de símbolos con una explicación de lo que significan, pero te aconsejamos que no hagas demasiado caso de esas explicaciones. Es más importante que explores lo que esos símbolos oníricos significan para ti y qué posible relación guardan con tu vida pasada, presente y futura. Como es la mente inconsciente quien crea el sueño en todos sus detalles, interesa considerar cada uno de esos detalles como un aspecto de tu propio yo. Esto se aplica lo mismo a los objetos inanimados, como los coches y las casas, que a los personajes amenazadores como demonios o individuos malvados que quieren hacerte daño. Un sueño muy corriente, por ejemplo, es el que presenta al soñador mismo conduciendo un coche que corre sin frenos o, por el contrario, que se queda súbitamente sin gasolina. Si cabe la interpretación de que ese coche representa un aspecto de tu personalidad, quizá te hallarás en condiciones de determinar si el sueño te dice que estás precipitándote en algo, o que tus energías están a punto de agotarse.

Muy a menudo nuestra sombra, o el lado reprimido de nuestra personalidad, aparecerá en los sueños bajo un aspecto terrorífico. Cuando enfrentamos esos aspectos sombríos de la personalidad, sin embargo, se nos ofrece la oportunidad de transformarlos mediante el entendimiento, alejando el miedo o la agresividad. Háblale a ese personaje terrorífico que te persigue, en vez de huir, o imagina que ese personaje eres tú y podrás empezar a penetrar en su significado. Utiliza tu diario para crear diálogos entre los aspectos del sueño; que el coche hable con la casa, o el perseguidor con la víctima, hasta que aparezca alguna resolución o revelación. Con frecuencia los sueños que recordamos son los que han finalizado bruscamente con la intervención del despertador o de algún otro ruido; si aprovechamos el estado de media vela matutina para completarlos, posiblemente llegaremos a resolver la cuestión que el sueño trataba de expresar, cualquiera que sea.

Sueños lúcidos

En el sueño lúcido el durmiente se da cuenta de que está soñando aunque todavía no haya despertado, y es capaz de adoptar una acción consciente. Durante el sueño lúcido y sin dejar de dormir, tú puedes decidir que vas a enfrentarte con ese personaje terrible, cambiar un símbolo o crear una imagen onírica nueva. La formación de estos sueños lúcidos puede inducirse mediante autosugestión en el momento de acostarse, diciéndote que vas a tener un sueño de esa especie. A primera hora de la mañana pasarás revista al sueño sin hacer ningún movimiento hasta que lo hayas memorizado. Formúlate la sugestión diciendo: «La próxima vez que sueñe quiero recordar que me doy cuenta de que estoy soñando.» Luego visualízate regresando al sueño que acabas de tener y asistiendo conscientemente al mismo mientras tomas parte activa en él. Repite la operación hasta que te hayas dormido o hasta haberla fijado suficientemente en tu ánimo. Tal vez querrás añadir también una sugestión tranquilizadora: con frecuencia, el primer éxito en la inducción de un sueño lúcido suscita una excitación tan intensa, que nos despierta automáticamente. Importa sobre todo el conseguir que esa parte consciente de la mente se comporte como un observador impasible, de manera que su presencia no altere el estado onírico. También se aconseja no tratar de intervenir con demasiados cambios, o de lo contrario se rompería el sueño obligándonos a despertar. Stephen LaBerge, el autor del libro *Lucid Dreaming,* dice que lo mejor es «controlarse a sí mismo pero sin tratar de controlar el sueño», y aconseja darse la vuelta y dejarse caer de nuevo en el propio sueño. Algunas personas descubren que basta un parpadeo para ayudarse a modificar una escena onírica.

Ejercicios de visualización

La práctica de visualizaciones contribuye al desarrollo del sexto chakra.

Colores

Empieza la práctica de visualización con los colores simples, recordando que los chakras guardan correspondencia con la secuencia de colores del arco iris, es decir (de arriba abajo) el violeta, el índigo, el azul, el verde, el amarillo, el anaranjado y el rojo. En la meditación podrías tratar de visualizar la luz en cada uno de estos colores, por turnos, inundando de ese color el chakra asociado. Imagina que extraes cada color de un depósito inagotable de luz blanca, ya que el blanco es la suma de todos los colores. Visualízate con tus chakras como si fueses un prisma que descompone la luz en su camino hacia la manifestación. (Nota: en caso de que sólo puedas practicar un ejercicio durante todo este mes, ésta sería la práctica más aconsejable.)

Formas

Practica la visualización de formas empezando por las más sencillas. Por ejemplo, visualizar un vaso e imaginar cómo va llenándose de agua, o practicar la visualización de cuadrados, círculos y otras figuras geométricas simples, imaginando que cambian de color o de tamaño.

Imágenes

A continuación puedes empezar a practicar con imágenes, para evocar las cosas que desearías ver manifiestas en tu vida ahora mismo, y visualizarlas como si estuviesen ya aquí. Por ejemplo, imaginar cómo te encaminas a tu nuevo puesto de trabajo, o cómo vistes ropas nuevas, o que te sientas a charlar con tu nueva pareja. Visualiza un extracto de tu cuenta bancaria con un cero añadido a la derecha, o tu vivienda nuevamente pintada y redecorada, o imagina tu propio cuerpo dotado de un aspecto enteramente diferente. La visualización diaria de tus sueños te ayudará a convertirlos en realidades.

Preguntas

Utiliza la visualización para solventar los asuntos que te están creando dificultades (o por lo menos, para obtener algunas sugerencias). En postura sedente, ponte en estado de meditación y deja la mente en blanco. Despeja tu pantalla visual y haz, digamos, un fundido. En seguida, plantea tu pregunta y deja que se formen las imágenes mentales. Si esto funciona, se parecerá bastante a un sueño, es decir que las imágenes pueden ser representaciones enigmáticas de los aspectos psicológicos de tu problema en vez de respuestas directas a lo que desearías saber. Te toca entonces deducir de esas imágenes la respuesta.

Otra técnica consiste en imaginar una escala en tu pantalla visual, escala que puede ir del cero al cien, o reducirse a un sí/no, a la elección entre varios puestos de trabajo, o lo que sea según corresponda a tu pregunta. Plantéala y sin decidir intelectualmente adónde debería apuntar la aguja, deja que caiga donde quiera y limítate a observar la información que te proporciona. Supongamos que has preguntado «¿será beneficioso este trabajo para mí?», y la aguja señalará cualquier valor entre el cero y el cien. O que la pregunta es «¿me conviene cambiar de aires y mudarme a otra ciudad?», a ver si la aguja apunta al sí o al no. La idea estriba en dejar que sea la mente inconsciente quien contesta a la pregunta.

Toma instantánea

Este ejercicio es una manera sencilla de captar el aura de otra persona aunque normalmente no tengamos esa facultad; además sirve para mejorar la capacidad de observación visual.

Colócate frente a la persona que quieras observar, a unos dos metros de distancia. Cierra los ojos y despeja tu pantalla mental. Espera a sentir la toma de fundamento, para centrarte hasta que no pase por tu mente ningún pensamiento concreto ni imagen concreta. Entonces abre y vuelve a cerrar los ojos rápidamente y una sola vez –lo contrario de un parpadeo– para captar una breve instantánea de la persona que está delante de ti, lo cual imprime una «foto fija» de esa persona en tu ojo mental. Procura retener esa imagen para examinarla. ¿Qué características destacan? ¿Ves una especie de persistencia o halo luminoso alrededor del cuerpo? ¿Destacan ciertos colores de la imagen, o la postura corporal? Cuando la imagen empiece a desvanecerse, vuelve a abrir y cerrar rápidamente los ojos para reforzarla, a ver cuántos detalles consigues descifrar en esta reimpresión. ¿Qué partes palidecen primero y cuáles persisten más? Estas observaciones te dirán algo acerca de los puntos débiles y fuertes del aura de esa persona.

Meditación

El camino de meditación para este chakra se llama *yantra yoga,* que es la meditación con ayuda de un mandala u otro objeto visual como instrumento para centrar la mente. En la página siguiente reproducimos un mandala en blanco y negro. Como este chakra tiene por temas principales el color y la imagen, te sugerimos que saques una xerocopia de este dibujo para colorearlo de tal manera que personalmente suscite en ti la máxima resonancia. Te servirá como instrumento para la meditación, fijando tranquilamente la mirada en él para centrarte, al tiempo que respiras con regularidad.

Trabajo psíquico

El desarrollo de facultades psíquicas es un producto del trabajo sobre el sexto chakra, el asociado a la clarividencia, y que trabaja con símbolos visuales como procedimiento de comunicación. Al desarrollar nuestra capacidad de visualización promovemos simultáneamente las facultades de visión extrasensorial.

Lectura del aura

En grado elemental es una facultad que se halla al alcance de cualquiera, y puede mejorarse con la práctica.

Siéntate frente a otra persona y contémplala con atención. Fíjate en sus posturas corporales, en los colores de la indumentaria, en el tono del cutis. Busca qué partes de esa persona parecen más dotadas de energía o presencia, y qué otras parecen retenidas o anquilosadas y desprovistas de energía. Trata de imaginar las relaciones entre esas partes y qué recorridos energéticos podrían operar en ese organismo. Imagina que estás viendo una red de vías de circulación, ¿cómo la valorarías?

Intenta hacer lo mismo con los ojos cerrados. Algunas personas se ayudan levantando una mano con la palma vuelta hacia la persona a quien se está «leyendo», con el fin de captar mejor sus energías. Observa qué imágenes acuden a tu mente. Comunica estas imágenes a tu oponente, aunque de momento no se les halle ningún sentido. Pongamos que has visto algo rojo, o la imagen de un perro, o un coche cruzando la calle. Se necesita práctica y entrenamiento para distinguir las percepciones clarividentes de las maquinaciones de la propia imaginación, pero el hecho de comunicar lo que vemos a la persona con quien trabajamos puede ayudarnos, pues ella comentará si lo observado tiene algo que ver con su vida en algún momento, y gracias a este *feedback* aprenderemos a diferenciar entre visión del aura ajena e imaginación propia. Las imágenes de clarividencia por lo general son más fuertes y además tienden a aparecer por cuenta propia, como si dijéramos, o como si salieran de la persona a quien estudiamos y no de nuestra propia cabeza.

Intuición

Encontraremos ejercicios esotéricos en muchos libros, pero apenas hay nada tan útil como ejercitar nuestra intuición en todas las oportunidades y controlar luego los resultados. Por ejemplo, esperar unos segundos antes de descolgar el teléfono para tratar de adivinar quién es la persona que llama. Si vas a recibir la visita de una persona amiga, intenta predecir el color de la indumentaria que llevará. Proyecta una imagen de alguien con quien te gustase hablar o cuyas noticias desearías recibir, a ver si consigues provocar el acontecimiento. Con cada acierto, el *feedback* fortalece la confianza en las propias facultades psíquicas y esto, a su vez, fomenta esas mismas facultades.

Dibujar los chakras

Es posible realizar una lectura de los propios chakras, para lo cual creamos una representación visual de la experiencia interior. Es uno de los aspectos favoritos de nuestras clases, y la comparación entre los dibujos realizados por los asistentes demuestra la infinita variedad de las expresiones posibles. No se necesitan otros materiales sino una o dos hojas grandes de cartulina y una caja de lápices o de colores a la cera. Tampoco hace falta ser un genio del dibujo.

Dedica un rato a entrar en el estado meditativo y deja que tu mente quede en blanco, despejando de la pantalla mental toda distracción, toda idea preconcebida y toda expectativa en cuanto a tus cualidades como artista. Cuando te notes en disposición para empezar, sintoniza con tu primer chakra y deja que se forme una imagen que exprese las pautas de energía residentes allí. Es posible que lo notes abierto o cerrado, luminoso u oscuro, etéreo y lleno de remolinos suaves o espeso y lleno de cuadrados y esquinas abruptas. Importa prescindir de toda noción preconcebida sobre el aspecto que *debería* tener ese chakra; por ejemplo, no quieras verlo rojo porque sepas que éste es el color del primer chakra, excepto si la experiencia lo corrobora.

Una vez captada la pauta echa mano a los colores y dibújalo en la parte inferior del papel.

Seguidamente, vuelve la mirada otra vez hacia dentro y visualiza el segundo chakra por el mismo sistema. Una vez captado, dibújalo encima del anterior, y así sucesivamente los demás hasta llegar al chakra corona. (También puede hacerse en el orden inverso, si se prefiere.)

Cuando hayas terminado, considera el dibujo en conjunto. ¿Qué impresión te causa esa persona? ¿Están conectados los chakras entre sí? ¿Aparece alguno mucho más voluminoso o, por el contrario, más encogido que los demás? Si este dibujo fuese la única información disponible acerca de la persona, ¿qué le aconsejarías en orden a mejorar el equilibrio de sus chakras?

Creatividad visual

Recoge varias revistas viejas que contengan fotografías interesantes para ti, y haz un *collage* sobre una hoja grande de cartulina o cartón forrado. No te pares a pensar por qué razón has elegido tal o cual imagen ni por qué la colocas en tal lugar de la hoja. Limítate a seguir el dictado de tu propio sentido de la estética. Cuando hayas terminado, coloca o cuelga el *collage* donde puedas verlo todos los días y medita sobre tu creación, a ver qué revelaciones te ofrece por vía intuitiva.

Imaginación

Usa la imaginación. No hagas siempre las cosas a la manera tradicional. Trata de inventar algo nuevo. Vístete con originalidad, haz algo inusual, dibuja, pinta un cuadro, decora la mesa con flores, manteles bordados, platos de adorno, garabatea en tu diario y, por encima de todo, ¡que sea divertido!

Ejercicios para el diario

1. Reconocimiento de pautas

Observa las pautas que recorren tu vida a través de tus relaciones, tu comportamiento, tu dinámica familiar. Un ejemplo de pauta familiar es el caso de los que se ponen nerviosos a las horas de las comidas, porque éstas eran las ocasiones en que solían estallar las reyertas entre sus padres. Hay quien se divorcia de su cónyuge a la misma edad que se divorciaron sus progenitores, o cuyas sucesivas parejas han sido personas dotadas siempre de los mismos defectos, pese a haberse jurado que no volverían a tropezar jamás en la misma piedra. Si hace tiempo que llevas un diario, no dejarás de observar la desalentadora recurrencia de temas similares, una y otra vez, aunque quizá con pequeñas variaciones entre unas y otras, lo cual justifica la pregunta «¿por qué ha de pasarme esto siempre a mí?»

Con frecuencia las pautas se repiten hasta que llegamos a comprender qué es lo que nos mueve a reincidir, y nos planteamos los problemas subyacentes. Esto no se despacha en un abrir y cerrar de ojos, pero sirve como primera aproximación un estudio de los orígenes de las pautas que arrastramos a lo largo de nuestra vida, a ver lo que significan.

Para iniciar este proceso pregúntate lo siguiente:

- ¿En qué pautas me muevo actualmente que no me sirven de la mejor manera posible?

- En el pasado, ¿he exhibido esquemas similares? ¿En qué sentido me afectó eso?

- ¿Cuándo hice eso por primera vez, según mis recuerdos, y qué acontecimientos, sentimientos y pensamientos asocio con esa época?

- ¿Cuál era/es la necesidad subyacente que promueve esa pauta?

- ¿De qué otra manera podría yo satisfacerla?

- ¿Qué otra pauta nueva de conducta sería más adecuada, según lo veo ahora?

2. Imagen

- ¿Qué imagen tengo de mi propia presencia física?

- ¿Qué importancia reviste para mí el aspecto físico y el apego a mi imagen física?

- ¿En qué medida prejuzgo a los demás por su imagen?

Ejercicios para el Diario

- ¿Qué imagen desearía tuviesen de mí los demás?

- ¿Está esa idea de acuerdo o no con el *feedback* que recibo de los demás?

- ¿Qué sacrificios hago o sería capaz de hacer con tal de proyectar una determinada imagen?

- ¿Cuáles son, en mi vida, las personas ante las cuales no tengo la necesidad de proyectar una imagen? ¿Cómo me llevo con ellas?

3. Diario onírico

Llevar un diario de los sueños puede ser un medio excelente para penetrar en el significado de la propia vida onírica. Quizá quieras tener un diario especial sólo para los sueños y su interpretación, para guardarlo cerca de la cama, o también puedes anotar lo relacionado con tus sueños en tu mismo diario personal. Más detalles al respecto en el apartado anterior «Cómo ponerlo en práctica».

4. Medios visuales

Una imagen vale más que mil palabras. Tu diario no tiene por qué reducirse a las palabras, a lo escrito. No tengas reparo en dibujar, en pegar imágenes recortadas de revistas, o fotografías tuyas, para estimular el sentido de la vista. Que tu diario sea un texto ilustrado.

5. Evaluación

- ¿Qué has aprendido acerca de ti mismo/de ti misma mientras realizabas las actividades propuestas para el sexto chakra?

- ¿Qué áreas de ese chakra necesitan todavía mayor dedicación? ¿Cómo piensas hacerlo?

- ¿Qué áreas de ese chakra te satisfacen? ¿Cómo piensas aprovechar esos puntos fuertes?

Entrando en el espacio de lo sagrado

Cómo crear tu templo interior

Este viaje podemos emprenderlo a solas o en grupo, actuando uno de los participantes como guía de los demás; o podemos grabarlo en una cinta y reproducirlo luego. Los participantes querrán adoptar una postura cómoda y permanecer en ella durante todo el recorrido; pero a veces otros hallarán más eficacia si se les permite moverse con los ojos cerrados, dejando que el cuerpo interprete alguna de las peripecias visualizadas. La preparación que se describe es útil para cualquier sesión de trance en que deseemos embarcarnos, y no hay otro límite sino la propia imaginación.

Cierra los ojos y deja que tu cuerpo entre en relajación profunda (véase la introducción). Imagina que estás en casa, en tu propia habitación a oscuras, y de pronto te das cuenta de que en el fondo de tu armario hay un pasadizo secreto. Llegando al fondo hay una escalera de caracol descendente. Al principio todo está muy oscuro y avanzas guiándote por el tacto, explorando cuidadosamente cada peldaño con el pie antes de bajar. Continúa poco a poco hasta que, al llegar abajo, tus pies pisan arena y se oye el rumor de la rompiente. Este rumor te guía hacia la orilla de un gran lago. Hay una barca de recreo, provista de mullidos almohadones. Tú subes y tan pronto como te has arrellanado en ella la barca se aleja de la orilla y sabes que va a llevarte a un lugar muy especial, un lugar en donde hallarás cuanto necesites para explorar tus mundos interiores. Deja que la barca te lleve meciéndote suavemente a través de las aguas, hasta arribar a ese lugar, y fíjate bien en todo lo que veas. ¿Cómo son estos espacios que recorres? ¿Hay luz, o se atraviesa por regiones oscuras? ¿Puedes ver el cielo, o algún paisaje? ¿Salen a tu encuentro otros seres?

Cuando te dispongas a entrar en tu templo, observa los alrededores. ¿Por dónde se entra? ¿Hay otras personas allí? Tu espacio sagrado puede ser un edificio, o un jardín, pero está delimitado de alguna manera, tiene unas fronteras definidas. ¿En qué consisten? Explóralas andando o con la vista. ¿Qué has hallado en dicho espacio? ¿Te falta alguna cosa que necesites? En tal caso, pídela. Aquí se cumplen todos los deseos. Dedica el tiempo que quieras a hacer lo necesario para sentirte a gusto, para apoderarte de ese espacio tuyo. Si echas en falta cualquier compañía humana o animal, o cualquier objeto, bien sea conocido o que quisieras conocer, invítalos y acudirán.

Cuando te parezca que ha sido suficiente, despídete de tu espacio y de todos los seres o entidades que te hayan acompañado, y regresa a la barca que estará esperándote en la orilla, para regresar deshaciendo camino hasta encontrar de nuevo la playa con la escalera de caracol, por donde subirás para volver a tu habitación a través de la puerta secreta. Una vez en ella, fija nuevamente la atención en tu cuerpo, el ocupante de esa habitación, y comienza a respirar con profundidad para inhalar oxígeno y captar energía, dejando que ésta se difunda a través de cada célula y cada músculo. Empieza a moverte poco a poco, estírate, bosteza, a fin de recobrar gradualmente la conciencia del cuerpo físico. Hecho esto podrás abrir los ojos y disponerte a tomar nota en tu diario de cuanto desees recordar. Si quieres incluso podrías dibujar ese templo, o espacio interior, o cualquier otra cosa que te parezca importante. En las sesiones de grupo, comparte la experiencia y por último formad corro para una toma de fundamento.

Recursos

Libros

Capacchione, Lucia, *Lighten Up Your Body - Lighten Up Your Life,* Newcastle Pub.

Cunningham, Scott, *Sacred Sleep,* The Crossing Press.

Greer, Mary, *Tarot for Your Self,* Newcastle.

Houston, Jean, y Robert Masters, *Transforming Body Image,* Crossing Press.

LaBerge, Steven, *Lucid Dreaming,* Ballantine.

Mariechild, Diane, *Motherwit: A Guide to Healing & Psychic Development,* The Crossing Press.

Samuels, Mike y Nancy, *Seeing with the Mind's Eye,* Random House.

Targ, Russell, y Keith Harary, *The Mind Race: Understanding and Using Psychic Abilities,* Villard Books.

Tucci, Giuseppe, *The Theory and Practice of the Mandala,* Weiser.

Chakra séptimo
Pensamiento

Para empezar

Estado de situación

Escribe los pensamientos que te sugieran los conceptos siguientes:

Conciencia	*Divinidad*
Percepción	*Dios*
Aprendizaje	*Diosa*
Inteligencia	*Espíritu*
Información	*Vacío*

Este chakra controla el córtex cerebral. Ahora nos movemos en espacios menos físicos, es decir que no te vas a interrogarte sobre el estado de tu cabeza, sino acerca de lo que ocurre en la mente. Es decir, cómo te consideras en tanto que ser pensante, en qué posición estás con respecto a tus facultades mentales y qué problemas tienes en tal aspecto.

Disposición del altar

El color de este chakra es el violeta, aunque muchos prefieren asignarle el blanco que es la suma de todos los colores. Intenta combinar ambos colocando flores violeta y blancas, o tal vez un ramo de espliego sobre un paño de altar blanco. El dios hindú Siva se vincula al chakra corona: el rayo luminoso que sale de su cabeza destruye la ignorancia. Puesto que este chakra es el loto de mil pétalos, fácilmente podemos crear una imagen apropiada mediante un cuenco de agua en donde floten muchas flores de numerosos pétalos.

En el plano material el séptimo chakra representa el vacío. Es mejor no abarrotar el altar. Un paño sencillo, una sola vela y un adorno floral de vez en cuando serán suficientes. Puedes colocar también un espejo, para que te recuerde la Divinidad que mora en él.

Correspondencias

Nombre sánscrito	Sahasrara
Significado	Multiplicado por mil
Localización	La cima del cráneo, el córtex cerebral
Elemento	Pensamiento
Temas principales	Entendimiento
Finalidades	Expansión de la conciencia
Afecciones	*Por defecto:* Depresiones, alienación, confusión, tedio, apatía, incapacidad para aprender o para comprender. *Por exceso:* Intelectualismo, propensión a cavilaciones o extravagancias.
Color	Violeta
Cuerpo celeste	Urano
Alimentos	Ninguno, ayunar
Derechos	Saber
Piedras	Amatista, diamante
Animales	Elefante, buey, toro
Principio eficaz	Conciencia
Camino yóguico	Jnana yoga, meditación
Arquetipos	El sabio, la sibila, Siva

Compartiendo la experiencia

«Entrar paso a paso en el séptimo chakra ha sido una experiencia nueva para mí. Hasta ahora siempre había trabajado de arriba abajo, partiendo de la corona, pero nunca lo había hecho en el sentido inverso. Y siempre lo he visto blanco, en cambio ahora veo todos los colores. Ha sido un gran cambio el salir de aquella pesadez. A cada paso se abría más esa región, y entonces todo empezó a funcionar y a moverse, ¡y ha cambiado mi vida! Inicié unas relaciones amorosas, mi negocio empezó a marchar mejor y yo aprendí a proceder con más autoridad, a controlar mis arrebatos. Habitualmente me salía de mis casillas pero no adelantaba nada. También logré desbloquear mis comunicaciones. Todo fue cuestión de despertar el niño que uno lleva dentro. Así que ahora tengo una manera distinta de ver las cosas. No estoy hablando tanto del séptimo chakra como de toda la experiencia en conjunto.»

●

«Este mes he dedicado mucho tiempo a revisar mis procesos mentales. He comprendido que me autoprogramaba a base de pensamientos negativos: "No vales lo suficiente, nadie hace caso de lo que dices, no sabes de qué estás hablando." Hice un esfuerzo sincero por descubrir la procedencia de esas grabaciones mentales para convertirlas en otras un poco más positivas, y se nota la diferencia. He aprendido a comprender en vez de juzgar.»

●

«He aprovechado este mes para aprender a ser meditativo. Lo había hecho antes, pero siempre al azar, diez minutos aquí, luego nada durante varios días, luego otros diez minutos. Cuando iniciamos el trabajo sobre este chakra me propuse meditar todas las mañanas un cuarto de hora completo, antes de ponerme a hacer ninguna otra cosa. Hoy por hoy ha empezado a convertirse en un hábito; la única vez que no lo hice fue durante un fin de semana que pasé en el campo, pero luego lo eché en falta. Y lo más curioso es que aunque este chakra sea el de las cosas más altas, la meditación hace que me note con más fundamento. Espero perseverar en el proceso ahora que hemos terminado el curso intensivo.»

●

«He leído muchos libros este mes. Normalmente leo muchas novelas de ciencia ficción, que me encantan, y no soy muy partidario de leer libros serios. Me parecían demasiado intelectuales. Pero este mes he devorado un montón de temas de psicología, filosofía actual, física moderna, libros verdaderamente pesados, y lo más extraño es que lo disfruté y no me sentí tan minusválido intelectualmente. Creo que en adelante trataré de mantener una relación más equilibrada entre la literatura de ficción y las lecturas serias.»

«Yo también he leído mucho este mes, principalmente he devorado a todo Joseph Campbell y lo que dice sobre mitos y arquetipos. He intentado descubrir las influencias arquetípicas de mi vida, y también los arquetipos que personificaban mis amistades. También he considerado mis sueños desde esa perspectiva y he aprendido mucho. Eso me ha servido para distanciarme un poco de mis problemas y así pude considerarlos bajo un prisma diferente. No sé si tengo ya todas las respuesta, pero lo cierto es que han cambiado las preguntas.»

•

«He intentado concentrarme en la meditación, pero no me ha salido tan bien como a Frank. He descubierto que mi cuerpo me distrae. Se me declara un calambre, o un picor, o tengo demasiado frío o demasiado calor. De manera que recurrí a los ejercicios de respiración del cuarto chakra para sosegarme y centrarme, e hice de ellos el tema de mi meditación. Creo que ahora tengo la cabeza más clara, lo cual supongo guardará alguna relación con el séptimo chakra. Pero a mí me parece que todavía me queda mucho por trabajar en mi cuerpo y que de momento me interesa centrarme en eso. ¡Al menos, eso es lo que me aconseja el séptimo chakra con el entendimiento!»

•

«He trabajado sobre la noción de conocimiento, en el sentido de aprender a confiar más en mi sabiduría interior. Mi padre siempre me obligaba a justificarme, a demostrar mis razonamientos, y como esto se le daba mucho mejor que a mí, acabé por imponer silencio a mi fuero interno y adopté una actitud excesivamente racional. En este mes he aprendido a escuchar mis voces menos racionales, consciente de que a veces traen sabiduría escondida. Aprender a entender la base de algunos de mis sentimientos, sabiendo que puede existir una verdad ahí, aunque no sea demostrable mediante el raciocinio, ha sido una experiencia enriquecedora.»

Para entender el concepto

Estamos ahora en la cima de la columna chákrica, donde florece serenamente el loto de mil pétalos en lo más alto de nuestra cabeza: el chakra corona. Este chakra guarda relación con *el pensamiento, la conciencia, la información y la inteligencia.* Y así como las raíces de nuestro chakra fundamental se ramifican hacia abajo, así también los brotes de la conciencia se multiplican a partir del chakra corona para percibir, analizar y asimilar innúmeras partículas de información, integrándolas todas en la matriz creciente del entendimiento. Por donde resulta que este chakra se vincula con nuestra manera de pensar, nuestros sistemas de creencias y nuestra relación con las potencias superiores.

Pensamiento

El chakra corona guarda relación con los procesos del *conocimiento* lo mismo que los demás chakras se vinculan con la vista, el oído o la vida emotiva. Consideremos nuestra manera de pensar, tanto los contenidos como las pautas, y preguntémonos: «¿Cómo sabemos que sabemos?» y «¿quién o qué es el que sabe?» La respuesta a ambas preguntas es la misma conciencia que se trata de comprender, asumir y mejorar. Ya que ahora nos planteamos la tarea de examinar nuestros pensamientos, nuestras creencias y los procesos de percepción, análisis y almacenamiento de las informaciones, lo que es como decir examinar la conciencia misma.

Al definir el concepto de chakra sugeríamos la analogía de un disco informático y decíamos que cada chakra contiene un programa específico, mediante el cual regimos nuestra vida. Siguiendo con la analogía cabe decir que el chakra corona es el disco que contiene *el sistema operativo* de la biocomputadora que es el cuerpo-mente. Nuestras creencias esenciales determinan el tipo de sistema operativo por el que nos regimos. Si yo creo que todos van a por mí, todas las informaciones que yo perciba serán procesadas a través de este sistema operativo paranoide, y me comportaré en consecuecia. En cambio, si creo que el mundo es un lugar esencialmente benévolo, lo más probable es que me comporte de acuerdo con esa creencia y de manera que la corrobore, es decir que seguiré viendo benevolencia en todas partes. O dicho de otro modo, que las cosas son del color del cristal con que se miran.

El pensamiento, elemento asociado al chakra corona, es la primera emanación de la conciencia en su camino hacia la manifestación. Podríamos interpretar el pensamiento como la semilla de la manifestación, el plano rector que determina la forma de lo que va a crearse. Para ver lo que es la conciencia, por tanto, basta con mirar a nuestro alrededor. Todo esto que vemos son manifestaciones de la conciencia, bien se trate de un edificio nacido de la imaginación de su arquitecto, o de un árbol que extiende sus ramas hacia la luz del sol, o de un animal que busca comida.

Pero, ¿qué es la conciencia, esa noción tan delicuescente, y para qué sirve?

Orden

Para los hindúes la única realidad subyacente a este mundo transitorio era el orden. Pues aunque opinemos que el mundo material es una ilusión, hay que admitir que se trata de una ilusión muy ordenada. Los planetas giran alrededor del sol en órbitas muy exactas, la Tierra regula su propia atmósfera y la precisión es la tónica dominante del universo físico sensible. Ese orden nos permite, a través de nuestra conciencia, percibir unas pautas definidas por las cuales reconocemos una flor, un rostro, una voz.

El orden es una pauta percibida desde el punto de vista particular de una conciencia, a su vez ordenada de manera única. El orden que percibe la abeja desde el punto de vista de su conciencia es inmensamente distinto del nuestro, de tal manera que la información que ella y nosotros extraemos del mismo conjunto de circunstancias no puede ser más diferente. Es decir, que percibimos según nos lo ordenan nuestras pautas.

Cada uno de nosotros crea, desde su punto de vista exclusivo, una «matriz» interna que es el núcleo estructural del sistema de ordenación de nuestra conciencia. Para simplificar convendremos en que esa matriz es nuestro sistema de creencias, aunque en realidad es mucho más. Ese núcleo va creándose en el decurso de la vida, pero más principalmente durante la infancia, coincidiendo con el desarrollo de los sistemas muscular y nervioso. Esta matriz elemental queda entonces «residente» en nuestro sistema y tal vez ajena a nuestro control consciente, aunque no del todo inaccesible si nos proponemos examinarla. Una persona que haya sufrido sevicias físicas en la infancia, por ejemplo, presentará en su matriz esencial ciertas pautas de miedo y actitudes defensivas que subsisten incluso frente a las personas en quienes confían y de quienes no «creen» conscientemente que vayan a hacerles daño. Aquéllas han pasado a formar parte de su sistema inconsciente de creencias y esas pautas inveteradas, físicamente constatables (pulso acelerado, sensación de tener un nudo en el estómago, etc.), deben ser recuperadas por la conciencia si queremos examinarlas y modificarlas. Lo cual viene a ser como «reprogramar» nuestro sistema operativo. Tal es la tarea del chakra corona.

Otras partes de nuestra matriz esencial están constituidas por lo que hemos estudiado, aprendido, adaptado y elegido conscientemente mientras constituíamos nuestro sistema de creencias. Entre estos contenidos figuran las creencias espirituales, el dominio de la información profesional, los sistemas filosóficos, las creencias acerca de uno mismo, las filias y las fobias, las aficiones y ese banco de datos interno, de pautas más o menos fragmentarias, que mantenemos en una especie de sistema de archivo subconsciente hasta que hayamos podido ordenarlas e integrarlas más a fondo en la matriz. Así, cada fragmento de información que alcanza nuestra conciencia se archiva en la matriz después de un proceso de «búsqueda» interna, hasta que se localiza el lugar apropiado que le corresponde a esa información. Si alguien dice que me quiere, yo busco en mi matriz interna para ver lo que eso significa; pero puesto que cada matriz es única y exclusiva, el significado que yo atribuyo a esa declaración podrá ser diferente de lo que entiende la persona que lo ha dicho. Integración y asimilación, ésas son las fases del proceso por el cual la información nueva pasa a formar parte de la matriz personal.

Cuando algo no puede ser integrado, la conciencia se dispersa o se fragmenta. Las experiencias aplastantes, traumáticas, como los malos tratos en la infancia, o el exceso de estrés, sobrecargan la matriz mental y pueden causar su ruptura. En situaciones extremas la cohesión natural de nuestros procesos de pensamiento llega a desintegrarse con aparición de procesos mentales psicóticos, personalidad múltiple, o rechazo total de la información mediante el mecanismo de la amnesia. En casos de estrés no tan extremos se sufre dificultad para fijar la atención y para pensar con calma, o para comportarnos racionalmente pese a desearlo. Una información nueva también puede ser rechazada calificándola de «falsa» o ridícula sencillamente porque nuestra matriz mental no dispone de una casilla previamente establecida en donde podamos incorporar aquélla. Es decir que debe ser lo bastante fuerte y amplia para recibir y asimilar nuevas informaciones, o de lo contrario el chakra acaba por cerrarse.

La presencia de un orden implica la existencia de una conciencia de algún tipo. Cuando apartamos nuestra atención de un sistema durante un lapso de tiempo más o menos prolongado (por ejemplo, cuando faltamos al trabajo durante una semana, o postergamos el aseo de la casa), probablemente el sistema tenderá a la entropía, al caos. Uno de los argumentos más fuertes de la opinión que considera el planeta Tierra como un ser vivo y consciente es el que aduce las propiedades autorreguladoras y autoorganizadoras de nuestra biosfera. La ausencia de entropía a lo largo de miles de millones de años sugiere la existencia de una conciencia inmensa, y esta idea es la que se conoce con el nombre de *hipótesis Gea*.

El mismo proceso del pensamiento es el acto consiste en guiar la atención a lo largo de unas líneas ordenadas. Un pensamiento conduce a otro, y éste a otro, y al examen de las relaciones entre las diversas partes de la pauta que percibimos. Así vamos siguiendo los fragmentos que logramos percibir, en busca de un orden que veamos en ello (o siguiendo el orden implícito que ellos sugieren). Cuando logramos encajar un conjunto de informaciones fragmentarias en un orden plausible se produce un momento jubiloso de comprensión, el «¡eureka!» o «¡ajá!» triunfal que anuncia la integración holística de una nueva pauta.

Ningún acto de creación, ni manifestación alguna, puede producirse sin una previa noción de un orden, sea codificado en el ADN a nivel celular, y por tanto inconsciente, o sea la composición en la mente de un pintor, o el dibujo de los planos de un nuevo producto. Mediante esta conceptualización adquiere su forma futura la energía en bruto. Cuando intentamos manifestar algo, es la conciencia quien confiere orden y forma a lo que estamos creando. La mente suministra el germen de la manifestación así como el cuerpo brinda raíces a la conciencia mediante su sistema nervioso y sus órganos de la percepción.

La conciencia, por tanto, es el principio ordenador del universo. O mejor podríamos decir que la conciencia es al mismo tiempo *lo que es* y *lo que hace*.

Conciencia

Al tratar del chakra corona, hablamos con frecuencia de la «conciencia superior». Es una cuestión de perspectiva. Se abarca más desde la cima de la montaña que en el corazón de un bosque. En términos de niveles chákricos hemos superado la mera percepción de «cosas» pasando a las relaciones que éstas describen, a sus pautas y a sus meta-pautas todavía más profundas. Vale decir que la conciencia superior no es necesariamente «mejor», pero sí más amplia, en lo que se ajusta a la pauta de creciente expansión según nos desplazamos a través del Sistema de los Chakras en sentido ascendente. Y que consiste en abarcar pautas metafísicas cada vez más amplias y profundas, de las cuales nuestros esquemas cotidianos son simples subrutinas. La vista desde lo alto de la montaña, sin embargo, no permite contemplar las florecillas de los márgenes del arroyo que cruza el valle, y ésa es también una visión válida y digna de contemplarse.

Lo cual nos lleva de nuevo a las cuestiones de la trascendencia y la inmanencia, teniendo en cuenta que ambas se refieren a la conciencia en su relación con el mundo físico. En la trascendencia nos apartamos de las pautas pequeñas para abarcar un punto de vista más amplio y profundo; nos elevamos hacia el chakra corona dejando atrás las limitaciones de lo pequeño, lo físico, lo individual. Podemos alcanzar un estado meditativo de la Unidad a través de la conciencia trascendente, un lugar de paz y de comprensión, abandonando el cuerpo para visitar el ilimitado, inmenso dominio de los planos mentales. De tal manera la trascendencia nos permite evadirnos, descansar, renovarnos asumiendo perspectivas frescas.

La inmanencia es el camino de la conciencia *que regresa* al cuerpo. Significa que prestamos atención al aquí y ahora, a lo concreto, a lo finito. Mediante la inmanencia animamos y enriquecemos la materia de otro modo inerte, al infundir en ella la inteligencia divina. En la inmanencia, la conciencia se vuelve creadora, se materializa, se hace manifiesta. Por la inmanencia desafiamos y cambiamos aquello que debemos rehuir y hacemos lo profano sagrado. Mediante el equilibrio del Sistema de los Chakras nosotros deseamos experimentar ambas cosas.

La conciencia, por mucho que abarque, es una experiencia interior. Cada cerebro humano contiene unos 13.000 millones de neuronas unidas entre sí por un número muy superior de conexiones, tal que podría llegar a superar el número de átomos del universo. Esta sorprendente comparación nos dice que estamos dotados de un instrumento notable. Dado que hay 100 millones de receptores sensoriales en el organismo y 10 billones de sinapsis en el sistema nervioso, cabe deducir que la mente es 100.000 veces más sensible a su medio interno que al entorno exterior. Ciertamente, adquirimos y elaboramos nuestro conocimiento desde la interioridad.

El camino interior es una manera de acceder a una dimensión que no tiene localización en el tiempo ni en el espacio. Si postulamos que cada chakra representa una dimensión de vibraciones de longitud de onda más reducida, y por consiguiente más rápida (mayor frecuencia), en el chakra corona teóricamente llegamos a un lugar donde se encuentra una onda de velocidad infinita y longitud nula, es decir que estaría en todas partes al mismo tiempo pero no tendría ninguna localización concreta. Los estados de conciencia divinos se describen como omnipresentes. Por cuanto reducimos el mundo a un sistemas de pautas que no ocupa ningún espacio físico, nuestra capacidad de almacenamiento para sus símbolos es ilimitada. O dicho de otro modo, transportamos todo el universo dentro de nuestra cabeza.

Trabajar sobre el chakra corona es examinar y dilatar nuestra conciencia. Lo hacemos al aumentar nuestro banco de informaciones, al explorar y movernos en el mundo, al aprender y estudiar. Lo hacemos al examinar nuestros sistemas de creencias, nuestra programación interna, procurando eliminar del sistema operativo los «errores de programa». Lo hacemos mediante la meditación que permite a la conciencia volverse hacia dentro y trascender las pautas menores de lo mundano. Y lo hacemos cuando nos centramos en el cuerpo para prestar atención a las informaciones procedentes de los captadores sensoriales y para expresar la conciencia a través de las acciones corporales. A cambio de estos trabajos obtenemos claridad, sensibilidad, inteligencia, entendimiento, inspiración y paz.

Exceso y defecto

Todos conocemos a personas que merecen el calificativo de «cabezones», que fingen saberlo todo, que siempre tienen razón o que procuran dominar a los demás con su actitud de «yo soy más puro que tú». Estas personas tienen un séptimo chakra excesivo. O tal vez están sobrecompensando en el séptimo chakra las deficiencias de otros chakras inferiores. Este elitismo espiritual o intelectual suele ser opresivo, aunque muchas veces los deficientes en el plano del séptimo chakra se sienten atraídos hacia esos individuos y se hacen seguidores suyos. El chakra séptimo excesivo también puede dar lugar a «elucubraciones» frecuentes y suele conducir al aislamiento y a la disociación.

Los que tienen dificultad en pensar por sí mismos y prefieren confiar en la guía de otros exhiben una deficiencia del séptimo chakra. La estrechez mental, la rigidez de los sistemas de creencias, nos cierran e impiden la expansión de la conciencia característica de un chakra séptimo en buen estado. Si preferimos mantenernos en un estado de ignorancia en vez de aprender de las experiencias y buscar nuevas revelaciones y conocimientos, probablemente estamos actuando a partir de una deficiencia.

Las sevicias espirituales, como podríamos definir el acto de negarle a alguien su propia experiencia de la espiritualidad imponiéndole un sistema de creencias rígido, pueden ser causa de exceso o defecto en este chakra. Tal experiencia puede cerrarnos a todas espiritualidad dejándonos espiritualmente alienados o vacíos.

Así como el primer chakra constituye nuestro arraigo en el mundo material, el séptimo es nuestra conexión con el mundo espiritual, la expansión de la conciencia y la puerta de acceso a todo cuanto existe más allá.

Trabajo de movimiento

Existen muchas escuelas de movimiento cuya intención consiste en ayudar a recorrer el camino hacia la iluminación o la conciencia espiritual. Una de las más conocidas es *hatha yoga,* de donde derivan la mayoría de las posturas que sugerimos en este libro. Otros ejemplos son *T'ai Chi, Chi Kung,* las danzas sufíes, *Arica,* la *paneuritmia* de Peter Deunov y la «conciencia espacial» de Chogyam Trungpa, por nombrar sólo unos cuantos. La premisa fundamental de todos estos sistemas es que el cuerpo es la herramienta elemental de que disponemos para tratar de alcanzar la conciencia superior. En las prácticas que proponen, todos los recursos físicos y mentales se ponen al servicio de la trascendencia entendida como objetivo. Lo cual no significa que el cuerpo deba quedar abandonado, sino sólo que la conciencia pueda dilatarse más allá de los estrechos confines corporales superando esa limitación.

Hatha Yoga

El sistema de los chakras tiene su origen en la escuela Yoga, y recomendamos encarecidamente la práctica de hatha yoga en tanto que técnica de meditación centrada en el cuerpo. Aconsejamos concretamente el planteamiento de Iyengar, ya que los maestros de hatha yoga formados según la tradición de B. K. S. Iyengar suelen poseer un entrenamiento excelente, no sólo en cuanto a la mecánica de las posturas, sino también en las diversas técnicas necesarias para adaptar aquéllas a todos los tipos de constitución corporal y grados de flexibilidad, vigor físico y sentido del equilibrio. Ellos podrán recomendar lo necesario en casos de dolencia física o incapacidad parcial, que podrían ser problemáticos si quisiéramos practicar los ejercicios aprendiéndolos de un libro o con un maestro incompetente para suministrar ese tipo de atención y corrección individualizada.

De no localizarse a ningún maestro Iyengar en tu lugar de residencia, los libros mencionados en el apartado de «Recursos» de este capítulo te servirán de orientación complementaria, aparte los cursos a que asistas, e incluso podrías utilizarlos para practicar a solas si no dispones de maestro de ninguna escuela, Iyengar u otra. En este caso sería recomendable de todos modos la asistencia a una semana de retiro o grupo de trabajo para una experiencia intensa de estudio y corrección de posturas bajo la guía de un profesor, a fin de seguirlas practicando luego a solas. En las revistas especializadas de yoga y otras dedicadas al cuerpo-mente hallarás anuncios de cursillos, seminarios y conferencias de esta especie, a cargo de profesores oriundos; tal vez alguno de ellos te interese y ofrezca la posibilidad de asistir.

Meditación del movimiento

Ésta es una actividad que tiene muy pocas reglas o estructura formal. Nos permitirá dedicar algún tiempo a nuestro cuerpo y danzar como él quiera, prescindiendo de toda consideración de estilo o corrección, al tiempo que prestamos atención a las señales que el cuerpo nos envía, para hallar la orientación y la calidad del movimiento. El danzante permite que sean la gravedad y el peso, el impulso y el aliento, el estado de ánimo y el nivel de energía quienes determinan la danza. He aquí algunas ideas fundamentales para encuadrar la práctica meditativa de movimiento:

1. Practica a solas, al menos para empezar. Concédete el lujo del abandono total, dejando la vergüenza fuera del espacio sagrado de tu rato de práctica.

2. Elige una música que refleje tu estado de ánimo. Como alternativa, también puedes buscar una música que te arrastre, que te incite a moverte sin tratar de dirigir conscientemente el cuerpo. Busca una música que te anime a bailar sin distraerte de la atención a las señales que el organismo envía.

3. Céntrate en la respiración, para dilatar la capacidad pulmonar e inhalar más aire fresco, es decir más oxígeno del que consiente la respiración normal, excesivamente superficial.

4. Escucha las señales de tu cuerpo, prestando particular atención a las señales que habitualmente interpretamos como «molestias» (rigideces, dolores, punzadas, pruritos), y busca maneras de relajar la tensión mediante el movimiento y el estiramiento. Despierta tu sensibilidad a la presencia del esqueleto, los músculos, las articulaciones y los fluidos que componen el cuerpo físico.

5. Busca tu centro, tu punto de equilibrio, y trabaja con el peso corporal, utilizando la fuerza de la gravedad para jugar con el impulso y con la dinámica del movimiento.

6. Inicia la práctica sin ninguna noción preconcebida. Deja que tu cuerpo te lleve adonde necesitas estar, sin tratar de forzar una idea previa de cómo deberían ser tus movimientos o lo que deberían parecer.

7. Complementa esta práctica con una técnica que entrene el organismo mediante movimientos correctamente alineados (por ejemplo hatha yoga, la técnica de Feldenkrais, la técnica de Alexander), de manera que cuando decidas seguir las inspiraciones corporales, la «máquina» sea capaz de expresarse sin romperse.

Otros planteamientos de la meditación de movimiento

Citamos seguidamente otras dos escuelas de práctica del movimiento orientadas a la meditación pero basadas en principios muy diferentes. Damos las señas para información sobre clases y cursillos.

Movimiento auténtico

Se realizan los movimientos en presencia de un testigo y el marco de interacción entre el sujeto activo y el testigo está reglado con exactitud, a fin de crear un espacio seguro tanto para la manifestación como para la recepción del movimiento. Aunque las clases y los maestros del movimiento auténtico se hallan primordialmente en círculos terapéuticos, también se tiene presente que se trata de una práctica mística y ritual. Puedes solicitar información a Michael Reid, 3217 14th Ave. S.#4, Minneapolis (Minnesota 55407).

Movimiento continuo

Es la escuela de movimiento y sonido de Emilie Conrad Da'Oud, quien explica sus teorías y técnicas en retiros de trabajo. Principia por el movimiento a nivel celular, comenzando por los muy sutiles movimientos energéticos que tienen lugar en el organismo antes de pasar a la motricidad apreciable a simple vista.

Cómo ponerlo en práctica

¿QUÉ HACER?

Conforme entramos en el chakra corona, empezamos a examinar los procesos de la conciencia misma. Hasta ahora habíamos sentido, obrado, visto o escuchado, pero ahora dirigiremos nuestra atención hacia el acto del pensamiento, ya que la conciencia autorreflexiva es capaz de hacer cosa tan extraña como «pensar acerca del propio pensamiento».

La experiencia de *Sahasrara* es la experiencia de lo Divino, de la Divinidad que vive en nosotros mismos, y de la unión con el más allá inconmensurable. En este proceso nos abrimos a una fuerza más alta, más profunda o más grande, la esencia de la conciencia dilatada, a la que se accede por lo general mediante las técnicas de meditación.

Meditación

No hay actividad superior a la meditación cuando se trata de lograr la apertura del chakra corona. Relacionamos seguidamente varios tipos de disciplina meditativa. Si todavía no has adoptado ninguna, ensaya las diferentes técnicas hasta descubrir la que te proporcione mejores resultados. En esta experimentación, sin embargo, es aconsejable perseverar con cada una de dichas técnicas durante algún tiempo, antes de juzgar cuál de ellas te conviene mejor. Si practicas todos los días, por ejemplo, una semana podría constituir período de prueba suficiente; pero si la práctica no es tan asidua, quizá se necesitaría un mes o más para estar seguros de que hemos experimentado adecuadamente los efectos. La eficacia de la meditación es acumulativa, como sucede con la mayoría de los ejercicios chákricos.

Tratakam (disciplina de la mirada)

Siéntate cómodamente en un entorno a media luz, con la espalda bien recta, sobre una silla, un almohadón, o en el suelo. Coloca delante de ti una vela encendida y limítate a enfocar la mirada y la atención sobre la llama de la vela, al tiempo que sosiegas la respiración y la mente.

Meditación mántrica

Esta es la técnica popularizada en numerosos países por la Sociedad para la Meditación Trascendental (TM). Siéntate cómodamente, con la espalda recta, en tu postura de meditación favorita. Serena la mente y concentra tus pensamientos con ayuda de un sonido sencillo, monosílabo o bisílabo, el cual pronunciarás interiormente, muy despacio, una y otra vez. Entre los mantras más utilizados figuran sonidos como *Om, So Ham, I am,* etc. La idea consiste en interiorizar el mantra y permitir su resonancia (véase lo dicho al respecto en el capítulo sobre el chakra quinto) con las ondas cerebrales, la respiración y el ritmo cardíaco.

Recuento respiratorio

En esta meditación se fija la mente en el ritmo respiratorio. Siéntate en postura cómoda y cuenta tus respiraciones con atención al tiempo que inhalas y exhalas, inhalas y exhalas, procurando estabilizar una cadencia lenta y uniforme.

Movilización de la energía

Esta meditación permite que la energía circule desde arriba, empezando por el chakra corona, hacia abajo, pasando por cada uno de los chakras y derivándola a tierra. Imagina esa energía que fluye a través de ti como el agua de una ducha, que moja la parte superior de tu cráneo y luego empapa todo tu cuerpo hasta la evacuación por el desagüe. La analogía es adecuada por cuanto se trata de una meditación purificadora. La única diferencia consiste en que la energía circula *dentro de nosotros* y no exteriormente.

Sencillamente, imagina que tu chakra corona se abre como la flor del loto aludida en su nombre. Al abrirse, el caudal de energía celestial desciende y penetra en tu chakra corona; puedes visualizarla como una columna de luz, como una brisa refrescante, o como el calor del sol, pero no dejes de atender a la experiencia cenestésica de una fuente de energía que atraviesa todo tu ser.

Una vez descendida hacia la corona, empieza a fluir hacia abajo y empapa tu tercer ojo, tu garganta, tu pecho, tu abdomen, tus genitales, tu perineo, y pasa a tierra por las piernas. Una vez haya tocado fondo, vuelve a remontarte y solicita un poco más de caudal tomándolo de la provisión inagotable de tu imaginación, para repetir el mismo camino descendente. Procura sentir ese flujo como una corriente continua que te purifica y te relaja.

Una vez hayas aprendido esta meditación básica de movimiento de la energía, podrás practicar la manipulación de diferentes clases de energía. Imagínala fría o caliente, masculina o femenina, roja, azul o amarilla. Cada una de estas variedades inducirá experiencias de tipo diferente y suscitará en ti un estado de distinto matiz. Puedes elegir el tipo de energía más adecuado según tus necesidades del momento, por ejemplo fría cuando la intención es tranquilizarse después de una jornada muy tensa, o muy intensa si se trata de preparar una entrevista para conseguir un puesto de trabajo, por ejemplo.

Otros trabajos

No hagas nada durante un día entero, para dedicarlo al silencio absoluto y a la contemplación.

Ayuna un día o varios para marcar distancias con respecto al mundo material. (Pero atención, porque ésta no es una disciplina que pueda emprenderse a la ligera, e incluso podría resultar contraindicada para ciertos tipos de metabolismo. Consulta a tu médico o terapeuta para averiguar si puedes practicarla sin riesgo.)

Experimenta la reclusión en un recinto de deprivación sensorial y observa las reacciones de tu mente durante este proceso.

Asiste a una clase sobre un tema que te parezca intelectual o espiritualmente estimulante.

Asiste a un retiro espiritual o de búsqueda de la visión. Normalmente comprenderá una estancia en la naturaleza, con frecuencia a solas y guardando silencio contemplativo. La búsqueda de la visión es un tema que se sale del alcance de este libro. Consulta en la librería esotérica más cercana, donde podrán informarte sobre centros de retiro o grupos que deseen dedicarse a este tipo de disciplina. También puedes consultar los libros que se citan en el apartado de referencias al final de este capítulo.

Estudia una religión o un sistema metafísico que todavía no conozcas.

Escribe una invocación o una plegaria.

Ejercicios para el diario

1. Examina tu programación

En buena parte, lo que creemos ser (nuestros valores, nuestras actitudes o nuestras percepciones) se desarrolla en las primeras edades de la vida, mediante una programación que nos imponen los modelos de comportamiento y los maestros con ascendiente sobre nosotros en ese período. Por supuesto, ello significa que los padres y los primeros maestros ejercen una influencia enorme en lo que concierne a la idea que nos formamos acerca de nosotros mismos, del mundo que nos rodea y de las nociones en cuanto a nuestra relación con él. Todos los contactos de este período formativo modifican la programación que necesariamente desarrollamos a fin de poder procesar el abrumador caudal de informaciones que recibimos en todo momento a través de nuestros órganos sensoriales. La mayor parte de este proceso tiene lugar antes de que la información haya alcanzado la conciencia. Reaccionamos automáticamente a los estímulos, con frecuencia sin advertir siquiera lo que permanece excluido conforme la programación inconsciente suprime lo que ella considera innecesario para nosotros.

Para iniciar el proceso de reprogramación, es preciso examinar los programas que nos rigen actualmente y cuál es su procedencia. Un posible procedimiento para hacerlo consiste en escribir una relación de nuestras creencias principales.

Para cada una de las creencias que se te ocurran, formúlate las preguntas siguientes:

- ¿Cuándo he desarrollado por primera vez esa creencia?

- En mi entorno inmediato, pasado o presente, ¿quién sustentaba creencias similares?

- ¿Quién podía desear que yo creyese esto?

- ¿Adopté esa creencia para obtener la aprobación de esa persona?

- ¿En qué manera influye esa creencia sobre mi vida y cómo la he vivenciado?

- ¿Cuánta felicidad o infelicidad me ha aportado?

- ¿Lo creo verdaderamente, o me limito a obedecer la programación recibida?

- ¿Qué pienso de mí mismo/de mí misma por tener esa creencia? ¿Encaja esa opinión con lo que yo desearía ser ahora?

Ejercicios para el Diario

- ¿Qué experiencias vividas por mí me han inducido a desarrollar esa creencia?

- Si no hubiese tenido tales experiencias, o si hubiese sabido lo que ahora sé en cuanto a la influencia inconsciente de aquéllas, ¿qué habría ocurrido? ¿Qué sucedería si no hubiese desarrollado yo tal creencia?

- ¿Deseo seguir creyendo esto, o estoy considerando otras creencias que me parezcan más sensatas?

2. Evaluación

- ¿Qué has aprendido acerca de tu propia manera de ser mientras desarrollabas las actividades del séptimo chakra?

- ¿Qué áreas de ese chakra demandan todavía un esfuerzo? ¿Cómo piensas hacerlo?

- ¿Qué áreas de ese chakra te parecen satisfactorias? ¿Cómo te propones aprovechar esos puntos fuertes?

Entrando en el espacio de lo sagrado

Ritual de grupo

Materiales necesarios

Instrumentos musicales

Círculo de la divinidad

Cread el espacio sagrado en cualquier forma que el grupo prefiera. Disponed los instrumentos musicales (tambores, sonajeros, palillos, campanillas, lo que cada cual pueda aportar) en el centro del espacio o dondequiera que se hallen luego al alcance de los participantes. Cada participante buscará en la habitación su propio lugar desde el cual trabajar, sin preocuparse por ahora de formar círculo. Uno de los participantes dirigirá la relajación profunda del grupo y la preparación para una sesión de trance (véase la página 255). Un ritmo uniforme, ejecutado mediante la percusión, puede ser una buena ayuda para empezar, pero si el director de la visualización no consigue hablar y mantener el ritmo al mismo tiempo, puede encargarse la percusión a otra persona. El guía inicia entonces la operación de grupo siguiente:

Estáis en vuestro templo interior, concedeos un silencio, descartad todo pensamiento. Ahora que os halláis en ese estado vacío, receptivo, empezáis a captar una presencia, que puede ser exterior a cada uno de vosotros o hallarse en lo más profundo de cada uno. Sabed que esto es una divinidad, que hay algo más allá de vuestra existencia solitaria de individuos humanos que viven una existencia personal. Sentís una apertura en lo más alto de vuestro cráneo, una disolución de las fronteras de vuestro cuerpo, y una sensación de algo que penetra, que os llena de una sustancia intangible, una energía que es vibrante pero suave, que fluye dentro de vosotros sin que hagáis nada y os pone en conexión con una fuente universal. Al mismo tiempo se produce una honda resonancia dentro de vosotros, la sensación de un remolino de energía de la misma especie, que se confunde con la energía ilimitada que ha penetrado dentro de cada uno. Sentís que os dilatáis, que cada célula de vuestro cuerpo se enciende y resplandece. Permitid que vuestro cuerpo físico manifieste esta convocatoria de la energía divina moviéndoos al tiempo que respiráis, permitiendo que esa energía radiante guíe vuestros músculos y vuestros huesos hacia una danza en relación con el espacio que os rodea. No existe ninguna pauta definida para la manifestación de esta danza, que es diferente para cada uno, y diferente cada vez que nos abrimos a ella.

(Pronunciad esto pausadamente, haciendo alto entre cada frase y la siguiente para dar tiempo a los participantes a medida que cada uno va descubriendo su propio ritmo.)

Ahora dejad que vuestro movimiento os una en círculo con los demás bailadores. Que cada uno elija el instrumento de su preferencia y empiece a usarlo uniéndose al ritmo del tambor. Uno a uno iréis entrando en el centro del círculo interpretando cada uno su danza mientras los demás siguen sus movimientos con la percusión, ésta agitada si la danza es agitada, o suave si los movimientos de la danza son pausados y tranquilos. Todos colaboran a enfocar su energía divina sobre el que ocupa el centro, ayudándole con sus respectivos sonidos, celebrando la divinidad que resplandece en cada uno de ellos.

Cuando cada uno haya tenido su turno, derivad la energía a tierra y completad el círculo en la manera que parezca preferible al grupo.

Recursos

Libros y revistas

Couch, Jean, *The Runner's Yoga Book: A Balanced Approach to Fitness,* Rodmell Press 1990 (pero no es sólo para atletas, sino uno de los mejores manuales publicados).

Foster, Stephen, y Little Meredith, *The Book of the Vision Quest,* Sun Bear Books.

Hampden-Turner, C., *Maps of the Mind,* Macmillan.

Harvey, Bill, *Mind Magic: The Ecstasy of Freeing Creative Power,* Unlimited Publishing. Puede solicitarse directamente a Unlimited Publishing, Box 1173, Woodstock (New York 12498).

Kravette, Steve, *Complete Meditation,* Para Research.

McDonald, Kathleen, *How to Meditate: A Practical Guide,* Wisdom Publications.

Mehta, Silva, Mira y Shyam, *Yoga: The Iyengar Way,* Knopf.

Tart, Charles, *Waking Up: Overcoming the Obstacles to Human Potential,* Shambhala.

Tobias, Maxine, y Mary Stewart, *Stretch & Relax,* The Body Press.

Weinman, Ric, *One Hearth Laughing: Awakening Within Our Human Trance,* The Crossing Press.

Yoga Journal, P.O. Box 3755, Escondido (California 92033).

Conclusión

Para entender el concepto

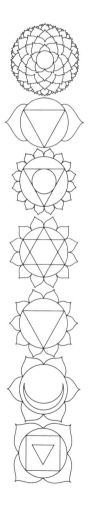

Integración

Ahora que hemos recorrido en profundidad cada uno de los chakras poseemos un nivel de comprensión más hondo que nos permitirá examinar el sistema en conjunto. En lo que abordamos el aspecto definitivo y el más importante del trabajo chákrico: la integración.

Ninguno de los chakras funciona por sí solo. En tanto que ruedas que giran en lo más íntimo de nuestro ser, los chakras son como engranajes que colaboran al funcionamiento del delicado mecanismo de nuestra vida. Cualquier desequilibrio en un chakra determinado repercutirá sobre los demás, o puede ser causado por otro diferente. Al chakra del poder le afecta la firmeza de nuestra toma de fundamento. Nuestra capacidad para abrirnos sexualmente puede estar determinada por nuestra facultad de comunicación. El apego excesivo al poder, el afán de dominio, puede interferir con el amor y las demás relaciones.

Es necesario que todos los chakras estén abiertos y en equilibrio con los demás para que funcionen bien y alcancemos la plenitud como seres vivos. Nosotros no creemos que ningún chakra sea necesariamente más importante que otro, ni que deba reprimirse ninguno de ellos como el propósito de abrir otro concreto. Para una persona tal vez será importante el dirigir su atención hacia un chakra determinado si entiende que éste se halla subdesarrollado y que eso le perjudica, pero el objetivo ha de ser siempre la recuperación del equilibrio general del sistema. También cabe imaginar que un orador profesional, por ejemplo un conferenciante, quiera mejorar su chakra de la garganta, o un artista su chakra visual. Es bueno fomentar los talentos de que estemos dotados, siempre que no se haga en detrimento de las demás áreas de la vida.

En términos generales desearemos que el chakra base sirva de sustento firme y potente a nuestro progreso espiritual. Deseamos apoyarnos en un fundamento, disfrutar la sexualidad y afirmar nuestra personalidad en un centro de poder fuerte. Queremos vivir en un organismo sano, lleno de sensibilidad y de vitalidad.

En los chakras superiores necesitaremos libertad y flexibilidad, creatividad y desarrollo. Aspiramos a tener nuevas ideas, nuevas informaciones y tiempo para desarrollarlas y reflexionar sobre ellas. Anhelamos la inspiración, gracias a la cual vale la pena mantener en marcha las rutinas de la supervivencia. Queremos ampliar permanentemente nuestros horizontes, nuestros conocimientos y nuestras percepciones.

En el chakra del corazón, nuestro punto central, deseamos percibir una sensación de equilibrio y de paz: equilibrio entre los chakras superiores y los inferiores, entre lo interno y lo externo, entre dar y recibir, entre la mente y el cuerpo. Y necesitamos tal equilibrio para hacer posible la integración de estas polaridades, la cual nos permitirá abarcar la multiplicidad de las posibilidades y la abundancia del amor. Desde el punto de vista del equilibrio interior, también procuramos entrar en equilibrio con los demás, tanto en la intimidad como en el entorno social más amplio.

Asimismo es importante que los chakras colaboren, que comuniquemos nuestras visiones, que demos fundamento a nuestro poder, que haya placer en nuestro trabajo y en nuestras relaciones, que aprendamos a todos los niveles. Como ruedas que engranan, cada chakra debe tener dimensiones suficientes para estar en contacto con el siguiente y el anterior, pero no tan grandes que se agarrote y no pueda girar. Observa los diagramas de las páginas siguientes para entender cómo un chakra excesivo o deficiente puede bloquear la circulación en conjunto.

Examinando el sistema en conjunto, evaluaremos las pautas generales de la energía. Si somos fuertes en los chakras superiores y débiles en los inferiores, la energía se acumulará en las regiones altas; es decir que se absorbe en éstas mucha energía y sólo lentamente se transmuta hacia abajo. Posiblemente racionalizaremos las cosas antes de sentirlas, o fantasearemos largo tiempo antes de tomar ninguna decisión sobre un asunto.

Lo contrario sucede en los sistemas de acumulación inferior; es lo que ocurre con las personas que quieren tenerlo todo bien «amarrado» antes de lanzarse a explorar nuevos territorios. La seguridad es importante, desde luego, como lo es su manifestación física. Estas personas pierden mucho tiempo tratando de dilucidar sus sentimientos antes de decidirse a pensar; prefieren seguir los caminos trillados y tienen poca afición a explorar cosas nuevas.

Muchas veces, aunque no siempre, la constitución física indica la naturaleza del sistema interior de energía. Las personas de acumulación baja suelen acumular peso también físicamente en las regiones inferiores, o presentan obesidad en general, mientras que los tipos de acumulación alta tienden a estar flacos, como reflejando su alejamiento de lo físico y material. No siempre se cumple esta regla, sin embargo. Como sabemos, las personas con exceso de peso tienden a vivir esta circunstancia en sus cabezas. En este caso la sobredimensión del cuerpo físico es un intento de compensar la falta de fundamento y autoprotección de un organismo que sólo ocupan parcialmente. Una ac-

Pautas chákricas de acumulación alta o baja

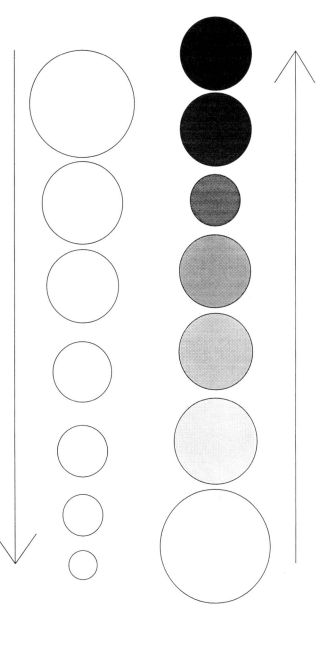

Podemos imaginar que los chakras están cerrados o subdesarrollados, como en el caso de la estructura «de acumulación alta» de la derecha, o bien bloqueados, como en la estructura «de acumulación baja» más a la derecha. El efecto de un chakra subdesarrollado es la desconexión; el del chakra bloqueado, el conflicto. Ambos estados reflejan el flujo general y la expresión energética del individuo.

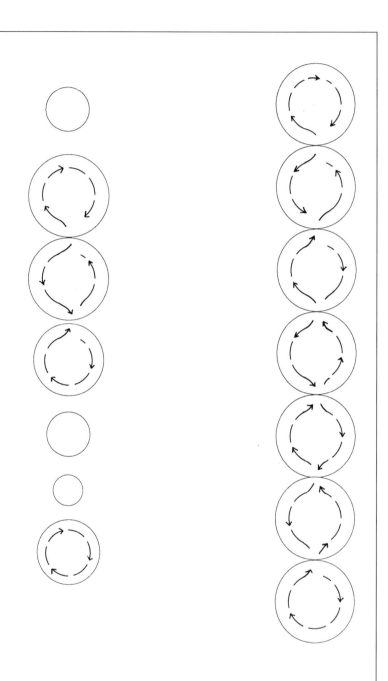

Los chakras en su giro engranan cuando pueden tocarse. El recorrido serpenteante de la energía a través de estos «engranajes» simboliza las oscilaciones de la energía kundalini.

titud más equilibrada con respecto a lo físico podría ayudarles a recobrar la buena forma corporal.

Existe también un tipo de disociación cuerpo/mente que produce la sensación de hallarse abiertos ambos extremos pero con un bloqueo o cierre en el centro. En estos casos el fundamento es bueno, en el sentido de salud corporal o capacidad para desempeñar una profesión, y también hay mucha imaginación, creatividad o potencia intelectual; lo que está bloqueado, en cambio, es la iniciativa o la capacidad para asumir los actos propios, o bien se registra inhibición en las relaciones con otras personas. Las personas de este tipo suelen llevar vidas contradictorias, tienen conciencia de su propia valía pero no se realizan y en casos extremos se llega a la fractura de la personalidad. En estas situaciones el remedio estriba en restablecer la conexión de la mente con el cuerpo y abordar las cuestiones que han quedado pendientes a causa de los chakras bloqueados.

Es una tendencia muy humana la de inclinarnos a lo que nos sale bien y evitar las dificultades. La persona de acumulación alta será más aficionada a leer libros que a inscribirse en un curso de aerobic. Los tipos tranquilos estudian yoga, en cambio los hiperactivos practican las artes marciales. Cuando trabajamos en el desarrollo de los chakras importa desarrollar los puntos débiles. Si la meditación te resulta difícil, no escatimes ocasión para practicarla. Si aborreces el ejercicio, procura encontrar alguna disciplina física que te divierta. Una vez desaparecida la resistencia inicial, seguramente descubrirás los grandes valores de esa actividad nueva para ti.

Estado de situación

Puntos fuertes y puntos débiles

Cuando hayas completado tu recorrido a través de cada uno de los chakras habrá llegado la hora de emprender una evaluación general de tu sistema en conjunto. En tu diario, traza una línea de arriba abajo de la página para abrir una columna de *puntos fuertes* y otra de *puntos débiles*. Escribe tu evaluación para cada chakra y examina en qué maneras estos puntos débiles y fuertes podrían repercutir los unos sobre los otros. Procura hacerlo con toda sinceridad, o incluso comunicando tu evaluación a una persona amiga para saber si tus percepciones coinciden con las de quien te conoce bien.

Los siete derechos

Sobre una escala de uno a diez, ¿en qué grados crees haber reivindicado tus siete derechos fundamentales vinculados con los chakras?

Derecho a tener
Derecho a sentir, derecho al placer
Derecho de actuar
Derecho de amar y ser amados
Derecho de palabra y creación
Derecho a ver
Derecho a saber

¿Qué más necesitas para hacer tuyos esos derechos plenamente?

Una ojeada a las relaciones

Una vez adquirido el sentido de nuestro equilibrio general pasaremos a examinar cómo se manifiestan nuestras pautas chákricas en las relaciones con los demás. Nuestra tendencia inherente es buscar, consciente o inconscientemente, el equilibrio; si no podemos alcanzarlo dentro de nosotros mismos buscaremos personas que nos ofrezcan una especie de compensación, cosa que sucede por lo general de manera inconsciente. Al examinar nuestro sistema chákrico en relación con el de la otra persona sabremos con bastante grado de probabilidad qué ventajas o inconvenientes nos supondrá la relación con ella.

Si bien la tendencia inconsciente nos incita a buscar el equilibrio en esa otra persona y a gravitar hacia lo que necesitamos desarrollar, también es cierto que las pautas chákricas tienden a perpetuarse y corroborarse a sí mismas. Las personas con estructura de «acumulación alta» dedicarán mucho tiempo a intelectualizar, mientras que las de «acumulación baja» reforzarán su adhesión al mundo material en detrimento de otros progresos.

Dibuja un diagrama de tu propio sistema chákrico a la izquierda, y el de su oponente a la derecha. Utiliza un círculo oscuro y pequeño para simbolizar un chakra cerrado o deficiente, y un círculo oscuro y grande para representar un chakra excesivo. Si el chakra está abierto y fuerte, lo representaremos por un círculo grande y blanco. Los grados intermedios pueden representarse mediante diferentes niveles de gris. El tamaño del círculo reflejará tu evaluación en cuanto a la fuerza relativa del desarrollo de ese chakra. También puede darse el caso de los chakras básicamente abiertos pero afligidos por un conflicto, como podría ser el de la persona dotada de fuerte apetito sexual pero que tiene dificultad para alcanzar el orgasmo, o el de quien tiene facultades psíquicas muy desarrolladas pero sufre pesadillas.

Ahora examinaremos ambos sistemas lado con lado. Los chakras abiertos y próximos entre sí tienden a reforzarse mutuamente, lo cual significa que circula mucha energía en estos planos. Un chakra cerrado tratará de aspirar energía del chakra abierto correspondiente del oponente, como es el caso de la persona emocionalmente bloqueada que recurre a la ayuda de su compañera para dilucidar sus propios sentimientos. Los chakras abiertos en extremos opuestos en relación con tu oponente tienden a equilibrarse; es el caso de los tipos excesivamente intelectuales que buscan emparejarse con personas dotadas de un fundamento sano.

Dibuja flechas entre los chakras que se hallarán más probablemente atraídos entre sí, y líneas de trazos entre los que consideres posiblemente conflictivos.

¿Refleja este diagrama tu experiencia de la realidad de la relación?

¿Qué chakras intervienen en las áreas que juzgas más conflictivas?

¿Qué chakras deberías fortalecer para tratar de combatir esos problemas?

Para mayor información podrías tratar de comparar la estructura chákrica de tu oponente con la de tu progenitor del mismo sexo, a ver si se aprecian parecidos o grandes contrastes. El mismo ejercicio puedes practicarlo con tus hijos, con tu jefe o con una persona cuyo trato te resulte particularmente difícil.

Descripción de un cuadro de relaciones chákricas

En el diagrama de la página opuesta, la persona A tiene una estructura básica de «acumulación alta», ya que se hallan más abiertos y desarrollados los chakras superiores. La persona B es de estructura «de acumulación baja» y el cuarto chakra aparece muy desequilibrado. Son estereotipos que tienden a representar la típica relación hombre-mujer en nuestra cultura: el varón A, más cerebral y seguro de su ascendiente; la mujer B, abnegada y confinada al cuidado de la casa. Aunque también podríamos imaginar una constelación así con los sexos cambiados.

A se siente atraído por el sólido fundamento de B y por las cualidades obvias que anuncian el chakra cordial tan desarrollado y la relativa apertura del chakra segundo. B ha visto en A sus cualidades intelectuales y una relativa armonía en los planos de la intuición y la comunicación, así como una buena capacidad en potencia para la conexión cordial. El vínculo más sólido es el que une la corona de A con el sólido fundamento de B, ya que ello le estimula a él en lo intelectual y le ayuda a centrarse corporalmente. La relación es de dependencia mutua.

Las líneas de trazo continuo representan una circulación esencialmente unidireccional, las líneas dobles una situación de reciprocidad, y las líneas de trazos son intercambios conflictivos. Como A vive bastante ajeno a su cuerpo, su energía sexual se halla bastante bloqueada. El segundo chakra de B se halla un poco más abierto, pese a ciertos bloqueos, y cabe imaginar que existan entre ambos algunos conflictos sexuales enmascarados por la actitud protectora de ella hacia él. Tiene A un tercer chakra bastante fuerte, mientras que el de ella está bloqueado, lo cual nos hace prever que ella le cederá la iniciativa en todos los asuntos que exijan autoafirmación. Como B no obtiene el placer que necesita, el segundo chakra no alcanza a comunicar estímulo al centro del poder. Las energías bloqueadas del segundo y el tercero saturan el chakra cordial, de ahí la reacción excesiva por la cual B se entrega en demasía para tratar de recibir el amor que necesita. Ese chakra cordial excesivo subraya la impresión de codependencia, lo cual anuncia conflictos a ese nivel aunque en líneas generales la relación cordial sea fuerte.

Pese a tales conflictos, la relación no presenta mal cariz; si A y B logran convertir los conflictos en oportunidades de progreso, cada uno de ellos podrá aprovechar los respectivos puntos fuertes.

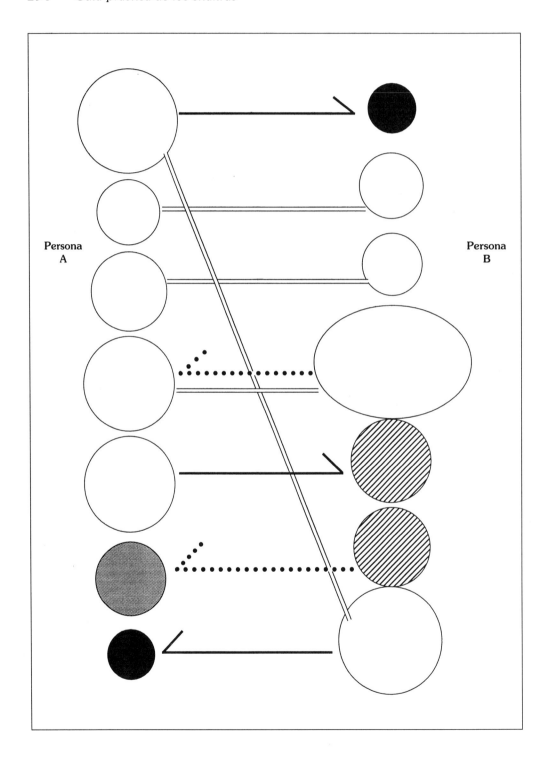

Trabajo de movimiento

Ahora que tienes experiencia con las prácticas de movimiento de cada chakra, elabora tu propia secuencia de movimiento chákrico eligiendo un movimiento o una postura de cada uno de aquéllos. Busca transiciones sencillas de unas a otras y practica dicha secuencia hasta llegar a dominarla bien. Te servirá para un recorrido de tu sistema chákrico siempre que te apetezca. Puedes incluir visualizaciones acordes con el movimiento de cada chakra, o combinar la práctica de esa secuencia con la meditación del arco iris (véase el capítulo sobre el sexto chakra) para intensificar sus efectos.

Otra posibilidad sería crear, para tu uso personal, una cinta en donde se combinen tus músicas favoritas de cada chakra, a razón de varios minutos para cada uno. Entonces podrías utilizar esa grabación para inspirar las improvisaciones siempre que quieras recorrer el camino de los chakras a través del movimiento. Aunque este recorrido también puede coreografiarse sin música, abriéndote a las influencias de cada chakra para que te dicten los movimientos apropiados sin someterte a ninguna inspiración musical. Esta danza también puede servir para un diagnóstico, de momento que aporta información acerca de lo que sucede en cada chakra y la expresión se traduce en forma de movimientos.

Por encima de todo, importa recordar esto: el cuerpo es parte integrante de la interpretación que hacemos de nosotros mismos, así como del proceso de desarrollo, que es permanente. Busca las maneras de integrar los movimientos más diversos en tu práctica habitual, y recibirás la recompensa en forma de percepciones sobre tu estado de salud, además de conectar con una fuente de placer y de expresión. La práctica diaria de movimiento no tiene por qué ser agotadora para llegar a comunicarte la sensación de plenitud física y de hallarte en plena posesión de los recursos necesarios para tu vida y progreso personal.

Cómo ponerlo en práctica

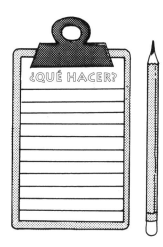

Control diario

Al principio y al final de cada jornada, o una vez por semana, haz una lectura breve del estado de tus chakras; tal vez querrás establecer un diagrama de estas observaciones y si lo llevas con asiduidad, tal vez aparecerán algunas pautas. Empieza por abajo y pregúntate, sencillamente «¿abierto o cerrado?» para anotar, por ejemplo, «O» por abierto y «X» por cerrado. Si tienes tiempo, anota igualmente tu estado de ánimo en el momento, la marcha de tus asuntos, si has practicado los ejercicios o no, y las demás cuestiones relativas que te parezcan pertinentes.

Si notas que uno de tus chakras atraviesa una crisis, se está cerrando o precisa cuidados de algún tipo, reanuda algunos de los ejercicios indicados para ese chakra en particular y practícalos durante una temporada. Recuerda, no obstante, que todos están interrelacionados y que los problemas rara vez tienen su origen en un solo chakra. No dejes de interrogarte sobre la posibilidad de poner en juego otro de ellos para que colabore (por ejemplo, una toma de fundamento puede ayudar a paliar las sensaciones de desvalimiento resultantes de una deficiencia del tercer chakra).

Práctica cotidiana

Las meditaciones y purificaciones diarias son eminentemente aconsejables. Basta con buscar un momento tranquilo del día para dejar que reposen las energías. La disciplina respiratoria (pranayama) es recomendable para el espíritu y la energía en general, puesto que estimula todos los chakras. También lo son los ejercicios físicos, el masaje, hacer el amor, divertirse, regalarse la vista y los oídos, y aprender cosas nuevas. El ejercicio del chakra sexto que consiste en visualizar todos los colores del arco iris en su relación con cada uno de los chakras también es una buena meditación purificadora que recarga los chakras desde el plano mental. La danza libre, las posturas de yoga y el trabajo corporal también son buenas maneras de transmitir energía a los chakras, en estos casos desde el plano físico.

Toma de fundamento diaria

Cuando sólo se puede hacer una cosa al día, se recomienda dedicar ese tiempo a una toma de fundamento, sobre todo con ayuda de la meditación del árbol de la vida (véase la página 79). Derivar la energía a tierra y consolidar las raíces puede ser suficiente para obrar maravillas, porque todo el sistema se pone en línea. Y luego, cuando permitimos que la energía ascienda e irradie de nuestro chakra corona, se intensifica la sensibilidad de todos los chakras.

Sobre todo conviene poner énfasis en el sentido que la energía debe recorrer para establecer el equilibrio. Es decir, que si somos personas con una estructura energética de «acumulación alta», más inclinadas a lo mental que a lo físico, entonces practicaremos con más asiduidad el recorrido del camino de manifestación para dirigir la energía hacia abajo. Por el contrario, si somos propensos a encallar en los chakras inferiores y acusamos una naturaleza algo pesada y torpe, tendremos necesidad de acentuar la corriente liberadora, y procuraremos elevar la energía. En todas las cosas, nuestro objetivo será el equilibrio.

Trabajo con otros

Dedicaremos una clase a compartir este material con los demás. ¡No hay mejor manera de aprender una cosa que vernos obligados a pensar cómo la explicaremos a otras personas!

Integración

Es una ocasión para que se manifieste tu creatividad, ya que no existe ningún camino marcado para la integración. Los mejores ejercicios son los que inventes para tu uso personal, si funcionan para ti (así fue como empezamos nosotras). Una vez dada la comprensión básica del sistema, su utilización no tiene más límites que los de tu imaginación. ¡Diviértete!

Entrando en el espacio de lo sagrado

Al término de los nueve meses de intensa actividad de nuestros grupos de trabajo, se le solicita a cada alumno la creación de un ritual propio, como culminación de nuestro trabajo. Cada uno elige un chakra sobre el cual trabajar, y cada pareja o grupo crea la parte del ritual que nos permitirá recorrer un chakra. Luego nos reunimos todos, compartimos una comida y lo celebramos.

Si has trabajado con un grupo para ensayar los caminos chákricos que hemos sugerido aquí, podríais seguir ese ejemplo para crear juntos un ritual. Si has trabajado a solas, puedes decidir por tu cuenta lo que te gustaría hacer para cada uno de los chakras, y celebrar luego tu ritual, bien a solas, o bien invitando a varias personas, si les interesan estas cuestiones, para que lo conozcan.

Felicitación

Aquí finalizamos nuestra exposición, habiendo entrado en el espacio sagrado para conmemorar la terminación de este *Viaje de siete estaciones.*

En cuanto a la felicitación, ¡te la has ganado! Si has trabajado paso a paso todas las estaciones que describe este manual, ya sabrás mejor que nadie cuánto esfuerzo y perseverancia se necesitan. Confiamos sinceramente en que habrás recibido tu recompensa en forma de progreso personal y mejoría de salud.

Una vez terminado este viaje en particular, esperamos que el marco de referencia adquirido te servirá para seguir perfeccionándote a lo largo de toda la vida, y quizá volverás una y otra vez a estos ejercicios, bien sea que algún chakra te cause un problema, o para hacer frente a las circunstancias siempre distintas de la peripecia vital. Tú tienes la oportunidad de continuar el Viaje a tu manera, revisitando los lugares familiares dentro de ti así como descubriendo terreno nuevo a cada vuelta de tus ruedas interiores.

Porque, en realidad, el viaje de la iluminación nunca termina, pero se desarrolla y se transforma. Más allá de los ejercicios y los trabajos, abarcará toda tu vida. Es un marco de referencia que servirá de inspiración a todas tus actividades cotidianas, a la noción que tienes de tu propia persona y a la interpretación del mundo en que vives. ¡Que todas tus excursiones futuras sean ricas y felices!

Bibliografía

El primer libro de Anodea, *Los Chakras. Las ruedas de la energía vital,* contiene descripciones más detalladas de los propios chakras y explica más extensamente las bases filosóficas y no tanto la práctica. Editado por RobinBook en castellano.

Kasl, Charlotte, *Many Roads, One Journey,* Harper.
Levine, Stephen, *Guided Meditations, Explorations and Healings,* Anchor Books.
Macy, Joanna, *World as Lover, World as Self,* Parallax Press.
Small, Jacquelyn, *Transformers,* DeVorss.

Índice

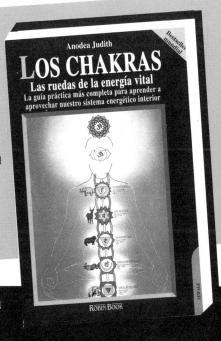

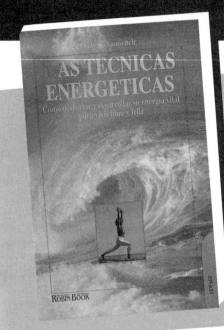

Ric A. Weinman

TUS MANOS PUEDEN CURAR

Descubre tus energías curativas interiores y aprende a canalizarlas y a desarrollar el poder de curarte a tí mismo y a los demás

ROBIN BOOK

La energía curativa es a menudo considerada como algo mágico que funciona sólo por la fé que sanador y paciente ponen en ello. En realidad la canalización de esta energía es fácil de aprender y puede utilizarse para tratar enfermedades o paliar situaciones de estrés generalizado.

- Cómo aprender a practicar curas a distancia.
- Cómo equilibrar tu propia aura y la de otras personas.
- Cómo experimentar la apertura de los chakras.

ISBN: 84-7927-135-3

La medicina ayurvédica, la llamada ciencia de la vida, no sólo se limita a curar enfermedades, sino que trata de la vida en general con la intención de proporcionar al hombre una existencia mejor y la máxima longevidad posible.
Este libro es una guía sumamente práctica, pensada para el lector occidental, que presenta formas y métodos para aplicar esta antigua sabiduría en la práctica y así mejorar sensiblemente la calidad de su vida.

- Cómo prevenir las enfermedades.
- Cómo conseguir la limpieza y purificación internas.
- Cómo revitalizar el cuerpo.
- Cómo preparar remedios ayurvédicos para un gran número de enfermedades.

Ilustrado

ISBN: 84-7927-069-1

Dr. Vinod Verma

AYURVEDA
LA SALUD PERFECTA

Aplicaciones prácticas de la sorprendente medicina tradicional hindú para vencer enfermedades y alcanzar el bienestar total

ROBIN BOOK

NEW AGE

La ciencia de la autocuración. Aplicaciones prácticas de la medicina tradicional hindú para sanar las enfermedades.

NEW AGE

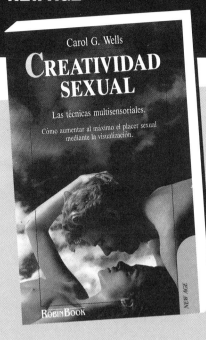

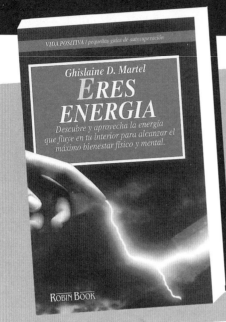
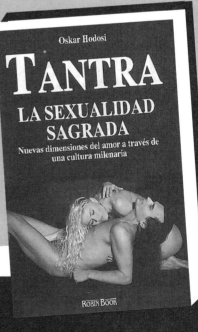

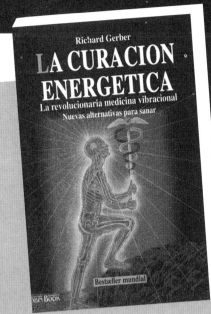